6	7	8	vuelta	9	wm	10	....
HEW-Cyclassics	Clasica San Sebastian	Meisterschaft von Zürich	Vuelta a España	Paris – Tours	Hamilton (Kanada)	Lombardei-Rundfahrt	

...Sonne in den Speichen...

...sieht nur einer, der sein Rad selbst bewegt.
Aus dem Roman „Salz im Kaffee" von Heinz Blickensdörfer
© 1993 Engelhorn Verlag, Stuttgart

IMPRESSUM

1. Auflage **November 2003**
ISBN 3-937614-03-6

© Artbeer Verlag · Inhaber Thomas Schliemann · Im Wiedenhut 1 · D-79285 Ebringen · Vertrieb über GeoCenter T & M/
Touristik Medienservice GmbH Postfach 80 08 30 · D-70508 Stuttgart

Gestaltung und Design **Thomas Schliemann** · Konzept **Karsten Migels** · Fotografie **Hennes Roth** · Texte **Margot Lenk**

Wir bedanken uns bei den Fotografen:
Roberto Bettini · Lars Ronborg · Cor Vos · Graham Watson · Peter Witek, sowie bei Udo Bölts.

Layout und Satz **Midas Graphik Thomas Schilling** · **Ebringen** · Bildbearbeitung **Michaela Jäkle** · **Scanstudio Jäkle** · **Freiburg**
Druck **Burger Druck** · **Waldkirch** · Verarbeitung **Buchbinderei Spinner** · **Ottersweier**

Für die Mitarbeit und Unterstützung danken wir:
Frank Giesenberg, Patric Schilling, Johannes Schrammel, Dirk Schwier, Peter Strobel, Bea, Anja & Lara. Bye Dad!
Hilfreich bei unserer Recherche waren: „Radsport", www.radsport-news.com, www.cyclingnews.com,

Alle Rechte vorbehalten!
Das Werk darf ohne vorherige Zustimmung des Verlages weder insgesamt noch auszugsweise oder in Teilen unter Verwendung
manueller, fotomechanischer oder elektronischer Verfahren vervielfältigt, verarbeitet oder in sonstiger Weise verwertet werden.

JAHRESRÜCKBLICK

SAISON 2003

Von
KARSTEN MIGELS

Fotos
HENNES ROTH

Vorwort von
UDO BÖLTS

emotionen eines radsportjahres

Kanada

WM Hamilton (KANADA)...

2003

...HEW Cyclassics (6)

Flandern-Rundfahrt (2)... ...Amstel Gold Race (4) ...Friedensfahrt
...Lüttich – Bastogne – Lüttich (5)
Paris – Roubaix (3)...
...TOUR
Paris – Tours (9)... ...Deutschland-Tour
...Österreich-Rundfahrt
Tour de Suisse... ...Meisterschaft von Zürich (8)
...Lombardei-Rundfahrt (10)
...GIRO
Clasica San Sebastian (7)... Mailand – San Remo (1)...

...VUELTA

Inhalt der

Vorwort	12
Das Radsportjahr 2003	14
Mittelmeer-Rundfahrt	16
Paris – Nizza	18
Tirreno-Adriatico	20
Mailand – San Remo (WC 1)	22
Flandern-Rundfahrt (WC 2)	26
Paris – Roubaix (WC 3)	30
Amstel Gold Race (WC 4)	34
Rund um Köln	38
Lüttich – Bastogne – Lüttich (WC 5)	40
Rund um den Henninger Turm	44
Tour de Romandie	46
Friedensfahrt	48
Giro d'Italia	50
Deutschland-Tour	58
Österreich-Rundfahrt (Wiesbauer-Tour)	62
Tour de Suisse	64
Nationale Meisterschaften	68
Tour de France	72
HEW Cyclassics (WC 6)	86
Clasica San Sebastian (WC 7)	90
Meisterschaft von Zürich (WC 8)	94
Vuelta a España	98
Paris – Tours (WC 9)	106
Weltmeisterschaften in Hamilton	110
Lombardei-Rundfahrt (WC 10)	118
Impressionen	122
Ergebnisse	126

Hallo liebe Radsportfreunde,

nach 15 Jahren Berufsradsport ist für mich die Zeit gekommen, die Rennmaschine an den berühmten Nagel zu hängen und dem Radsport als Aktiver Adieu zu sagen. 15 Jahre, die ich nie vergessen werde, 15 Jahre, die für mich von Emotionen geprägt waren, 15 Jahre, in denen ich mehr als nur einmal an die absolute Leistungsgrenze meines Körpers gegangen bin. Einige Eindrücke aus meiner Laufbahn möchte ich hier wiedergeben. Als ich 1989 im Team Stuttgart Profi wurde, war der Radsport für mich noch irgendwie anders. Vielleicht liegt es daran, dass ich nach dieser langen Zeit selbst einige Erfolge aufweisen kann und damals noch voller Ehrfurcht neben Persönlichkeiten wie Sean Kelly, Greg LeMond, Laurent Fignon, Claude Criquielion oder Miguel Indurain am Start stand. Ich hatte mich auf die Rennen im Frühjahr gefreut, wartete voller Spannung auf die ersten Einsätze und kannte diese Stars ja nur vom Erzählen oder aus dem Fernsehen.

Auf Empfehlung meines Bruders Hartmut wurde ich damals in einer deutschen Mannschaft Profi und ging nicht ins Ausland. Ich hätte diesen Berufswunsch wohl nie verwirklicht, wären nicht meine Eltern, insbesondere mein Vater gewesen. Beide unterstützten mich ausnahmslos. Trotz vieler Rückschläge habe ich nie lange lamentiert, sondern immer nach vorne geschaut. Um als Radsportler Erfolg zu haben, muss man davon überzeugt sein und absolut diszipliniert leben. Ein erfolgreicher Radprofi zu sein bedeutet nicht nur Rad zu fahren. Wer kennt denn schon die eklige Seite des Radsports: Im Frühjahr bei Minustemperaturen und Schneefall am Start der Rennen zu stehen, in ein kaltes Bett zu kommen, weil das Hotel gerade erst geöffnet hat, oder im Hochsommer in einem Campanile Hotel direkt an der Autobahn seinen Schlaf finden zu müssen.

Im Vergleich zu damals gibt es heute nur sehr wenige Athleten, die das ganze Jahr präsent sind und erfolgreich die Klassiker, Giro, Tour oder Vuelta und die anschließenden Rennen bestreiten. Sicherlich hat die vor einiger Zeit vorgenommene Umstrukturierung des internationalen Kalenders, das Punktesystem der Weltrangliste vieles verändert. Aber diese Charakterköpfe fehlen unserem Sport. Noch vor Jahren gab es in einem Team einen Käpitän und viele Helfer. Heute hat eine Mannschaft keine reinen Helfer. Gleich mehrere Fahrer sind in der Lage, Rennen zu gewinnen und die Position eines anderen einzunehmen. Ein großer Nachteil ist bestimmt auch die immer größer werdende Tour de France. Erst war es Lance Armstrong, der sich nur auf die Tour vorbereitete. Einige andere zogen nach, und mittlerweile sind es ganze Teams, die sich gezielt auf die Frankreich-Rundfahrt vorbereiten.

Anfang der Neunziger war der Radsport in Deutschland nicht populär – das ist er erst seit 1997 –, und so wurden meine damaligen Erfolge kaum wahrgenommen. Trotzdem sind für mich die Etappensiege beim Giro und bei der Baskenland-Rundfahrt 1992 mit die schönsten Erinnerungen. Im Baskenland hatte ich sogar Pedro Delgado am Berg distanziert. Noch als Amateur erlebte ich 1988 die erste große Enttäuschung, denn ich wurde damals nicht für die Olympischen Spiele in Seoul nominiert. 14 Jahre später kam die zweite: keine Vertragsverlängerung beim Team Telekom. Meine zwölfte Tour de France bestritt ich dann 2003 beim Team Gerolsteiner. Ich wäre nie Radprofi geworden, wenn ich nicht das Ziel gehabt hätte, bei der Tour dabei zu sein. So fuhr ich sie ein Dutzend Mal und erreichte immer das Ziel Paris.

Bei Gerolsteiner haben wir viele junge Fahrer, die einmal ähnliche Positionen einnehmen könnten, und um diese „Neos" werde ich mich nun vermehrt kümmern. Ich hoffe, ich kann als Sportlicher Leiter dazu beitragen, dass der beschwerliche Weg zum guten Radprofi nicht zu lang wird und wir auch in Zukunft sagen können: Radfahren ist bei uns keine Randsportart. Und: Es macht Spaß zuzuschauen!

Vielen Dank an alle, die mich während meiner langen Karriere unterstützt haben, und viel Vergnügen beim Rückblick auf meine letzte Saison

euer Udo Bölts

...TELEGRAMM.
saison 2003

Januar

01. Die französischen Ex-Radrennfahrer **Raymond Poulidor** und **Laurent Jalabert** werden vom französischen Staatspräsidenten zu „Offizieren der Ehrenlegion" ernannt.

1. **Rudy Pevenage** gibt nach acht Jahren seinen Posten als Sportdirektor bei Team Telekom auf. Gemeinsam mit Jan Ullrich möchte er zu einem neuen Team gehen. Der Belgier sieht darin unter anderem eine neue Herausforderung.

02. **Jens Heppner** unterschreibt beim GS II Team Wiesenhof einen Vertrag für die Saison 2003. In seiner zwölfjährigen Karriere ist es erst sein drittes Team. Der Thüringer wird dort neben Enrico Poitschke die Rolle des Kapitäns übernehmen.

03. Nachdem das Dach des erst im Jahr 2001 erbauten **Radstadions in Kopenhagen** eingestürzt ist, musste das für Ende Januar geplante Sechs-Tage-Rennen abgesagt werden.

06. **Bjarne Riis**, dem Teammanager von CSC, steht die Enttäuschung ins Gesicht geschrieben, als er im Vertragspoker um Jan Ullrich unterliegt. Nun ist es offenkundig, dass der Deutsche zum Team Coast wechselt.

07. **Mariano Piccoli** wird von der Staatsanwaltschaft in Trento im Zusammenhang mit Dopingvorwürfen des Sportbetrugs angeklagt. Der Italiener soll versucht haben, den Giro 1999 mit verbotenen Substanzen zu manipulieren. Piccoli wird jedoch im Mai freigesprochen.

07. Zum 400. Geburtstag möchte sich die kanadische Stadt **Quebec** ein besonderes Geschenk machen. Die Tour de France soll nach Plänen des Bürgermeisters Jean-Paul L'Allier im Jahr 2008 dort gestartet werden.

08. Der vierfache Toursieger **Lance Armstrong** setzt in der kommenden Saison auf Bewährtes. Der Amerikaner wird neben der gleichen Vorbereitung auch auf das Tour-Team der letzten Jahre bauen. Die Mannschaft soll nahezu unverändert bleiben.

09. Der Italiener **Michele Bartoli** stürzt im Training in der Nähe von Barcelona schwer. Die Untersuchung in seiner Heimat ergibt: Er hat sich das Becken gebrochen. Der Klassiker-Spezialist wird voraussichtlich länger pausieren müssen, und sein erstes Saisonziel, Mailand – San Remo, abschreiben können.

09. Das neu gegründete belgische Team **Quick Step** unter der Leitung von Patrick Lefèvre wird in Flandern der Presse vorgestellt. Die Mannschaft, darunter zehn Ex-Mapei-Profis und elf Ex-Domo-Fahrer, wird bei den Frühjahrsklassikern, insbesondere Mailand–San Remo und Paris–Roubaix nicht zu unterschätzen sein.

09. **Raimund Dietzen** wird neuer Sportlicher Leiter bei Gerolsteiner. Der ehemalige Cross- und Rundfahrtspezialist rückt an die Stelle von Rolf Gölz vor, der sich entschieden hat, nach vier Jahren einen Job in der freien Wirtschaft anzunehmen. Der Trierer wird überwiegend die Rennen in seiner Wahlheimat Spanien betreuen.

10. Die UCI hat wie erwartet dem deutschen Team **Coast** die im ersten Durchgang verweigerte Lizenz erteilt. Der Unterschrift von Jan Ullrich steht damit nichts mehr im Wege. Der Tour-Sieger, der noch bis zum 23. März gesperrt ist, soll einen Dreijahresvertrag unterzeichnen.

11. Herber Schlag für die Radsportwelt: Radprofi **Denis Zanette** (Fassa Bortolo) stirbt im Alter von 32 Jahren an Herzversagen. Der Italiener verlor bei einer Routine-Zahnbehandlung plötzlich das Bewusstsein, im Krankenhaus konnte nur noch der Tod festgestellt werden. Es gab keinerlei Anzeichen von Doping.

14. Weil Jan Ullrich seinen Hauptwohnsitz im November 2002 nach Scherzingen am Bodensee verlegt hat, muss der Ex-Merdinger seine Lizenz beim Schweizer Verband beantragen. Diese wird ihm ohne Weiteres gewährt.

14. Nach zwei verpatzten Jahren will **Andreas Klöden** wieder zu alter Stärke zurückfinden. Der Sieger von Paris-Nizza und der Baskenland-Rundfahrt 2000 hat privat und beruflich die Weichen neu gestellt. Klöden zog mit seiner Lebensgefährtin und seiner Tochter von Cottbus nach Merdingen. Ziel ist es, bei der Tour unter die besten Fünfzehn zu kommen.

15. Die **Tour de Suisse** im Juni macht einen Abstecher ins Allgäu. Die 8. Etappe geht nach 218 km in Oberstaufen zu Ende.

22. Die vom 31. Januar bis 4. Februar geplante **Katar-Rundfahrt** findet statt, bestätigte Jean-Marie Leblanc von der Organisation. In Katar, das mit den USA freundschaftliche Beziehungen unterhält, sind bereits zahlreiche Truppen der Amerikaner stationiert. Im Falle eines Irak-Krieges würde sich hier das Hauptquartier der US-Armee befinden.

25. **Erik Zabel** will künftig kürzer treten. Er werde sich in der kommenden Saison auf die wichtigsten Rennen konzentrieren. Er wolle „die Führung in der Weltrangliste sausen lassen", sagte Erik Zabel. Er möchte sich in der neuen Saison auf wichtige Rennen wie Mailand – San Remo konzentrieren, um nicht auszubrennen.

28. Der österreichische Radprofi **Mathias Buxhofer** wird von seinem Landesverband wegen Dopings für 18 Monate, bis zum 14. August 2004, gesperrt. Buxhofer war am 15. August 2002 während der Dänemark-Rundfahrt positiv auf das Anabolikum Norandrosteron getestet worden.

28. Das Einzige, was **Jan Ullrichs** Comeback hätte verhindern können, wäre sein lädiertes Knie gewesen. Eine Untersuchung ergab: Alles in Ordnung in Ullrichs Knie. Voraussichtlich fährt der mehrfache Weltmeister in Frankreich sein erstes Rennen.

29. **Christian Wegmann** fährt im Jahr 2003 wieder als Amateur. Der Vertrag des 27-Jährigen Münsteraners beim italienischen Team Saeco wurde nicht verlängert und ein neues Team war nicht zu finden.

Februar

02. Bei den **Cross-Weltmeisterschaften** in Monopoli/Italien bestimmen die Belgier das Rennen der Elite. Der 24 Jahre junge Bart Wellens distanziert bereits zur Hälfte des Rennens seine Gegner und holt sich den Titel. Die nächsten vier Plätze gehen an seine Landsleute Mario De Clercq, Erwin Vervecken, Ben Berden und Sven Nys.

02. **Hanka Kupfernagel** wiederholt ihren Vorjahreserfolg und wird bei der Cross-WM nach einer durchwachsenen Saison erneut Zweite. Nur die Holländerin Daphny Van den Brand konnte die Berlinerin distanzieren.

03. Der Schweizer Rennstall Phonak entlässt den Radprofi **Reto Bergmann**. Der 26-Jährige hatte Dopingmittel im Besitz, als er Anfang des Jahres zum Training nach Spanien reiste.

10. **Jan Vesely**, das Idol des tschechischen Radsports und eine der herausragenden Figuren in der Geschichte der Friedensfahrt, ist tot. Der 79 Jahre alte Friedensfahrt-Sieger von 1949 erliegt einem Krebsleiden.

15. **Lance Armstrong** spricht sich in einem Interview gegen ein unilaterales Vorgehen der USA gegen den Irak aus. Er sei „kein Fan" von Saddam Hussein, aber er halte es für einen Fehler, wenn Präsident Bush ohne die Unterstützung von UN und Europäern vorgehe.

15. Im Trainingslager auf Teneriffa werden **Paolo Savoldelli** und **Mario Aerts** (beide Telekom) bei einem Zusammenprall mit einem Motorradfahrer verletzt. Aerts kam relativ glimpflich davon, während Giro-Sieger Savoldelli schwere Frakturen am sechsten und siebten Wirbel davontrug. Der Italiener wird mindestens zwei Monate ausfallen.

16. Den Cross-Weltcup gewinnt der Belgier **Bart Wellens**. Das fünfte und letzte Pokalrennen in Hoogerheide/NL entscheidet aber sein Landsmann Sven Nys.

18. Der ehemalige Radprofi **Hermann Schild**, Sieger der Deutschland-Rundfahrt 1938, feiert in Grafing bei München seinen 90. Geburtstag. Noch heute wird er in der Statistik der Rundfahrt als einer von zwei Rekordhaltern geführt.

19. In Leipzig wird bei **Torsten Nitsche** ein lebensgefährlicher angeborener Herzfehler festgestellt. Für den Gerolsteiner-Profi ist damit die Karriere beendet, bevor sie richtig begonnen hat. Dem 25-Jährigen muss in einer Operation ein Defibrillator implantiert werden.

20. Weltmeister **Mario Cipollini** wird mit dem Rad auf die Autobahn Florenz-Pisa-Livorno von der Polizei mit einer Geschwindigkeit von 70 km/h gestoppt. Der Italiener war mit seinem Teamkollegen Mario Scirea hinter einem Begleitfahrzeug gefahren. Der prominente Verkehrssünder musste 63 Euro Strafe zahlen.

22. Der Amerikaner **Lance Armstrong** trennt sich nach viereinhalb Jahren Ehe von seiner Frau Kristin und seinen drei Kindern.

23. **Manfred Donike** wird tot in seiner Wohnung in Kreuzau bei Düren tot aufgefunden. Der 42-Jährige erlag einem Herzversagen. „Das ist ein herber Verlust für den deutschen Radsport", sagt BDR-Sportdirektor Burckhard Bremer. Manfred Donike, Ex-Rennfahrer und einer der ranghöchsten Rennsport-Kommissäre im nationalen Verband, war für die UCI als Kommissär auf internationaler Ebene, unter anderem bei der Tour sowie Weltmeisterschaften, im Einsatz.

26. Der Belgier **Frank Vandenbroucke** darf nicht in Flandern trainieren. Hintergrund ist die nur für Belgien geltende Dopingsperre, mit der VDB nach der „Mabuse"-Affäre belegt wurde. VDB wurde Anfang Juli 2002 wegen Dopingprodukten für 18 Monate gesperrt, 12 davon zur Bewährung. Diese Sperre, die nur auf flämischem Terrain gilt, lief am 28. Februar ab.

28. Vuelta-Sieger **Aitor Gonzalez** kann in der Saison 2003 definitiv in den Farben von Fassa Bortolo fahren. Die UCI gab ihre Entscheidung nach dem monatelangen Vertragsstreit um den 27-Jährigen bekannt, auf den auch das italienische Domina-Vacance-Team Ansprüche erhoben hatte.

März

03. Bei der **Welt-Anti-Doping-Konferenz** in Kopenhagen soll ein für alle Sportarten einheitlicher Doping-Kodex beschlossen werden. Ob der internationale Radsportverband UCI unterschreiben wird, ist fraglich. Die UCI ist vor allem gegen die vorgesehene zweijährige Mindestsperre für Doper.

10. Der siebenfache Bahnrad-Weltmeister **Michael Hübner** hat Ärger. Gleich zweimal soll sich der 43-Jährige vor Gericht verantworten. Im einen Fall geht es um eine nicht beglichene Rechnung eines Schlüsseldienstes. Schwerer wiegt der Vorwurf der zweifachen Konkursverschleppung bei seinem Immobilienunternehmen.

12. **Andrej Kiwilew** ist tot. Der 29-Jährige Kasache stirbt an den Folgen seines Sturzes auf der 2. Etappe der Fernfahrt Paris-Nizza. Der sympathische Berg-Spezialist, 2001 bei der Tour de France Vierter im Gesamtklassement, hinterlässt seinen sechs Monate alten Sohn Léonard und seine Frau.

13. **Marco Pantani** erringt einen Teilerfolg gegen die achtmonatige Dopingsperre, die im Juni letzten Jahres gegen ihn ausgesprochen wurde. Der internationale Sportgerichtshof in Lausanne verkürzte die Sperre auf sechs Monate, so dass der Italiener am 17. März wieder Rennen fahren kann.

25. Mit einer wesentlichen Verstärkung will das erste Berliner Profiteam den Nachwuchs der Stadt fit für die Profiszene machen. Der Deutsche Bergmeister 2002, Jörn Reuß, wird gemeinsam mit Renzo Wernicke die junge Mannschaft Team **Winfix Techem** an das Geschäft im Profiradsport heranführen.

27. Wenige Monate nachdem er seinen Vertrag beim Team Coast verlängert hat, verlässt der Schweizer **Alex Zülle** den Essener Rennstall. Finanzielle Probleme waren der Grund dafür, dass er bei Phonak einen Vertrag bis zum Saisonende unterschrieb.

28. Der Radsport-Promotor und Chefredakteur der Sindelfinger Zeitung/Böblinger Zeitung **Winfried Holtmann** stirbt im Alter von 61 Jahren. Holtmann war der „Vater" des Team Stuttgart, des Vorgängers der heutigen Profi-Mannschaft Team Telekom, und hatte hunderte von Radrennen organisiert.

April

03. Der Schweizer Radsportverband sperrt Radprofi **Reto Bergmann** (Phonak) wegen Dopings für zwei Jahre.

04. Der internationale **Radsportverband UCI** wird die allgemeine Helmpflicht, die bisher nur für Nachwuchsfahrer galt, auf die Profis ausweiten. Dies gibt der Verband offiziell bekannt.

13. **Peter van Petegem** gewinnt eine Woche nach der Flandern-Rundfahrt auch Paris-Roubaix. Der 33-Jährige Belgier holte als erster Fahrer seit 1977 das Double mit Siegen bei der Flandern-Rundfahrt und bei Paris-Roubaix. Damals hatte Roger De Vlaeminck das Kunststück geschafft.

21. **Jan Ullrich** ist wieder da und gewinnt nach einem Solo über 56 km den Klassiker „Rund um Köln". Der Sieg des 29-jährigen Coast-Stars in Köln war sein 43. Erfolg als Profi und sein erster seit dem 21. Oktober 2001, als er in Lissabon Zeitfahrweltmeister wurde.

22. Der Australier **Cadel Evans** bricht sich beim Amstel Gold Race das Schlüsselbein und wird vier bis sechs Wochen ausfallen, lautet die Meldung aus der Telekom-Zentrale in Bonn.

28. Die Bahn-Weltmeisterschaften in China, die für Ende Juli in Shenzen geplant sind, müssen wegen der gefährlichen Lungenkrankheit SARS abgesagt werden. Als Ausweichort für die WM springt die baden-württembergische Landeshauptstadt Stuttgart ein.

30. **Igor Gonzalez de Galdeano** ist in Frankreich für sechs Monate gesperrt worden. Hintergrund ist ein positiver Dopingbefund im letzten Jahr. Der Weltradsportverband hatte den Spanier zuvor in der Sache freigesprochen.

Mai

02. Nun ist es amtlich: Zwei Monate nach dem tragischen Unfall von Andrej Kiwilew wird das **Tragen von Helmen** auch für Berufsrennfahrer zur Pflicht.

02. **Jörg Paffrath**, der 1998 nach seinem Eingeständnis des Gebrauchs von Dopingmitteln vom Bund Deutscher Radfahrer lebenslang gesperrt wurde, wird vom Verband begnadigt und darf ab sofort wieder im Radsport aktiv werden.

15. **Rik van Steenbergen** stirbt nach langer, schwerer Krankheit im Alter von 78 Jahren in Antwerpen. Der Belgier gewann in seiner 23-jährigen Profikarriere u.a. drei Weltmeistertitel, feierte zwischen 1943 und 1966 nicht weniger als 270 Profisiege.

19. **Mario Cipollini** gewinnt zum 42. Mal in seiner Karriere eine Etappe des Giro d'Italia und stellte damit einen neuen Rekord auf. Der Weltmeister überbietet den bisherigen Rekord von Alfredo Binda mit 41 Erfolgen.

23. Der **Internationale Radsportverband** erteilt der neuen Mannschaft von Jan Ullrich offiziell die GS I-Lizenz. Für das Bianchi-Team, das die Nachfolge des Pleite-Teams Coast antritt, ist damit der Weg frei für eine Tour-de-France-Einladung.

27. Der Spanier **Francisco Perez** vom portugiesischen Milaneza-Team, der bei der Tour de Romandie für Furore sorgt, wird beim Westschweizer Rennen zweimal positiv auf künstliches Erythropoietin (EPO) getestet.

28. Der Internationale Sportgerichtshof sperrt den französischen Radprofi **Laurent Roux** wegen Dopings für vier Jahre.

29. Das Feld der Sprinter verpasst während der schweren 18. Etappe des Giro d'Italia die Karenzzeit. 35 Rennfahrer, die das Ziel mit 50 Minuten Rückstand erreichten, werden aus dem Rennen genommen, darunter Sprintstar **Alessandro Petacchi** (Fassa Bortolo).

31. Der Australier **Cadel Evans** (Telekom) bricht sich beim Rennen „Rund um die Hainleite" erneut das Schlüsselbein und fällt für weitere Wochen aus.

Juni

04. Der 23 Jahre junge **Fabrice Salanson** stirbt in der Nacht zum Start der Deutschland-Tour in seinem Hotelzimmer in Dresden. Der Franzose wurde von seinem Teamkollegen Sebastien Chavanel entdeckt. Seine Mannschaft Brioches la Boulangère reist noch am gleichen Tag ab. Salanson starb eines natürlichen Todes.

07. Der Olympia-Zweite von Sydney **Alexander Winokurow**, Gewinner von Paris-Nizza und des Amstel Gold Race, sowie **Mathias** Kessler verlängern ihre Verträge bei Telekom um zwei Jahre.

. T E L E G R A M M . . .

2003 saison

10. Vorjahressieger **Igor Gonzalez de Galdeano** bricht sich bei einem Sturz während des Zeitfahrens der Deutschland-Tour von Maulbronn nach Bretten das Schlüsselbein.
11. Raimondas Rumsas ist erneut in eine Dopingaffäre verwickelt. Der 31-jährige Litauer war beim Giro d'Italia bei einer Dopingkontrolle positiv getestet worden, wie seine Mannschaft bekannt gibt.
22. Der ehemalige Giro- und Tour-Sieger **Marco Pantani** erleidet einen Nervenzusammenbruch und wird in einer Nervenklinik bei Padua behandelt. Dies berichtet die Mailänder Gazzetta dello Sport.
27. Der Italiener **Gianluca Bortolami** scheitert mit der Berufung gegen seine Dopingsperre. Im Mai wurde der ehemalige Weltcup-Sieger positiv auf Kortison getestet.
28. Udo Bölts will seine Karriere nach der laufenden Saison beenden. Dies kündigt der 36-Jährige vom Team Gerolsteiner an. Die Rheinland-Pfalz-Rundfahrt im September wird sein letztes Rennen werden.
29. Kurz vor der Tour de France verlängert der Cottbuser **Andreas Klöden** seinen Vertrag bei Team Telekom um ein Jahr bis 2004.

Juli
02. Jan Ullrich wird Vater. Töchterchen Sarah Maria lässt Ullrich nach seinen Worten auf Wolke sieben schweben. „Ich bin der glücklichste Mensch der Welt", erklärte der 29-Jährige, als seine Tochter Sarah Maria nachmittags um 15.08 Uhr zur Welt kommt.
18. Der Mecklenburger **Jens Voigt** steigt bei seiner sechsten Tour zum ersten Mal vorzeitig vom Rad. Seit Tagen andauernde Magen-Darm-Probleme zwingen den zweifachen Etappensieger während der 11. Etappe zwischen Narbonne und Toulouse zur Aufgabe.
13. Drei Rennfahrer des italienischen **Fassa-Bortolo-Teams** (Aitor Gonzalez, Wolodymir Gustow und Sven Montgomery) gehen in Sallanches nicht an den Start zur achten Tour-Etappe. Schuld an den vielen Ausfällen ist nach Teamangaben eine kursierende Viruserkrankung.
14. Der Spanier **Joseba Beloki** stürzt als Gesamtzweiter der Tour auf der 9. Etappe bei einer Abfahrt so schwer, dass er fünf Kilometer vor dem Ziel in Gap die Rundfahrt beenden muss. Damit fehlt einer der stärksten Gegner von Lance Armstrong.
19. Der 23 Jahre junge **Fabian Wegmann** (Gerolsteiner) feiert in Italien seinen ersten Sieg als Profi. Der Münsteraner holt sich den Sieg beim 10. GP Rio Saliceto in Mittelitalien.
21. Die baskische Telefon-Gesellschaft **Euskaltel** verlängert ihr Engagement beim GS-I-Team Euskaltel-Euskadi bis 2006. Der momentane Vertrag mit dem Team läuft bis Ende 2004.
25. Vorjahressieger **Oscar Camenzind** gewinnt nach langer Verletzungspause. Der Ex-Weltmeister aus der Schweiz entscheidet die 3. Etappe der Sachsen-Tour für sich.
26. Uwe Peschel (Gerolsteiner) stürzt zweimal beim zweiten Zeitfahren der Tour de France zwischen Pornic und Nantes und bricht sich zwei Rippen, nur ein Lungenflügel ist noch funktionsfähig – trauriges Ende seiner ersten Tour nur einen Tag vor dem Ziel in Paris.
27. Lance Armstrong gewinnt als zweiter Fahrer der Geschichte die Tour de France fünfmal hintereinander. Der Texaner ist das Rennen bisher neunmal gefahren. Sein Vorgänger Miguel Indurain elfmal. Dafür gewann Armstrong mehr Etappen, nämlich 16.
27. Die **Jubiläums-Tour de France** ist die schnellste in der 100-jährigen Geschichte des Rennens. Sieger Lance Armstrong fuhr einen Schnitt von 40,940 km/h.
31. Münchens „Sechstage-Kaiser" **Sigi Renz** feiert am 2. August seinen 65. Geburtstag. In den 60er- und 70er-Jahren zählte der Bahn- und Straßenfahrer zu den erfolgreichsten Athleten bei Sechstagerennen. Zwischen 1960 und 1974 ging Renz 158-mal bei Sixdays an den Start und konnte dabei 23 mal gewinnen.

August
01. Davide Rebellin wird seinen Vertrag bei Gerolsteiner um zwei Jahre verlängern. Eine Konsequenz aus Rebellins schlechtem Abschneiden bei der Tour zieht man trotzdem im Team: Der Italiener konzentriert sich künftig auf Eintagesrennen und wahrscheinlich den Giro d'Italia, die Tour wird er sicher nicht mehr fahren.
01. Der spanische **Once-Rennstall** steht am Saisonende vor dem Aus. Der Hauptsponsor des Teams, die spanische Blindenlotterie, wird ihr Engagement nach 14 Jahren beenden.
05. Waldbrände könnten die in Albufeira/Algarve beginnende **Portugal-Rundfahrt** beeinträchtigen. Zwei Etappen führen durch das Gebiet, in dem die Brände seit einer Woche wüten.
06. Zeitfahrweltmeister **Santiago Botero**, der bei der Tour de France hinterherfuhr und vorzeitig aufgab, muss wegen einer Infektion eine Ruhepause einlegen. Der Kolumbianer beendet seine enttäuschende Saison 2003 vorzeitig.
06. Der Spanier **Javier Pascual Llorente** (Kelme) bestätigt, dass er bei einer Dopingkontrolle während der Tour positiv auf künstliches EPO getestet wurde. Er sei jedoch völlig unschuldig. Llorente spricht von einer „französischen Kampagne gegen den spanischen Radsport".
13. Der Westschweizer **Laurent Dufaux** fährt in der nächsten Saison wieder an der Seite seines einstigen Festina-Teamkollegen Richard Virenque. Der 34-Jährige unterschreibt einen Vertrag beim belgischen Quick-Step-Team.
16. Der Thüringer **Sebastian Lang** sorgt in Dänemark für den ersten Sieg bei einer Landesrundfahrt für das Team Gerolsteiner. Für den 23-Jährigen ist dies zugleich der größte Erfolg in seinem zweiten Jahr als Profi.
28. Nach einer sehr guten Leistung während der Tour verlängert **Jörg Ludewig** seinen Vertrag im italienischen Team Saeco um ein Jahr. Der Westfale war Gesamtbester seines Teams nach drei Wochen.
31. Erwartungsgemäß verzichtet **Jan Ullrich** auf die Teilnahme an der Straßen-WM in Hamilton/Kanada. Nach Armstrong wird nun auch der Tour-Zweite im Oktober fehlen.

September
01. Der Amerikaner **Tyler Hamilton** wird das dänische CSC-Team am Saisonende verlassen und zu Phonak wechseln. Der Neuengländer unterschrieb einen Zweijahresvertrag bei der Schweizer Mannschaft, die eine angestrebte Tour-Nominierung 2003 verpasste.
02. Der Bad Schussenrieder **Rolf Gölz**, der seinen Job als Sportdirektor bei Gerolsteiner aufgab, ist neues Mitglied im Präsidium des Bund Deutscher Radfahrer. Ex-Profi Gölz wird als BDR-Vize-Präsident künftig für den Bereich Vertragssport verantwortlich sein und tritt damit die Nachfolge von Olaf Ludwig an.
02. Once-Profi **Jörg Jaksche** wird im kommenden Jahr Teamkollege von Jens Voigt beim dänischen CSC-Rennstall von Bjarne Riis. Der 27 Jahre alte Franke unterschreibt einen Zwei-Jahres-Vertrag und wird neben Voigt noch Iwan Basso aus Italien als Kollegen haben.
02. Eine vergiftete Eiweißinfusion sei Schuld daran, dass **Jan Ullrich** bei der Tour de France wegen hohen Fiebers beinahe aufgegeben hätte. Das erklärt der 29-Jährige Olympiasieger in der Beckmann-Talkshow der ARD.
04. Beamte der belgischen Polizei durchsuchen bei 21 Personen aus dem Bereich des Profi-Radsports Häuser und Wohnungen. Betroffen von der Aktion ist auch das flämische Radidol **Johan Museeuw**. Nach Angaben des Staatsanwalts von Kortrijk wird verdächtiges Material sichergestellt.
04. Der portugiesische Meister **Rui Lavarinhas** vom Milaneza-Rennstall wird von der UCI wegen Dopings für sechs Monate gesperrt. Lavarinhas wurde im April bei der Fernfahrt Paris-Nizza positiv auf Kortikoide getestet.
06. Der Spanier **Aitor Kintana** (Labarca 2 - Cafe Baque) wird von seinem Rennstall am Vorabend der Spanien-Rundfahrt von der Startliste gestrichen. Der 28-Jährige muss die Heimreise antreten, nachdem er des Dopings bei der Katalonien-Rundfahrt im Juni überführt wurde.
08. Der 22-Jährige Nachwuchsfahrer **Markus Fothen** aus Büttgen gibt 2004 sein Profi-Debüt bei Gerolsteiner. Der U23-Europameister und spätere Weltmeister im Einzelzeitfahren hat einen Vertrag über zwei Jahre abgeschlossen.
08. Alessandro Petacchi (Fassa Bortolo) gewinnt die dritte Etappe der Spanien-Rundfahrt. Der 29-Jährige kann damit bei allen drei großen Rundfahrten in einem Jahr mindestens einen Etappensieg aufweisen. Seit 45 Jahren gelang dieses Kunststück keinem Rennfahrer mehr.
08. Auch aller schlechten Dinge sind drei. Der australische Telekom-Profi **Cadel Evans** erleidet bei der Spanien-Rundfahrt zum dritten Mal in der Saison einen Schlüsselbeinbruch. Der 26-Jährige fällt damit erneut für Wochen aus.
14. Der Schweizer **Alex Zülle** beendet die Vuelta bei der 9. Etappe vorzeitig. Er wolle nie mehr eine große Rundfahrt bestreiten, erklärt der 35-Jährige, der die Rundfahrt 1996 und 1997 gewonnen hatte.
24. Bei der Inventur der **Doping-Verbotsliste** des internationalen Sports werden Koffein und Pseudoephedrin gestrichen. Gleichzeitig entscheidet das Exekutivkomitee der Welt-Anti-Doping-Agentur (WADA), dass das Stimulanzmittel Modafinil auf die neue, am 1. Januar 2004 in Kraft tretende Liste der verbotenen Substanzen aufgenommen wird.
24. Mit Nacktaufnahmen in einem Wochenmagazin lenken **acht spanische Profis** die Aufmerksamkeit auf die tiefe Krise im spanischen Profi-Radsport: Joan Horrach, Alejandro Valverde, Miguel Angel Martin Perdiguero, Quique Gutierrez, Oscar Sevilla, Jorge Ferrio, Aitor Gonzalez und Santos Gonzalez posierten am ersten Ruhetag der Spanien-Rundfahrt.
26. Der 39-Jährige Olympiasieger **Uwe Ampler** erleidet bei einem Verkehrsunfall in der Nähe von Grimma lebensgefährliche Kopfverletzungen.
28. Der Spanier **Roberto Heras** gewinnt die 58. Auflage der Spanien-Rundfahrt. Nach seiner Aufholjagd bei den letzten zwei Etappen ließ er seinen Gegnern auf der Schlussetappe keine Chance und wiederholte den Sieg aus dem Jahr 2000.

Oktober
01. Olympiasieger **Jan Ullrich** darf trotz seiner Dopingsperre (die im März ablief) bei den nächsten Olympischen Spielen in Athen starten, sofern er sich sportlich qualifiziert. Dies entscheidet das Präsidium des Nationalen Olympischen Komitees (NOK).
02. Marco Pantani wird von einem Gericht im norditalienischen Tione vom Vorwurf des Sportbetrugs im Zusammenhang mit der spektakulären Dopingaffäre, die zum Rauswurf beim Giro d'Italia 1999 führte, freigesprochen. Der Staatsanwalt hatte in seinem Schlussplädoyer sechs Monate Haft beantragt.
03. Titelverteidiger **Mario Cipollini** hat seinen Start bei der Straßenweltmeisterschaft in Kanada am 12. Oktober abgesagt. „Es war eine schwere Entscheidung. Letztlich war aber für mich das Interesse der Nationalmannschaft ausschlaggebend", sagte Cipollini.
05. Jan Ullrich wird im Jahr 2004 wieder zum Rennstall Telekom, der künftig „T-Mobile" heißen wird, zurückkehren. Für die Magentatruppe habe er sich aus sportlichen Gründen entschieden. Die Entscheidung für Telekom sei schwer gewesen, denn er wollte Bianchi nicht enttäuschen.
06. Die Straßenweltmeisterschaften 2006 finden in **Salzburg** statt. Dies gibt das Leitungskomitee der UCI nach seiner Sitzung in Hamilton/Kanada bekannt.
07. Die **Helmpflicht** wird künftig auch bei Zeitfahren gelten. Dies teilt die UCI am Rande der Straßenweltmeisterschaft in Kanada in einer offiziellen Erklärung mit.
07. Lara erblickt das Licht der Welt und beglückt Tommy Zippolini.
09. Der 26 Jahre alte Brite **David Millar** holte sich erstmals in seiner Karriere das Regenbogentrikot. Millar war mit Abstand Schnellster im WM-Zeitfahren auf der 41,6 km langen Strecke und siegt vor Michael Rogers/AUS und Uwe Peschel aus Deutschland.
12. Mountainbike-Olympiasieger **Miguel Martinez** verlässt Phonak und kehrt ins Cross-Country-Metier zurück. In einem neu formierten Team will er sich für Olympia vorbereiten.
12. Der neue Straßenweltmeister heißt **Igor Astarloa Askasibar**. Der Baske gewinnt im kanadischen Hamilton das Straßenrennen über 258,3 km. Alejandro Valverde macht als Zweiter den spanischen Doppelsieg perfekt. Bronze geht an den Belgier Peter Van Petegem.
15. Der Spanier **Oscar Sevilla** wird einen Vertrag beim Schweizer Phonak-Team unterschreiben. „Wir haben das mündliche Okay, der Vertrag wird momentan ausgearbeitet", sagt Phonak-Teamchef Urs Freuler.
18. Paolo Bettini (Quick Step) gibt bei der Lombardei-Rundfahrt vorzeitig auf, sein erneuter Weltcup-Gesamtsieg steht aber bereits vor dem letzten Rennen der Saison fest. Als erster Fahrer holt Bettini in einer Saison drei Weltcup-Siege.
18. Der italienische **Saeco-Rennstall** ist Sieger der Mannschaftswertung des Weltcup 2003. Nach dem zehnten und letzten Rennen machte das Team seinen ersten Sieg in dieser Wertung perfekt.
20. Paolo Bettini belegt am Ende der Saison die Spitzenposition in der Weltrangliste. Zabel ist nach dieser Saison auf Platz 2, während Armstrong trotz seines erneuten Tour-Sieges auf den achten Platz abrutschte. Jan Ullrich belegt als zweitbester Deutscher Rang 15.
20. Das italienische **Fassa-Bortolo-Team** ist laut UCI-Teamwertung die beste Mannschaft der Saison 2003. Fassa Bortolo führt das GS-I-Klassement mit deutlichem Vorsprung vor Quick Step und Telekom an. Die Gerolsteiner belegen nach einer sehr soliden Saison einen ausgezeichneten sechsten Rang.
20. Die Tourismuswerbung der **Balearischen Inseln** wird neuer Sponsor des spanischen Banesto-Rennstalls. Dies gibt die Regionalregierung der Balearen in Palma de Mallorca bekannt. Die spanische GS-I-Mannschaft wird nach Angaben von Teammanager Eusebio Unzué künftig den Namen „Islas Baleares Banesto" tragen.
22. Die flämische Radlegende **Johan Museeuw** (Quick Step) will seine Karriere im kommenden April beenden. Der 36-Jährige ehemalige Weltmeister und Spezialist für Klassiker möchte nach dem Schelde-Preis das Rennrad in die Ecke stellen.
23. Manolo Saiz hat am Rande der Tour-de-France-Präsentation in Paris bestätigt, dass er bei der Sponsorsuche erfolgreich war und das Once-Team, dessen Hauptsponsor nach 15 Jahren sein Engagement einstellt, unter neuem Namen weiterführen kann.
23. Die **91. Tour de France** beginnt am 3. Juli mit einem 6 km langen Prologzeitfahren in Lüttich und endet am 25. Juli traditionsgemäß auf den Pariser Champs-Elysées. Dies gibt die Société du Tour de France während der Präsentation in Paris bekannt.
29. Olympiasieger **Jan Ullrich** soll von seinem Arbeitgeber Bianchi kein Geld mehr für die laufende Saison bekommen. Ullrich ist noch bis zum 31. Dezember unter Vertrag. Im August soll der 29-Jährige zum letzten Mal Geld erhalten haben.
31. Letzte Meldung: **Lance Armstrong** goes Hollywood – **Sandra Bullock** fährt voll auf ihn ab meldet der „Mirror". Die zwei sind, nach Armstrongs Trennung von seiner Frau Kirstin, unzertrennlich!

MITTELMEER
better, best, Bettini

Paolo Bettini

Bettini glänzt in der noch jungen Saison und gewinnt am Mittelmeer.

1. ET = DE GROOT · **2. ET = MAGNIEN** · 3. ET = COOKE ·
4. ET = MONCOUTIÉ · 5. ET = BENNATI · **6. ET (MZF) = FASSA BORTOLO**

Europäischer Saisonauftakt für die Radprofis an der Côte d'Azur.

Mittelmeer-Rundfahrt   Italien · 12. – 16. Februar 2003

RUNDFAHRT

Traditionell ist die Mittelmeer-Rundfahrt von der Konkurrenz zwischen italienischen und französischen Radprofis beherrscht. Zuletzt war es mit Laurent Jalabert im Jahr 2000 einem Franzosen gelungen, die Rundfahrt für die Grande Nation zu entscheiden. Davide Rebellin von Gerolsteiner, in diesem Jahr nicht am Start, holte sich 1999 und 2001 den Gesamtsieg. Letztes Jahr gewann Fabio Baldato. Und auch heuer wurde es nichts mit einem heimischen Gewinner.

Die 30. Auflage in diesem Jahr führte über sechs Etappen und 547 Kilometer. Den ersten Etappensieg nach knapp 106 Kilometern mit Start und Ziel im italienischen Arma di Taggia holte allerdings ein Holländer: Bram de Groot von Rabobank. Bettini hatte den ersten Angriff des Tages initiiert, wurde aber nach wenigen Kilometern von einer Verfolgergruppe eingeholt. Acht Fahrer blieben schließlich uneinholbar an der Spitze: De Groot, der den Sprint für sich entschied, Bettini, Thor Hushovd (Crédit Agricole), Laurent Brochard und Christophe Oriol (AG2R), Mirco Celestino (Saeco), Thomas Voeckler von Brioches La Boulangère und dessen Teamgefährte Sylvain Chavanel. Auf Chavanel, einem der größten französischen Radsporttalente der letzten Jahre, ruhten die Tour-Med-Hoffnungen der Franzosen.

Emmanuel Magnien (Brioches La Boulangère), 1997 schon einmal Gesamtsieger der Tour, siegte am nächsten Tag in Le Cannet. Nach kurzem Abstecher zu den italienischen Nachbarn schien die Rundfahrt auf französischem Boden auch wieder eine französische Angelegenheit zu werden. Die Etappe war von zahlreichen Ausreißversuchen geprägt. Auch Chavanel gab sein Bestes. Er wurde 750 Meter vor dem Ziel zwar eingeholt, hatte aber damit auch Magniens Sprint vorbereitet. Bram De Groot blieb einen weiteren Tag im gelben Trikot des Gesamtführenden.

Baden Cooke gewann die erste Halbetappe des dritten Tages, ein 60 Kilometer langes Flachstück. Paolo Bettini übernahm mit dem zweiten Platz die Gesamtführung. Auf dem Programm der zweiten Tageshälfte stand die Bergankunft am Mont Faron, dem Anstieg der 1. Kategorie, der auch bei Paris-Nizza zum Profil gehört. David Moncoutié attackierte aus einer Zehnergruppe heraus und holte sich den Etappensieg. Mit Bettini trug wieder ein Italiener das blaue Trikot, die Franzosen Brochard und Chavanel folgten in der Gesamtwertung auf den Plätzen.

Den Sieg auf der fünften Etappe holte sich Daniele Bennati, der jüngste Fahrer im Team von Domina Vacanze. Im Schlussspurt des geschlossenen Feldes ließ er Topsprinter Baden Cooke hinter sich. Bennatis Kapitän Mario Cipollini hatte den Start am Mittelmeer im Übrigen kurzfristig abgesagt. Fassa Bortolo gewann das abschließende Zeitfahren vor der Mannschaft von Rabobank. Quick Step reichte der dritte Platz, um Bettinis Gesamtführung zu verteidigen.

Am Ende war die Bilanz im Wettstreit der französischen gegen die italienischen Radprofis ausgeglichen. Letztes Jahr waren neben dem Gesamtsieg für Baldato auch sämtliche Tagessiege an Italiener gegangen, dieses Mal mit Bennatis Sprintsieg in Berre l'Etang lediglich einer. Hinter Bettini behaupteten sich Laurent Brochard und Sylvain Chavanel auf den Plätzen.

GESAMTWERTUNG (ETAPPEN)

1.	BETTINI (O)	Quick Step
2.	BROCHARD	AG2R
3.	CHAVANEL	Boulangère

12. – 16. Februar 2003 · Italien — Mittelmeer-Rundfahrt

Er war kein strahlender Sieger. Ganz im Gegenteil: Alexander Winokurow kämpfte mit den Tränen. Einen Tag nachdem er seinen Vorjahressieg wiederholen konnte, sollte sein Freund beerdigt werden. „Ich werde das gelbe Trikot auf Kiwis Grab legen", sagte er kurz nach dem Rennen. „Das werden schwere Momente. Ich hab den Sieg für ihn geholt, dafür hab ich alles gegeben." Andrej Kiwilew verunglückte auf der zweiten Etappe Richtung Saint-Etienne tödlich, in der Nähe seines Wohnortes Sorbier.

Der Ausrichter der Fernfahrt und Tour-de-France-Veranstalter, die Amaury Sport Organisation (ASO), hatte für die 61. Auflage den Kurs verändert und präsentierte im Januar ein schwierigeres Streckenprofil. Statt der traditionellen Zielankunft auf der Promenade des Anglais sieht das Finale drei Runden im erweiterten Stadtgebiet von Nizza vor. Dreimal geht es dabei über den Col d'Eze (2. Kategorie). Auf der kürzeren Schlussrunde liegt er nur 16 Kilometer vor dem Ziel. Mit dieser Schlussetappe, einem kurzen Einzelzeitfahren und der traditionellen Bergankunft auf dem Mont Faron oberhalb von Toulon sollte der Weg von Paris an die Côte d'Azur spannender als in den Vorjahren sein. Davide Rebellin von Gerolsteiner entschied sich für Paris-Nizza anstelle von Tirreno-Adriatico und hatte Udo Bölts als Edelhelfer an seiner Seite. Bei den Sprintankünften setzte die Mannschaft außerdem auf ihren österreichischen Sprintspezialisten René Haselbacher. Vorjahressieger Winokurow führte die bis dahin in diesem Frühjahr erfolglose Telekom-Mannschaft an. Auch das französische Team Crédit Agricole setzte auf seinen deutschen Gastarbeiter: Jens Voigt fuhr als Kapitän.

Mit dem Sieg beim Prolog in Issy-les-Moulineaux gelang Nico Mattan ein guter Auftakt für Cofidis. Alessandro Petacchi gewann am folgenden Montag den Sprint der ersten Etappe vor Robbie McEwen und Stuart O'Grady, der aufgrund einer Zeitgutschrift die Gesamtführung übernahm. Am Ende des dritten Renntages war Rebellins Etappengewinn, bei dem er zwei Anwärter auf den Gesamtsieg im Sprint hinter sich ließ, zur Nebensache geworden.

Eine Attacke prägte das Rennen zunächst: Nicolas Jalabert (CSC), Christophe Oriol (AG2R), David Arroyo (Once) und David Cañada (Quick Step) hatten sich abgesetzt und lange geführt. Erst fünf Kilometer vor der Kuppe des entscheidenden Anstiegs, Croix-de-Chabouret, wurde Oriol als letzter der Ausreißer eingeholt. Sein Teamkollege Botscharow reagierte sofort und leitete die entscheidende Attacke ein. Auf der Abfahrt setzte er sich mit Frigo, Rebellin, Winokurow, Mikel Zarrabeitia und Wolodimir Gustow ab. Jörg Jaksche war einer der Fahrer, die auf der Abfahrt noch versuchten, an diese Gruppe heranzukommen – erfolglos. Rebellin übernahm mit dem Etappensieg auch die Gesamtführung. Winokurow wurde Zweiter vor Alexander Botscharow (AG2R) und Mitfavorit Dario Frigo von Fassa Bortolo.

Kurz vor Beginn des Anstiegs, in der Ortschaft Saint-Chamond 35 Kilometer vor dem Ziel, war es zu dem folgenschweren Sturz gekommen. Volker Ordowski von Gerolsteiner und Kiwilews Teamkollege Marek Rutkiewicz waren darin verwickelt, konnten das Rennen aber fortsetzen. Andrej Kiwilew war nach einer kaum wahrnehmbaren, aber abrupten Tempodrosselung im Feld über den Lenker vom Rad gestürzt.

PROLOG=MATTAN · 1. ET=PETACCHI · **2. ET=REBELLIN** · 3. ET=NEUTRALISIERT · **4. ET=FRIGO** · 5. ET=WINOKUROW · **6. ET=RODRIGUEZ** 7. ET=BERNABEU

Erinnerungen und Gedanken an Andrej auf dem Weg nach Nizza.

Andrej Kiwilew
✱ 21.09.1973
Talducorgan (Kasachstan)

✝ 11.03.2003
Saint Etienne (Frankreich)

PARIS – NIZZA
Wieder Wino

Er trug keinen Helm. Mit schweren Schädel-Hirn-Verletzungen wurde er nach der Einlieferung ins Krankenhaus in ein künstliches Koma versetzt. Vergebens versuchten Chirurgen in der Nacht, sein Leben zu retten.

Kiwilew, 1973 im Kasachischen Talducorgan geboren, gehörte zu einigen hochtalentierten Amateuren, die in den 90er-Jahren ihre Heimat verließen, um irgendwo in Europa Profi zu werden. Gemeinsam mit seinem Freund Winokurow fuhr er zunächst in einer Amateurmannschaft seiner späteren Wahlheimat Saint-Etienne. Seine Profilaufbahn begann er 1998 im Festina-Rennstall. Nach kurzer Zeit bei AG2R stieg er 2001 bei Cofidis ein und erreichte hier seine besten Resultate. Er gewann im selben Jahr die Route du Sud, eine Etappe der Dauphiné Libéré und beendete die Tour de France als Vierter.

Mit der Nachricht von Kiwilews Tod begann der Mittwoch. Cofidis bat darum, die Etappe zu neutralisieren. Dennoch sollte sie nach einer Schweigeminute vor dem Start in moderatem, aber professionellem Tempo über die gesamte Distanz gefahren werden.

„Wir haben erst überlegt, das Rennen nicht zu fahren," erklärte Nico Mattan die Beweggründe der Mannschaft, „aber Andrej war durch und durch Profi. Am besten ehren konnten wir ihn auf dem Rennrad." Einige Meter vor dem Feld rollten die Cofidis Fahrer gemeinsam vor einem spürbar bewegten Publikum in Pont-du-Gard über die Ziellinie. Sämtliche Prämien des Renntages, etwas über 11.000 Euro, wurden Kiwilews Familie gespendet. Die Veranstalter verdoppelten die Summe.

Das Zeitfahren tags darauf entschied Dario Frigo für sich und übernahm die Gesamtführung. Den Gesamtsieg zum zweiten Mal nach 2001 vor Augen, musste er mit Magenproblemen aufgeben und trat am nächsten Tag nicht mehr an. Alexander Winokurow gewann wie im Vorjahr die entscheidende Etappe am Mont Faron. Am Schlussanstieg setzte er sich zwei Kilometer vor dem Ziel ab und Rodriguez gewann die sechste Etappe in Cannes.

Alexander Winokurow

Winokurow holt sich am Mont Faron wieder den Etappensieg und das gelbe Trikot.

Die veränderte Schlussetappe wurde vom portugiesischen Team Milaneza bestimmt. Den Sieg sicherte sich David Benabeu vor seinem Teamkollegen Fabian Jeker. Den Gesamtsieg holte sich Winokurow am Ende mit Unterstützung von Cofidis. Davide Rebellin hielt seinen dritten Platz.

Es ist nicht sicher, ob das Tragen eines Helmes Andrej Kiwilews Leben gerettet hätte. Die häufig diskutierte und von vielen Profis abgelehnte Helmpflicht wurde nach seinem Tod endgültig eingeführt und trat zum Giro d'Italia für alle UCI-Profis verbindlich in Kraft.

GESAMTWERTUNG (ETAPPEN)

1.	WINOKUROW (1)	Telekom
2.	ZARRABEITIA	Once
3.	REBELLIN (1)	Gerolsteiner

9. – 16. März 2003 · Frankreich · Paris – Nizza

TIRRENO

Parallel zu Paris-Nizza findet mit Tirreno-Adriatico in Mittelitalien die zweite wichtige Fernfahrt der Ehrenkategorie statt. Viele Mannschaften nutzen das Rennen zwischen dem tyrrhenischen Meer und der Adria als Formtest für den ersten Höhepunkt der Saison, den Weltcup-Auftakt Mailand-San Remo. Den Verlauf der 38. Auflage prägten außer Überraschungssieger Filippo Pozzato ein unerwartet heftiger Wetterumschwung und eine vertauschte Urinprobe.

Mario Cipollini konnte beim ersten Auftritt im Regenbogentrikot des Weltmeisters gleich seinen ersten Saisonerfolg feiern. Vorbildlich hatte die zebragestreifte Domina-Vacanze-Mannschaft den Sprint für ihren Kapitän vorbereitet. Telekom brachte Erik Zabel nicht in Position, so dass er nicht in den Sprint eingreifen konnte. „Cippo" hingegen schien auf dem besten Wege nach San Remo. Dario Pieri (Saeco) wurde Zweiter vor Luca Paolini (Quick Step).

Ein anderer Italiener sorgte am zweiten Tag für Furore. Filippo Pozzato siegte auf der mit 215 Kilometern längsten Etappe von Sabaudia nach Tarquinia und verwies auf der ansteigenden Zielgeraden Weltcup-Sieger Bettini und Routinier Romans Vainsteins auf die Plätze. Der Jungprofi von Fassa Bortolo hatte vier Wochen zuvor die Trofeo Laigueglia gewonnen, das Auftaktrennen der italienischen Rennsaison. Bei Het Volk hatte er mit einem sechsten Platz beeindruckt, mehr noch mit seinem Sieg bei der kleinen sizilianischen Ätna-Rundfahrt zuvor. Zunächst fand das italienische Talent Pozzato seinen Meister im „alten" Cipollini, der die dritte Etappe im Sprint vor Erik Zabel und Dario Pieri gewann. Paolo Bettini hatte während der gesamten Etappe versucht zu attackieren und sicherte sich einen Zwischensprint. Durch die Zeitgutschrift löste er Pozzato an der Spitze der Gesamtwertung ab. Bei tief hängenden Wolken und teilweise glatten Straßen herrschte während des dritten Teilstücks mit Ziel im umbrischen Foligno ein so heftiger Gegenwind, dass das Feld auf dem welligen Kurs über eine Durchschnittsgeschwindigkeit von 27,5 km/h nicht hinauskam.

Ausgerechnet die Königsetappe mit der Bergankunft in Ortezzano fiel vollends dem Wetter zum Opfer. Nach heftigem Schneefall in Teilen der Region und vereisten Straßen blieb der Renndirektion nichts anderes übrig, als die vierte Etappe abzusagen. Der Folgetag begann mit schlechten Nachrichten für die GS2-Mannschaft Formaggi Pinzolo. Bei einer Dopingkontrolle wurde Massimiliano Mori bei dem Versuch erwischt, statt der eigenen die Urinprobe eines Mannschaftsarztes abzugeben. Nach UCI-Regeln entspricht ein solcher Betrugsversuch einem positiven Dopingtest. Sportlich hinterließ Ruggero Marzoli von Alessio den besseren Eindruck. Er gewann den Sprint einer großen Spitzengruppe vor Luca Paolini und

Schnee machte ihnen das Leben schwer. Eine Etappe musste sogar abgesagt werden.

Michael Boogerd. Tiefgekühlt auch die sechste Etappe: Wegen Neuschnees musste die Streckenführung geändert werden, die Kälte machte auf den rund 180 Kilometern von Teramo nach Torricella Sicura den Fahrern zu schaffen. Bettini verlor durch einen Sturz kurz vor dem Ziel zu viel Zeit und musste die Gesamtführung an den Etappensieger Danilo di Luca abgegen. Di Luca setzte sich im Ziel gegen Pozzato und Boogerd durch. In der Gesamtwertung lag Pozzato nur eine Sekunde hinter Di Luca. Am Schlusstag sicherte sich

ADRIATICO
Frühlings-gefühle
Filippo Pozzato

Pozzato genießt seinen ersten großen Sieg als Profi.

1. ET = MARIO CIPOLLINI · **2. ET = FILIPPO POZZATO** · 3. ET = MARIO CIPOLLINI
4. ET = **ABGESAGT** · 5. ET = RUGGERO MARZOLI · **6. ET = DANILO DI LUCA**
7. ET = OSCAR FREIRE

GESAMTWERTUNG (ETAPPEN)

1. POZZATO (1) — Fassa Bortolo
2. DI LUCA — Saeco
3. MARZOLI — Alessio

Pozzato die Zeitgutschriften zweier Sprintwertungen und damit am Ende den Gesamtsieg. Beim Sprint um den letzten Etappensieg musste sich Mario Cipollini dem ehemaligen Weltmeister Oscar Freire geschlagen geben, Erik Zabel wurde Dritter. Er landete in der Gesamtwertung auf dem achten Platz hinter seinem Mannschaftskollegen Andreas Klöden und blickte optimistisch auf das bevorstehende Mailand–San Remo. Der Gerolsteiner Marcus Zberg belegte am Ende den sechsten Rang.

Weltmeister Cipollini gewann zwei Etappen. Erik Zabel ging leer aus.

1. WORLDCUP-RENNEN

MAILAND

Die „Primavera" zeigt sich von ihrer schönsten Seite.

Bettini, Winokurow und Rebellin zählen auf den letzten Kilometern zu den Stärksten.

Mailand – San Remo · Italien · 22. März 2003

– SAN REMO
Ausgetrickst

Paolo Bettini

Im Weltcup-Leadertrikot siegt Paolo Bettini auf der Via Roma.

Der „Weiße Riese" putzt sich raus. Vergebens: Cipollini wurde Vierter, gewann den Sprint des Feldes.

Jedes Jahr aufs neue eine Vielseitigkeitsprüfung für die Eintagesspezialisten der Straßenradprofis: der Weltcup. Auf den Start im frühlingswarmen Italien folgen die Klassiker auf Belgiens und Nordfrankreichs legendären Kopfsteinpflastern sowie in Holland, ehe die Tour de France das Radsportjahr in zwei Hälften teilt.

Unmittelbar nach der Tour wird der Wettkampf mit dem deutschen Weltcup in Hamburg und den letzten Stationen Spanien, Schweiz, Frankreich und Italien fortgesetzt.

1.	BETTINI	100 PUNKTE
2.	CELESTINO	70 PUNKTE
3.	PAOLINI	50 PUNKTE
4.	CIPOLLINI	40 PUNKTE
5.	PIERI	36 PUNKTE
6.	ZABEL	32 PUNKTE

1. WORLDCUP-RENNEN

Am Schluss blieben nur drei übrig: Mirco Celestino, Paolo Bettini und Luca Paolini (v.l.n.r.).

24

Mailand – San Remo   Italien · 22. März 2003

Der alljährliche Start in die italienische Klassikersaison ist eines der längsten und härtesten Tagesrennen. Aber nicht ein schwieriger Parcours macht Mailand–San Remo jedes Jahr zum aufregenden Weltcup-Auftakt. Die Strecke ist für Profis einfach zu bewältigen – aber schwer zu gewinnen. Mailand-San Remo bedeutet: spürbare Anspannung der Favoriten, größtmögliches taktisches Geschick der Mannschaften und eine nervös erwartete Sprintankunft. Mario Cipollini feierte hier im letzten Jahr mit dem Sieg auf der Via Roma einen seiner größten Klassiker-Erfolge und gehörte dieses Jahr zu den Favoriten. Erik Zabel könnte das Rennen zum fünften Mal gewinnen, Fassa-Bortolo hatte mit Tirreno-Adriatico-Gewinner Filippo Pozzato und Sprinter Alessandro Petacchi zwei Hoffnungsträger in der Mannschaft. Rabobank würde höchstwahrscheinlich auf Oscar Freire setzen, Lotto-Domo für Robbie McEwen fahren und Saeco für Danilo di Luca. Am Ende aber hatte der Weltcup-Sieger des Vorjahres einfach dort weitergemacht, wo er die Vorsaison beendet hatte: Paolo Bettini siegte im Sprint einer dreiköpfigen Ausreißergruppe.

Nach 20 Rennkilometern hatte sich eine Führungsgruppe gebildet, die bis etwa zur Hälfte des Rennens am Turchino-Pass über vier Minuten Vorsprung herausfuhr. Neben Jacky Durand, Carlos Da Cruz, Stéphane Auge, José Lopez Gil, Ignacio Gutierrez, Paul van Hyfte und Wim Vansevenant hielten Peter Wrolich von Gerolsteiner und Niki Aebersold von Coast mit. Im Hauptfeld machten zunächst Quick Step-Davitamon und Cipollinis Domina Vacanze das Tempo, später beteiligte sich Telekom. Die Sprinter verließen sich darauf, dass ihre Mannschaften das Renngeschehen sicher kontrollieren würden.

Das eigentliche Rennen kam rund 60 Kilometer vor dem Ziel in Gang. Während es im hinteren Feld zu einem Sturz kam, der Olaf Pollack (Gerolsteiner) zur Aufgabe zwang, verringerte sich vorn der Abstand zu den Ausreißern dramatisch. Domina Vacanze machte Tempo – und Bettini wurde so nervös, dass er schließlich angriff. Doch diese erste Attacke an der Cipressa wurde vereitelt: Winokurow, Celestino, Freire und Gerolsteiners Davide Rebellin hielten dagegen, ohne aber selbst wegzukommen. Winokurow wurde gar von seiner sportlichen Leitung angewiesen, keine Führungsarbeit zu übernehmen.

Am Poggio schließlich griff Danilo di Luca an und fuhr einen winzigen Vorsprung heraus, gejagt allerdings von Bettini, dessen Teamkollegen Luca Paolini sowie von Mirco Celestino. An der Spitze des unmittelbar und geschlossen folgenden Hauptfeldes waren jetzt die favorisierten Sprinter zu sehen: Cipollini, McEwen und Zabel. Schließlich, zwei Kilometer vor dem Ziel, war Di Luca wieder zurückgefallen, bei ihm Robbie McEwen, beide gefolgt vom Hauptfeld, in dem Telekom und Rabobank jetzt Tempo machten – zu spät. Paolo Bettini gewann sicher und überlegen vor Mirco Celestino und Luca Paolini, dessen Unterstützung für Bettini vorbildlich war. Mario Cipollini blieb an seinem 36. Geburtstag der Sieg im Sprint des Hauptfeldes. Erik Zabel sagte nach dem Rennen, er habe in der hektischen Schlussphase nicht einmal realisiert, dass vorn drei Ausreißer unterwegs waren.

Patrick Lefevere, einer der profiliertesten Manager im Profiradsport, hatte unter anderem mit dem Routinier Johann Museeuw, dem hochtalentierten Tom Boonen und Weltcup-Gewinner Paolo Bettini eine unverkennbar auf Eintagesrennen spezialisierte Mannschaft, die ihrer Favoritenrolle gleich zu Beginn gerecht wurde. Nachdem Mapei als Sponsor aufgegeben hatte, erweiterte der bisherige belgische Co-Sponsor Quick Step sein Engagement. Der Kern des Mapei-Teams mit Mechanikern und Betreuern blieb unter dem Namen des Bodenbelagherstellers erhalten.

Dank an den „Anfahrer". Bettini nimmt seinen Teamkollegen Paolini auf den Arm.

2. WORLDCUP-RENNEN

FLANDERN
belgisches Doppel

.... Peter Van Petegem

Peter Van Petegem jubelt zum zweiten Mal in Merbeke als Sieger der Ronde.

26
Flandern-Rundfahrt · Belgien · 6. April 2003

RUNDFAHRT

FLANDERN-RUNDFAHRT

Van Petegem vor Vandenbrouke an der Mauer von Geraadsbergen.

1.	VAN PETEGEM	100 PUNKTE
2.	VANDENBROUKE	70 PUNKTE
3.	O'GRADY	50 PUNKTE
4.	BALDATO	40 PUNKTE
5.	MATTAN	36 PUNKTE
6.	GUESDON	32 PUNKTE

Nokereberg, Ladeuze, Boigneberg, Foreest, Steenberg – flämische „Berge", die von nun an wohl von einigen Radprofis verflucht werden. Sie waren dieses Jahr neu im Profil der zweiten Weltcup-Station. Aber was wäre die Ronde van Vlaanderen ohne den Koppenberg und die Muur von Geraardsbergen? Alljährlich die gleichen Bilder: an den bis zu 22 Prozent steilen Anstiegen dicht gedrängt begeisterte Fans – und verzweifelte Profis, denen oft nichts anderes übrig bleibt, als ihr Rennrad im Cross-Stil schlammverschmierte Kopfsteinpflasterrampen hinaufzutragen.

6. April 2003 · Belgien Flandern-Rundfahrt

2. WORLDCUP-RENNEN

Die 87. Flandern-Rundfahrt war dieses Jahr um zehn Kilometer kürzer als in den Vorjahren, doch galt es auf den insgesamt 255 Rennkilometern durch vier belgische Provinzen 19 Anstiege zu bewältigen. Mit großen Ambitionen schickte Telekom Steffen Wesemann ins Rennen, der sich in einer beachtlichen Frühjahrsform befand. Im Vorjahr hatte Mario Cipollini gezeigt, dass er seine mächtige Statur durchaus über „Bergs" und „Hellingen" zu bringen vermag. Rabobank hatte kurz vor der Flandern-Rundfahrt wichtige Rennen in Belgien gewonnen: Steven de Jongh den „E3 Prijs", Michael Boogerd den Brabantschen Pfeil.

Quick Step hatte das Frühjahr klar dominiert. Trotz grippegeschwächter Mannschaft war das Team mit Paolo Bettini, dem Spitzenreiter des Weltcups, auch hier favorisiert. Museeuw entschied das belgische „Nationalereignis" bereits dreimal (1993, 1995, 1998) für sich, war achtmal unter den ersten drei, im letzten Jahr Zweiter hinter seinem Teamgefährten Andrea Tafi. Aber dieses Mal machte die zweite belgische Spitzenmannschaft Lotto mit einem überzeugender. Peter van Petegem das Rennen. Er siegte vor seinem Landsmann Vandenbroucke, Stuart O'Grady wurde Dritter.

Bereits fünf Kilometer nach dem Start in Brügge war Bewegung ins Rennen gekommen. Neben Michael Rich (Gerolsteiner) und Thomas Liese (Coast) machten sich der Holländer Van der Kooij und Jacky Durand auf und davon. Mit seiner beherzten Fahrweise setzte Liese seinen zu diesem Zeitpunkt schon deutlich gefährdeten Rennstall Coast positiv in Szene. Zwar hat die Ronde in ihrer 90-jährigen Geschichte einige Ausreißersiege erlebt. Doch dieses Quartett wurde trotz eines zwischenzeitlichen Vorsprungs von 13 Minuten gestellt. Mit weiteren Ausreißern begann das Rennen neu. Zunächst versuchte Bettini sein Glück, begleitet von seinem Helfer Paolini und weiteren Landsleuten: Sacchi, Balducci, Cassani, Lombardi. Doch auch dieser italienische Fluchtversuch wurde wie alle anderen vom Feld unterbunden.

Der spätere Sieger reagierte auf einen Versuch von Museeuw und griff rund 30 Kilometer vor dem Ziel an, fast vor der eigenen Haustür in seinem Heimatort Brakel. Beinahe jeder seiner Mitausreißer hätte das Rennen gewinnen können. Boogerd war dabei, O'Grady, Ekimow, Baldato, Mattan und Celestino. Schon oft wurde das Rennen an der Muur von Geraardsbergen entschieden, und auch diesmal wurde wieder attackiert. Doch van Petegem wurde später wieder eingeholt. Frank Vandenbroucke versuchte am Bosberg seinerseits, van Petegem abzuhängen – ohne Erfolg. Wenngleich Van Petegem nach dem Rennen zugab, „schon ein bisschen überrascht" gewesen zu sein von Vandenbrouckes Form, meinte er dennoch: „Ich war sicher, dass ich im Sprint schneller bin." Vandenbroucke erinnerte nach langen Jahren der Skandale und persönlicher Probleme wieder an alte Erfolge. Sein zweiter Platz bedeutete ein viel beachtetes Comeback. Pech hatten indes andere Favoriten: Ein schwerer Sturz von Steffen Wesemann und Oskar Camenzind machten ihre durchaus

FLANDERN-RUNDFAHRT

[M]ichael Rich und Thomas Liese [(]Coast) gehörten lange zur Spitzengruppe.

Sprinter O'Grady beweist seine Stärke als Klassikerfahrer und wird Dritter vor Baldato (links).

berechtigten Hoffnungen auf eine vordere Platzierung zunichte. Sie mussten aufgeben.

Van Petegem hatte enormen Druck standgehalten: in den Vormonaten hatte er praktisch nichts gewonnen, seine Lotto-Domo-Mannschaft war weit von den Erfolgen des Vorjahres entfernt. Die Unterstützung der Fans an der Strecke gehörte unübersehbar dem anderen Belgier, der den Rennverlauf mitgeprägt hatte, dem wieder erstarkten Vandenbroucke.

Peter Van Petegem übernahm als Sieger des letzten Rennens die Weltcup-Führung. Der punktgleiche Paolo Bettini war in Flandern leer ausgegangen und rutschte damit auf Rang zwei. Nach dem Rennen konnte van Petegem die Fortsetzung des Weltcups kaum erwarten und teilte mit, am liebsten wolle er sofort Paris–Roubaix fahren …

WORLDCUP-GESAMTWERTUNG

1.	VAN PETEGEM (1)	100
2.	BETTINI (1)	100
3.	CELESTINO (2)	85
4.	VANDENBROUCKE (1)	70
5.	O'GRADY (2)	55
6.	PAOLINI (1)	50

(2) Anzahl der Rennen, in denen Punkte gewonnen wurden.

PARIS

260 Kilometer gegen den energischen Wind Nordfrankreichs, dabei auf insgesamt 26 Streckenabschnitten über fast 50 Kilometer Kopfsteinpflaster, das Muskeln, Gelenke, Rennmaschinen und vor allem die Moral auf harte Proben stellt: Paris–Roubaix, ein magischer Name und die größte Herausforderung unter den Klassikern. Was die dritte Weltcup-Station neben der bei schlechtem Wetter garantierten Schlammpackung auszeichnet, ist die einzigartige Zieleinfahrt im Velodrom von Roubaix, der Empfang, den die Fans hier jedem bereiten, der das Rennen zu Ende fährt.

1.	VAN PETEGEM	100 PUNKTE
2.	PIERI	70 PUNKTE
3.	EKIMOW	50 PUNKTE
4.	WAUTERS	40 PUNKTE
5.	TAFI	36 PUNKTE
6.	VAINSTEINS	32 PUNKTE

Paris – Roubaix   Frankreich · 13. April 2003

– ROUBAIX
wiederholungs-täter

Peter Van Petegem

Staubschlucken auf dem Weg durch die „Hölle des Nordens".

3. WORLDCUP-RENNEN

Der Weltcup-Führende Peter van Petegem, im Jahr 2000 bereits Zweiter in Roubaix, hatte während der Woche vor dem dritten Weltcup pausiert und auf die Teilnahme am Traditionsrennen Gent-Wevelgem verzichtet. CSC besaß mit Andrea Tafi einen aussichtsreichen Fahrer im Team. US Postal musste zwar ausgerechnet auf George Hincapie verzichten, der das Terrain kennt und im Gegensatz zu den meisten Profis sogar mag, war aber dennoch mit Wiatscheslaw Ekimow, Max van Heeswjick, Pavel Padrnos und Benoît Joachim in guter Besetzung. Stuart O'Grady (Crédit Agricole) hatte bei der Flandern-Rundfahrt in der Vorwoche eine beeindruckende Leistung gezeigt. Nico Mattan war in Flandern auf den fünften Platz gefahren, in der Heimat seiner Cofidis-Mannschaft war ihm durchaus noch mehr zuzutrauen. Favorit schlechthin war einmal mehr in diesem Frühjahr Quick Step mit Vorjahressieger Museeuw, Tom Boonen (letztes Jahr Dritter) und Frank Vandenbroucke, dem nach seinem Auftritt bei der Flandern-Rundfahrt viele eine Spitzenleistung zutrauten.

Am Ende der 101. Austragung gelang Peter van Petegem auf der Bahn des Velodroms, was vor ihm nur acht Rennfahrer in der langen Geschichte des Klassikers geschafft hatten: den Sieg in Flandern und Roubaix. Er siegte im Sprint vor Dario Pieri (Saeco) und Ekimow. Quick Step war im Laufe des hochklassigen Rennens beinahe vollends von der Bildfläche verschwunden.

Telekom, sehr aktiv im Rennverlauf, hielt sich beachtlich mit dem unverwüstlichen Rolf Aldag als bestem Deutschen auf Rang neun. Von Gerolsteiner schieden zunächst Michael Rich und Olaf Pollack nach Stürzen aus, schließlich erreichte kein Fahrer des Teams das Ziel.

Ganz ohne aufgeweichte Feldwege und Schlamm präsentierte sich das Rennen in diesem Jahr, dafür aber unter einer Wolke aus Staub, der sich den Fahrern auf die Atemwege legte. Eine erste große Gruppe mit Vertretern der meisten Topteams machte sich allerdings früh aus ebendiesem. Im Feld dahinter liefen die ewigen Dramen von Paris–Roubaix ab: Defekte, die von den auf engen Wegen weit zurückliegenden Begleitfahrzeugen nicht rechtzeitig behoben werden können, Stürze, vor denen auch Favoriten nicht gefeit sind. Vandenbroucke schied nach einer Massenkollision mit einer Knieverletzung aus. Tom Boonen plagten auf den letzten Kilometern Krämpfe, Museeuw wurde durch einen Reifenschaden unaufholbar zurückgeworfen. Von 190 gestarteten Fahrern kamen am Ende nur 63 ins Ziel.

Paris – Roubaix Frankreich · 13. April 2003

Andrea Tafi initiierte die Verfolgung der Ausreißer. Im Wald von Arenberg begann das Feld auseinander zu reißen und der Abstand der Führenden zu schwinden, bis sie rund 45 Kilometer vor dem Ziel eingeholt waren. Zwölf Fahrer machten von da an das Rennen um die Platzierungen unter sich aus und schenkten sich nichts. Mit dabei van Petegem, Pieri, Vainsteins und der unermüdlich arbeitende Tafi. Letzteren traf es wie so viele: Mit einem Reifenschaden in rennentscheidender Situation büßte er alle Chancen ein. Rolf Aldag konnte sich absetzen, begleitet von Pieri, bis beide 20 Kilometer vor dem Ziel von Ekimow eingeholt wurden und Aldag wieder zurückfiel. Als die Dreiergruppe auf die Bahn des Velodroms bog, schien nach Ekimows zu

Pech & Pannen: Aldag gehörte erneut zu den Stärksten, wurde aber unter Wert geschlagen.

Das Podium in Roubaix: Ekimow (Dritter), Van Petegem (Sieger) und Pieri (Zweiter).

frühem Antritt zunächst Pieri den Sprint für sich zu entscheiden, aber van Petegem nutzte seine Erfahrung, zwang Pieri auf den oberen Teil der Bahn und entschied das spannende Finale für sich.

Double: Peter van Petegem gewinnt sieben Tage nach der Ronde auch Roubaix.

WORLDCUP-GESAMTWERTUNG

1.	VAN PETEGEM (2)	200
2.	PIERI (2)	117
3.	BETTINI (1)	100
4.	CELESTINO (2)	85
5.	EKIMOW (2)	74
6.	VANDENBROUKE (1)	70

13. April 2003 · Frankreich   Paris – Roubaix

4. WORLDCUP-RENNEN

vino will mehr!

Alexander Winokurow ...

... holt sich in Limburg seinen ersten Weltcup-Sieg.

1.	WINOKUROW	100 PUNKTE
2.	BOOGERD	70 PUNKTE
3.	DI LUCA	50 PUNKTE
4.	REBELLIN	40 PUNKTE
5.	KESSLER	36 PUNKTE
6.	CASAGRANDE	32 PUNKTE

AMSTEL

Amstel Gold Race · Niederlande · 20. April 2003

GOLD RACE

Kurze, aber steile Anstiege und unberechenbare Abfahrten, an deren Fuß auch noch gefährliche Kurven zu nehmen sind – kaum zu glauben, aber im flachen Südosten Hollands sind auf den 250 Kräfte zehrenden Kilometern des Amstel-Gold-Rennens mit Start in Maastricht und Ziel in Valkenburg Kletterqualitäten erforderlich.

Auf Biegen und Brechen: Alexander Winokurow quält sich am Cauberg zum Sieg.

Michael Boogerd und sein Rabobank-Team wollten sich bei ihrem Heim-Weltcup in besserer Form zeigen als bislang im Frühjahr. Für das Schweizer Phonak-Team ging es darum, sich mit einer guten Leistung für eine Einladung zur Tour de France zu empfehlen. Mit Spannung erwartet: das Abschneiden von Lance Armstrong, der das Amstel Gold traditionell als Formtest im Rahmen seiner akribischen Tour-Vorbereitungen nutzt. Vom Weltcup-Spitzenreiter Peter van Petegem wurde viel erwartet, und Telekom wollte die nationale Konkurrenz Gerolsteiner und Coast mit weiteren Frühjahrserfolgen wieder deutlich hinter sich lassen.

Alexander Winokurow holte am Ende mit einem beeindruckenden Kraftakt für Telekom den Sieg in Valkenburg. Am Fuß des Caubergs, rund einen Kilometer vor dem Ziel, begann er sich durch die Zuschauerreihen zu kämpfen und rettete einen knappen Vorsprung vor seinen Verfolgern Michael Boogerd und Danilo di Luca ins Ziel. Gerolsteiners Davide Rebellin, nach wie vor einer der besten Eintagesfahrer, blieb der undankbare vierte Platz.

Bereits kurz nach dem Start hatte sich eine erste große Ausreißergruppe davon gemacht. Rabobank war hier mit Bram de Groot vertreten, Phonak mit

WORLDCUP-GESAMTWERTUNG

1.	VAN PETEGEM (2)	200
2.	PIERI (3)	117
3.	WINOKUROW (1)	100
4.	BETTINI (1)	100
5.	BOOGERD (2)	90
6.	CELESTINO (2)	86

Francesco Casagrande probierte es mehrfach, der Italiener wurde am Ende Sechster.

Gregory Rast, US Postal mit José Luis Rubiera. Aber Fassa Bortolo um Vorjahressieger Michele Bartoli wollte der Gruppe keinesfalls einen zu großen Vorsprung gewähren. Mit ihrer Tempokontrolle sorgten sie dafür, dass der Abstand sich wieder verringerte und das Fahrerfeld über eine lange Rennzeit geschlossen blieb.

Nach rund 150 Kilometern änderte sich die Rennsituation. Die ursprüngliche

Matthias Kessler, Francesco Casagrande, Davide Rebellin und Lance Armstrong (v.l.n.r.).

Ausreißergruppe war eingeholt. Fassa Bortolos Ivan Basso setzte sich ab, begleitet von Fabio Sacchi (Saeco) und Bram Schmitz (Bankgiroloterij). Jetzt war Rabobank gezwungen, das Tempo im Verfolgerfeld zu machen.

Acht Anstiege auf den letzten 35 Kilometern rissen das Feld auseinander. Boogerd, auf den Rabobanks Taktik ausgerichtet war, zeigte sich vorn. Auch Armstrong, di Luca und Matthias Kessler von Telekom wollten sich nicht abhängen lassen.

Schließlich versuchte Casagrande sein Glück am Keutenberg, elf Kilometer vor dem Ziel, war aber schnell eingeholt. Aus der sich jetzt formierenden Gruppe musste der Sieger kommen: Kessler, Casagrande, Boogerd, Armstrong, Rebellin, Vicioso, Di Luca und Scarponi. Winokurow kämpfte unterdessen verbissen um den

Matthias Kessler bereitet seinem Teamkollegen Winokurow den Weg zum Sieg.

Anschluss. Er schien hier bereits am Ende seiner Kräfte. Daran mag es gelegen haben, dass keiner die Verfolgung aufnahm, als „Wino" sich fünf Kilometer vor dem Ziel absetzte: Die Gruppe um Casagrande, Armstrong und Boogerd hatte den Kasachen schlichtweg unterschätzt. Nach dem Rennen erklärte der seinen Antritt so: Bei einer Sprintankunft hätte er in dieser Gruppe keine Chance gehabt. Diese Gewissheit ließ ihn sein Heil in der Flucht suchen. Und es sollte reichen: Er rettete sich mit ganzen vier Sekunden Vorsprung vor Boogerd und Rebellin ins Ziel.

Armstrong wurde am Ende Achter und hatte einen starken Eindruck auf dem Weg zum fünften Toursieg hinterlassen. Peter van Petegem wirkte eher erschöpft und kam beim Amstel Gold nicht in die Punkte, verteidigte aber die Weltcup-Führung.

RUND UM KÖLN

Der Dominator von „Rund um Köln": Jan Ullrich. Erster Sieg seit Oktober 2001.

Rund um Köln · Deutschland · 21. April 2003

back come

Jan Ullrich

„Als ich mich dazu entschieden habe, ein Comeback zu versuchen, habe ich mir vorgenommen, das ernsthaft zu tun und die Fehler aus der Vergangenheit zu vermeiden. Ich habe hart gearbeitet und man muss auch leiden, wenn man an die Spitze zurückkommen will." Bekenntnis eines Radprofis, der sein außergewöhnliches Talent beinahe vergeudet hätte. Jan Ullrichs Weg zurück an die Spitze begann mit einer 56 Kilometer Solofahrt in Köln.

Profiradsport „zum Anfassen" bietet das Rennen mit Start in Leverkusen, der vielseitigen Strecke durchs Bergische Land und dem Ziel in der Kölner Innenstadt. Auch wenn das 95 Jahre alte deutsche Tagesrennen nicht immer bei strahlendem Frühlingswetter gefahren wurde wie in den letzten beiden Jahren, lockt es doch jedes Jahr Hunderttausende an die Strecke.

Während des Rennens hatte sich eine 13-köpfige Ausreißergruppe abgesetzt und auf ihrer 70 Kilometer währenden Flucht zeitweise mehr als eine Minute Vorsprung erreicht. Ullrich war wesentlich daran beteiligt, die Ausreißer wieder einzufangen. Kurz darauf, an der sechsten Bergwertung, bildete sich eine rund 20 Mann starke Gruppe, aus der heraus er schließlich angriff. Er fuhr jetzt an der Spitze ein so hohes Tempo, dass sein Vorsprung kontinuierlich anstieg. Über 50 Kilometer war er allein an der Spitze. Gelegentlich warf er einen Blick zurück und schien es nicht glauben zu können. Es wurde eine Triumphfahrt!

Und wenn es auch an der Ernsthaftigkeit seiner Vorbereitungen und seines Trainings keine Zweifel gab: Die Souveränität, mit der Ullrich das Rennen gewann, hatte ihm niemand zugetraut.

Am Ende standen mit Coast, Danilo Hondo vom Team Telekom und Vorjahressieger Peter Wrolich von Gerolsteiner die drei deutschen Spitzen-Rennställe auf dem Podium, aber Sieger in jeder Hinsicht war Jan Ullrich. Nur für ihn schienen die Fans nach Köln gekommen zu sein, ihn wollten sie endlich wieder Rad fahren und siegen sehen.

2002 war er ganz unten: Auf den frühen Rennauftakt mit der Katar-Rundfahrt im Januar folgen der Abbruch des Februartrainings nach Schmerzen im Knie, Fahrerflucht unter Alkoholeinfluss nach einem Bagatellunfall, nach langer Verletzungsmisere schließlich Operation und Rehabilitationsklinik. Hier wird er bei einer der im Radsport üblichen unangemeldeten Dopingkontrollen außerhalb des Wettkampfes positiv auf Extasy getestet.

Während das Team Telekom zur Tour de France startet, erkennt er in einer Pressekonferenz die positive A-Probe an. Nach dem Sportgerichtsverfahren wird er bis März 2003 gesperrt. Er steigt aus dem ruhenden Vertrag mit seinem Rennstall Telekom aus und wechselt zu Coast.

Der Gewinn seines ersten Rennens in Deutschland nach eineinhalb Jahren bedeutete den Sieg über eine Vergangenheit mit Verletzungen, Eskapaden und Fehlern.

1.	ULLRICH	Coast
2.	HONDO	Telekom
3.	WROLICH	Gerolsteiner

21. April 2003 · Deutschland   Rund um Köln

5. WORLDCUP-RENNEN

LÜTTICH – BAST

Mit der 89. Austragung des belgischen Klassikers endet die Frühjahrssaison der Eintagesrennen. Der belgische Weltcup startet unweit des Stadtzentrums von Lüttich in Richtung Bastogne und führt die ersten rund 100 Kilometer überwiegend durch flaches Terrain. Der mit über 160 Kilometern längere Rückweg zum Zielanstieg im Lütticher Vorort Ans hat es in sich. Seine zehn steilen Anstiege und die ständig wechselnden Windrichtungen machen die „Doyenne" zu einem der schwierigsten Weltcup-Rennen. Nur Kenner der Strecke haben eine echte Chance auf den Sieg.

Lüttich – Bastogne – Lüttich · Belgien · 27. April 2003

Taktik Team und

Tyler Hamilton

... sorgt beim ältesten Straßenrennen der Welt für den ersten amerikanischen Sieg.

1.	HAMILTON	100 PUNKTE
2.	MAYO	70 PUNKTE
3.	BOOGERD	50 PUNKTE
4.	SCARPONI	40 PUNKTE
5.	CASAGRANDE	36 PUNKTE
6.	SANCHEZ	32 PUNKTE

ziel erreicht!

Nicht nur in Deutschland schauen alle Augen auf Jan Ullrich. Sein vorsichtiges Ziel beim ältesten aller Klassiker: ein Platz unter den ersten 30. Die Favoritenbürde trugen andere: Vorjahressieger Paolo Bettini konnte wegen einer Schulterverletzung nicht antreten. Daher führte Frank Vandenbroucke die Mannschaft von Quick Step an, wenngleich er nach seinem zweiten Platz bei der Flandern-Rundfahrt keine bemerkenswerten Leistungen mehr hatte vorweisen können. Saeco hatte mit Igor Astarloa gerade den Wallonischen Pfeil gewonnen und mit Danilo di Luca und Mirco Celestino weitere hochklassige Fahrer am Start. Nach seinem starken Auftritt beim Amstel Gold wurde auch Lance Armstrong zu den Favoriten gezählt, ebenso wie Michael Boogerd und Alexander Winokurow.

Hatte niemand mit Tyler Hamilton gerechnet? Er hatte nicht nur seine Konkurrenten mit der am Ende erfolgreichen Attacke überrascht, auch er selbst schien seinen Sieg nicht glauben zu können. Erstmals in der Geschichte des Uralt-Klassikers hatte ein Amerikaner gewonnen – nur nicht der, mit dem vor dem Rennen so viele gerechnet hatten.

Wie schon so oft schien die Côte de la Redoute das Rennen zu entscheiden. Axel Merckx hatte sich abgesetzt, bei ihm Gerrit Glomser, Igor Astarloa, Cristian Moreni, Angel Vicioso und Fabian Wegmann von Gerolsteiner. Beim Anstieg auf die Redoute schüttelten Merckx, Moreni, Vicioso und Astarloa den Rest der Gruppe ab. Nur wenige Sekunden hinter ihnen holte die nächste Gruppe mit Armstrong, Boogerd und Hamilton auf. 16 Kilometer vor dem Ziel schien das Rennen endgültig entschieden. Armstrong, der immer wieder attackiert hatte, war mit Alexander Shefer und Samuel Sanchez mit 30 Sekunden Vorsprung an der Spitze. Aber CSC führte Hamilton wieder heran. Michael Boogerd versuchte sich abzusetzen, wurde aber gleich von Iban Mayo und Samuel Sanchez eingeholt. Nachdem Armstrong noch wenige Kilometer

Jan Ullrich ste in Lüttich ern seine ansteige Form unter Be

zuvor das Rennen zu gewinnen schien, machte sich schließlich Tyler Hamilton auf und davon und erreichte nach einem Soloanstieg als Erster das Ziel in Ans. Hinter ihm kam Mayo ins Ziel, gefolgt von Boogerd. Armstrong war keineswegs eingebrochen oder deutlich zurückgefallen, hatte aber im entscheidenden Moment nichts zuzusetzen.

Jan Ullrich hatte gerade in Deutschland mit seiner langen Solofahrt und dem Sieg bei „Rund um Köln" seine Fans beeindruckt. Aber dies hier war ein Weltcup in den Ardennen, einer der härtesten Klassiker. Dennoch konnte er zufrieden sein: Den angezielten Platz unter den ersten 30 hatte er als 29. erreicht. Bis zur Côte de la Redoute fuhr er trotz mangelnder Rennpraxis ein routiniertes Rennen und hielt mit. Training, Aufbau, Vorbereitung – alles passte und machte gespannt auf seinen weiteren Saisonverlauf.

Peter van Petegem kam zwar in Lüttich nicht ins Ziel, verteidigte aber die Führung in der Weltcup-Wertung. Sein Lotto-Team gab bekannt, auf Van Petegems Einsatz bei der Tour zu verzichten, damit er sich auf den Weltcup konzentrieren könne. Paolo Bettini war auf den sechsten Platz zurückgefallen.

WORLDCUP-GESAMTWERTUNG

1. VAN PETEGEM (2) — 200
2. BOOGERD (3) — 140
3. PIERI (3) — 117
4. HAMILTON (1) — 100
5. WINOKUROW (1) — 100
6. BETTINI (1) — 100

Amerikanisches Doppel an der Redoute: Hamilton vor Armstrong.

Letzter Versuch von Lance Armstrong, die Entscheidung herbeizuführen, doch ...

... Hamilton kann warten und setzt sich im Schlussanstieg erfolgreich ab.

27. April 2003 · Belgien — Lüttich-Bastogne-Lüttich

RUND UM DEN
Rebellin sprudelt...

Davide Rebellin

Für den alljährlich am 1. Mai ausgetragenen deutschen Klassiker war es ein Glücksfall, dass die Bindingbrauerei nach der Übernahme von Henninger im Jahr 2001 die Biermarke mitsamt Sponsorenverpflichtungen weiterführte und das Rennen damit unter dem traditionsreichen Namen erhalten blieb. Für viele Rennställe ist es das wichtigste deutsche Eintagesrennen.

Bei der 42. Auflage freute sich Veranstalter Hermann Moos auf ein Duell zwischen Ullrich und seinem ehemaligen Team Telekom, das Vorjahressieger Erik Zabel als Kapitän ins Rennen schickte. Am Ende sicherte sich Davide Rebellin mit einem frühen Antritt auf der letzten Schlussrunde um den Braureiturm den Sieg vor Erik Zabel und Igor Astarloa. Zehn Tage nach Ullrichs Sieg bei „Rund um Köln" wurde über eine Revanche spekuliert. Telekom war in starker Besetzung hoher Favorit, die Zuschauermassen an den Anstiegen im Taunus schienen nur Jan Ullrich vom Konkurrenten Coast sehen zu wollen. Das restliche hochklassige Fahrerfeld war ebenso zur Nebensache geworden wie Gerolsteiner, im zurückliegenden Jahr erfolgreichste Mannschaft bei deutschen Rennen.

Telekom hatte kein Interesse, das Rennen schnell zu machen. Die Mannschaft setzte ganz auf Zabels Sprint. Andere Teams versuchten dagegen, eine Fluchtgruppe bis zu den Schlussrunden durchzubringen. Der für Quick Step fahrende Patrick Sinkewitz hatte

Das Feld mit Markus Zberg, Jan Ullrich und Matthias Kessler im Taunus (v.l.n.r.).

44

Rund um den Henninger Turm · Deutschland · 1. Mai 2003

HENNINGER TURM

Große Siege liegen weit zurück – Rebellin gewinnt endlich wieder ein wichtiges Rennen.

lange mit einer fünfköpfigen Spitzengruppe geführt. Später formierte sich eine neue Gruppe mit Rebellin, für Telekom war Matthias Kessler mit dabei. Zum Auftakt der drei Schlussrunden war das Hauptfeld wieder geschlossen. Jetzt riss Jens Heppner (Wiesenhof) aus, wurde aber sechs Kilometer vor dem Ziel eingeholt. Jan Ullrich war zwar vorne zu sehen, doch Telekom war in der besten Position, um den Sprint für Zabel vorzubereiten. Die Taktik schien aufzugehen, aber Rebellin, bei einem Sprint gegen Zabel chancenlos, suchte einen Kilometer vor dem Ziel sein Heil in der Flucht und fuhr schließlich allein über den Zielstrich.

Rebellin sagte nach dem Rennen, er habe durchaus davon profitiert, dass alle sich auf Zabel und Ullrich konzentriert hätten. Aber sein Sportlicher Leiter Hans-Michael Holczer wollte die Leistung Rebellins und des Teams richtig bewertet wissen: „Wir haben uns heute eindrucksvoll präsentiert", meinte er nach dem Rennen. Das Duell zwischen Ullrich und Zabel habe nur in den Medien stattgefunden, sportlich nicht. „Wir waren heute sicherlich nicht der lachende Dritte."

Für Davide Rebellin stand zu diesem Zeitpunkt bereits fest, dass er die Italien-Rundfahrt auslassen würde, um sich auf die Tour-de-France-Premiere von Gerolsteiner zu konzentrieren. Auch für Jan Ullrich begannen nach dem „Henninger Turm" die letzten Vorbereitungswochen für die Tour, obwohl die Zukunft seines Rennstalles völlig ungewiss war. Coast war als Topteam automatisch für die Frankreich-Rundfahrt qualifiziert, doch die finanziellen Probleme des Sponsors waren nicht mehr zu übersehen.

1.	REBELLIN	Gerolsteiner
2.	ZABEL	Telekom
3.	ASTARLOA	Saeco

45

1. Mai 2003 · Deutschland   Rund um den Henninger Turm

der Kletter-Zeitfahrspezialist...
Tyler Hamilton...

...holt sich nach LBL seinen zweiten großen Sieg. Er gewinnt die Rundfahrt durch die Westschweiz.

T O U R

Das Peleton vor traumhafter Kulisse am Anstieg zum Col du Pillon.

PROLOG = CANCELLARA · 1. ET = BERTOLETTI · **2. ET = KRISTOW**
3. ET = DUFAUX · **4. ET = PEREZ** · 5. ET = HAMILTON

GESAMTWERTUNG (ETAPPEN)

1. HAMILTON (1) — CSC
2. DUFAUX (1) — Alessio
3. PEREZ (1) — Milaneza

Tour de Romandie   Schweiz · 29. April – 4. Mai 2003

DE ROMANDIE

Waren es letztes Jahr noch Eiseskälte und Schneefall, so sorgten neben sportlichen Überraschungen bei der diesjährigen 57. Tour de Romandie die kuriosen Folgen einer Organisationspanne für Aufsehen.

Der Sieg im Auftaktzeitfahren über 3,4 Kilometer in der Genfer Altstadt ging an Fabian Cancellara, den Schweizer im italienischen Fassa-Bortolo-Rennstall. Phonak beendete den Prolog respektabel. Vier Fahrer waren unter den ersten zehn: Alexander Moos (2), Oscar Pereiro (4), Alex Zülle (8) und Martin Elmiger (10). Tyler Hamilton, nach seinem Sieg bei Lüttich–Bastogne–Lüttich einer der Favoriten, wurde Siebter.

Bei der ersten Etappe schien dann das Aprilwetter ähnlich dramatisch zu werden wie im Vorjahr. Bei Kälte und ununterbrochen strömenden Regen beeindruckte ein Solist: Simone Bertoletti (Lampre) machte sich rund 30 Kilometer nach dem Start auf und davon und fuhr 150 Kilometer allein. Zeitweise betrug sein Vorsprung gar 15 Minuten. Etwas über eine Minute davon rettete er vor den Verfolgern ins Ziel und übernahm damit auch die Gesamtführung vor Cancellara. Die zweite Etappe gewann bei deutlich besseren Rennbedingungen Jurij Kristow von Delatour, einem weiteren Team, das Hoffnungen auf eine Wildcard bei der Tour hegte. Kristows Mitausreißer Martin Elmiger unterlag im Sprint. Bertoletti konnte zunächst die Gesamtführung verteidigen.

Das dritte Teilstück, 173 Kilometer von Moudon zur Bergankunft in Loèche-les-Bains, endete mit zwei Etappensiegern. Das Milaneza-Team hatte mit beherzter Fahrweise das Feld auseinander reißen lassen. Sieben Kilometer vor dem Ziel attackierte Francisco Perez. In der Verfolgung: sein Teamgefährte Fabian Jeker, Laurent Dufaux von Alessio und Alexander Moos von Phonak. 1200 Meter vor dem Ziel sah Perez wie der sichere Sieger aus – und nahm eine falsche Abzweigung. Die drei Verfolger waren nun an der Spitze, den Sprint gewann Dufaux. Da sich Perez aufgrund der schlechten Streckenkennzeichnung verfahren hatte, erklärte die Rennleitung Dufaux und Perez zu Tagessiegern. Dufaux führte nun in der Gesamtwertung vor Moos und Perez. Tyler Hamilton war Gesamtvierter.

Auf der vierten Etappe sicherte sich Perez den Etappensieg dann ohne Umweg: Der „Irrgänger" vom Vortag gewann vor Eddy Mazoleni (Saeco) und Fabian Jeker und machte sich nun als Gesamtführender auf die letzte Etappe, das Zeitfahren über 20 Kilometer. Dieses entschied Tyler Hamilton überlegen für sich und holte damit den Gesamtsieg. Perez wurde am Ende Gesamtdritter hinter Laurent Dufaux.

Die Leistungen aller Schweizer Fahrer waren bei ihrem Heimrennen beachtlich. Phonak konnte dennoch nicht zufrieden sein. Für das erklärte Saisonziel, die Teilnahme an der Tour de France, sollten die Platzierungen am Ende nicht reichen.

47

29. April – 4. Mai 2003 · Schweiz   Tour de Romandie

Wese siegt zum...

Steffen Wesemann 5x

Rekord: Steffen Wesemann gewinnt als Erster zum fünften Mal die Friedensfahrt.

Mit ihrer Geschichte hätte die Traditionsfahrt eigentlich das Potenzial für eine Kult-Tour, doch vermochte sie sich bislang nicht gegen die Deutschland-Tour und die Bundesländer-Rundfahrten durchzusetzen. Von einer Neuerung versprachen sich die Organisatoren der 56. Friedensfahrt ein attraktives Fahrerfeld: Mit acht statt wie bisher sechs Fahrern am Start sollte die Rundfahrt für namhafte Teams interessanter werden. Musste letztes Jahr der Sieger Piotr Przydzial (CCC Polsat) nach der Rundfahrt wegen Dopings disqualifiziert werden, so gab es den Paukenschlag dieses Jahr bereits vor dem Start: Wegen anhaltender Zahlungsschwierigkeiten wurde Coast vom Weltverband gesperrt und die Rennleitung einen Tag vor dem Start aufgefordert, Startverbot zu erteilen. Mannschaftsleiter Andreas Petermann war mit seinen acht Fahrern umsonst angereist.

Obwohl die neun Etappen mit insgesamt 1546 Kilometern von Tschechien über Polen nach Deutschland ein anspruchsvolles Profil aufwiesen, war das Teilnehmerfeld der 56. Austragung nicht so stark, wie es sich die Organisatoren erhofft hatten. So verwundert es nicht, dass das in sehr guter Besetzung startende Team Telekom die Rundfahrt dominierte. Steffen Wesemann feierte nach 1992, 96, 97 und 99 seinen fünften Gesamtsieg. Dabei hatte er nach einer Verletzungspause seinen Start noch vom Ausgang eines Testrennens abhängig gemacht. Erst nachdem er das kleine regionale Rennen rund um den Kölner Flughafen gewonnen hatte, sagte er seine Teilnahme zu. Neben den zwei verbliebenen deutschen Spitzenteams startete auch Wiesenhof. Mit dabei: Ralf Grabsch und Jens Heppner, der zuvor bei Renneinsätzen in Deutschland gute Form nachgewiesen hatte.

Erster Träger des gelben Trikots war Wesemanns Teamgefährte Danilo Hondo. Er gewann den Massensprint dieser ersten Etappe vor Enrico Poitschke (Wiesenhof). Mit Hondos Sieg auf der zweiten Etappe verteidigte die Mannschaft das Trikot. Am folgenden Tag führte die Rundfahrt von Tschechien nach Polen und verließ das

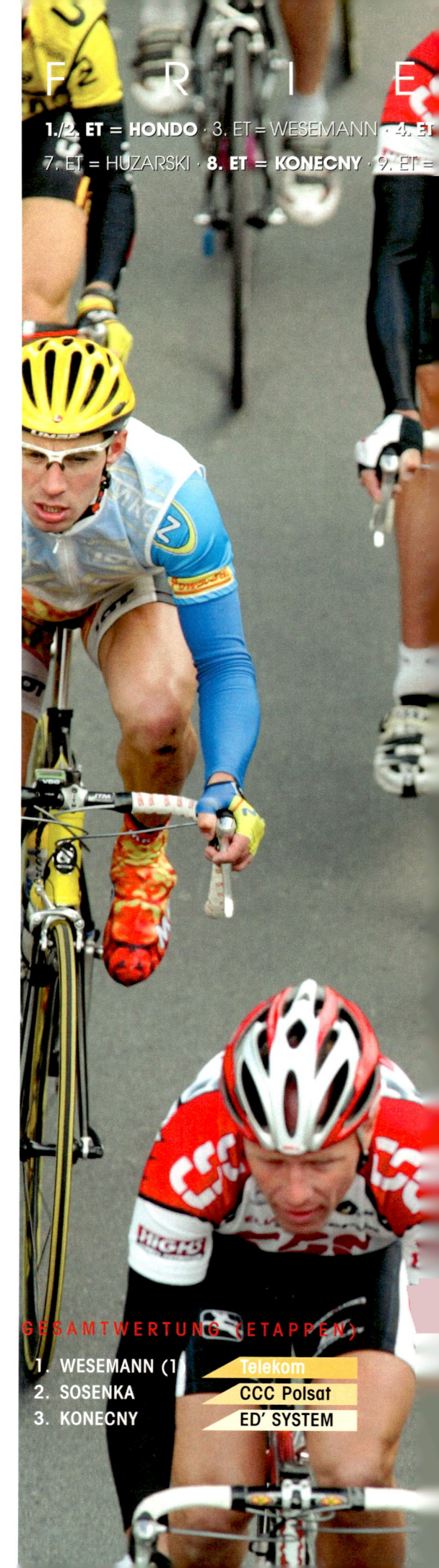

FRIE

1./2. ET = HONDO · 3. ET = WESEMANN · 4. ET
7. ET = HUZARSKI · 8. ET = KONECNY · 9. ET =

GESAMTWERTUNG (ETAPPEN)

1. WESEMANN — Telekom
2. SOSENKA — CCC Polsat
3. KONECNY — ED' SYSTEM

48

Friedensfahrt Tschechien/Polen/Deutschland · 09. – 17. Mai 2003 flache Terrain. Steffen Wesemann gewann nach 190 Kilometern mit sieben Bergwertungen in Polanica Zdroj und rückte auf den zweiten Gesamtrang. Danilo Hondo genügte der dritte Etappenplatz hinter Peter Wrolich (Gerolsteiner), um die Gesamtführung zu halten.

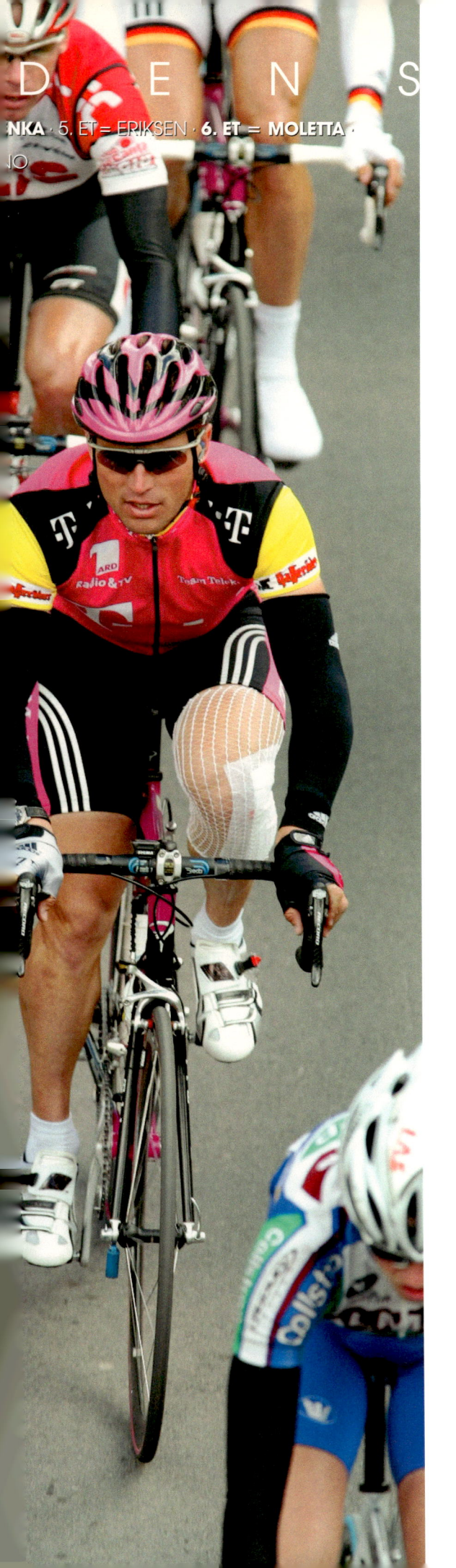

Nach dem vierten Teilstück übernahm Wesemann die Führung. Rund 70 Kilometer vor dem Ziel hatte er sich mit Ondreij Sosenka, der im vergangenen Jahr nachträglich zum Sieger ernannt worden war, vom Feld abgesetzt. Zu zweit erreichten sie mit einem großen Vorsprung das Ziel. Wesemann wurde Etappenzweiter hinter seinem Mitausreißer, hatte aber einen komfortablen Vorsprung in der Gesamtwertung. Auf dem Weg zum fünften Gesamtsieg gab es praktisch keine ernst zu nehmende Gegner mehr, denn der drittplatzierte Enrico Poitschke hinter ihm und dem Gesamtzweiten Sosenka hatte schon einen Rückstand von über sieben Minuten.

Gerolsteiner, dominierende Mannschaft der letztjährigen Friedensfahrt, war nach dieser Etappe nur noch zu viert unterwegs. Fabian Wegmann hatte sich bei einem Massensturz während der dritten Etappe schwer am Fuß verletzt, Michael Rich schied mit Magenproblemen aus. Dazu kam, dass das Team nur mit sechs Fahrern angereist war. Nicht dabei: der dreimalige Etappensieger des Vorjahres, Sprinter Olaf Pollack.

Der Däne Bruun Eriksen von CSC gewann das fünfte Teilstück. Im Klassement gab es keine Veränderungen. Am folgenden Tag erreichte die Dreiländer-Tour Frankfurt/Oder, wo sich der Italiener Andrea Molleta im Sprint einer Spitzengruppe durchsetzte. Auf der mit 213 Kilometern längsten Etappe von Lübben nach Naumburg beeindruckte Bartosz Husarsky vom drittklassigen Rennstall Mroz mit dem längsten Solo, dass es bei der Friedensfahrt bislang gab: Er fuhr 200 Kilometer an der Spitze. Das von Telekom angeführte Feld kam mit fünf Minuten Rückstand ins Ziel.

Auf der vorletzten Etappe konnte Wesemann seinen Vorsprung vor dem Gesamtzweiten Sosenka mit dem dritten Etappenplatz hinter seinem Mannschaftskollegen Bobby Julich und Etappensieger Tomas Konecny vergrößern. An der letzten Bergwertung des Tages hatte er Sosenka erfolgreich attackiert. So war der Gesamtsieg auf der Schlussetappe nach Erfurt nicht mehr gefährdet. Tagessieger wurde Enrico Degano vor René Haselbacher und Danilo Hondo. Für Haselbacher war es die dritte Podiumsplatzierung bei der Rundfahrt. Mit Peter Wrolichs zweitem und Volker Ordowksis drittem Etappenplatz war Gerolsteiner trotz dezimierter Mannschaft bei fünf der neun Etappen ganz vorne dabei.

gilberto gewinnt

GIRO

Gilberto Simoni

Simoni gewinnt nach 2001 seinen zweiten Giro.

Bei der offiziellen Präsentation des 86. Giro d'Italia Ende letzten Jahres waren die Vorteile für Kletterer deutlich erkennbar: Fünf Bergankünfte sahen die 21 Etappen vor, und zum ersten Mal stand der mächtige Zoncolan in der Region von Friaul auf dem Programm. Das erste Einzelzeitfahren über 42 Kilometer war dagegen erst für die letzte Rennwoche vorgesehen. Damit besaßen Zeitfahrspezialisten kaum eine Chance, im Gesamtklassement ganz nach vorne zu fahren, bevor es auf die Berge ging. Für Spannung bis zum Schluss sollte dann die letzte Etappe sorgen, das zweite Einzelzeitfahren. Bei der Gestaltung des Profils und der Etappen hatten sich die Giro-Organisatoren um Boss Carmine Castellano diesmal an der stets im Schatten von Tour de France und Giro stehenden, aber sportlich hochattraktiven Vuelta orientiert.

Der Änderungen nicht genug, trat pünktlich zum Start der ersten großen Rundfahrt des Jahres auch ein neues UCI-Reglement in Kraft: Helmpflicht für alle Fahrer. Ausnahme: Bei Bergankünften dürfen die Fahrer an einer jeweils gekennzeichneten Stelle eines Schlussanstiegs selber entscheiden, ob sie den Helm abnehmen wollen.

Dazu gab es bei der diesjährigen Italienrundfahrt zwei Favoriten, die etwas wieder gutzumachen hatten: Stefano Garzelli, Giro-Sieger des Jahres 2000 und letztes Jahr als Gesamtführender nach positiven Dopingproben ausgeschlossen, und Gilberto Simoni, Giro-Sieger 2001. Telekom verzichtete auf eine Teilnahme und Coast war am Ende. So war Gerolsteiner die einzige deutsche Mannschaft am Start, ganz ausgerichtet auf eine vordere Gesamtplatzierung von Georg Totschnig.

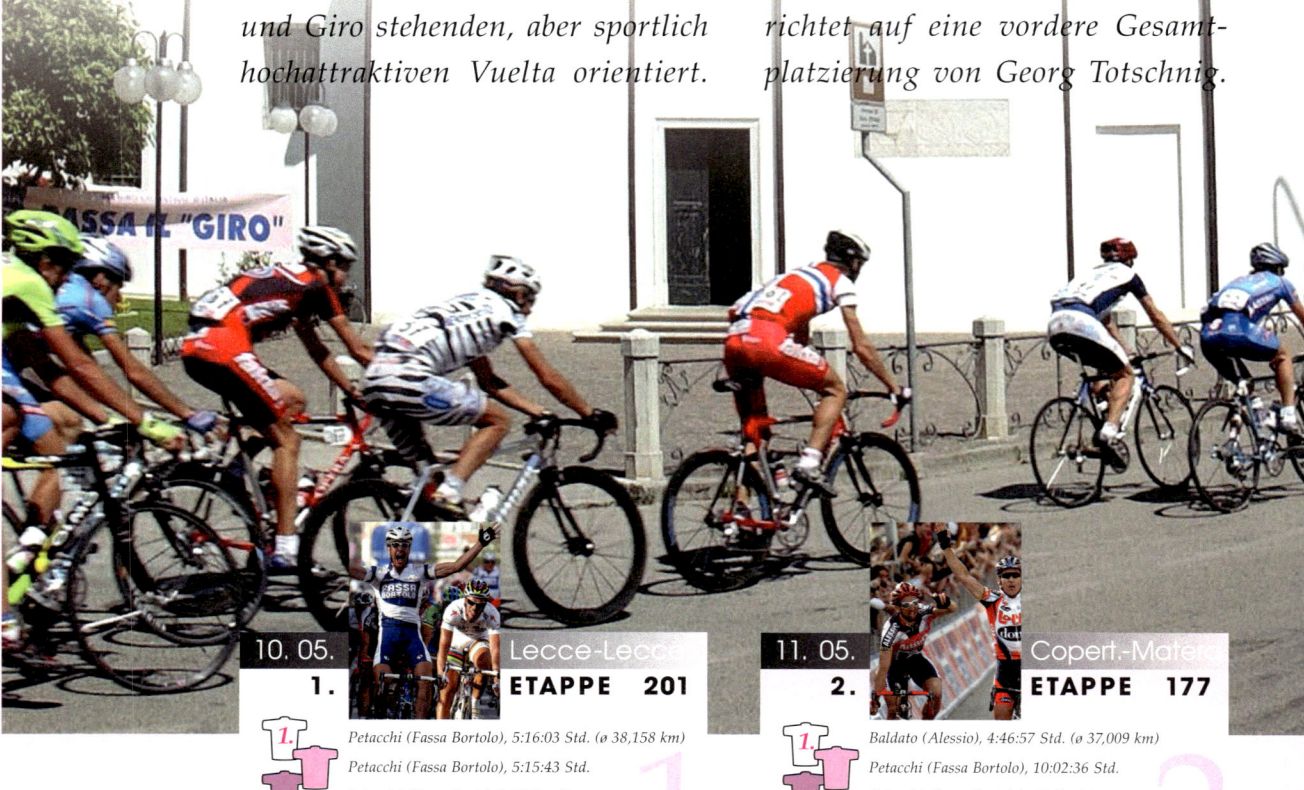

50
GIRO
Italien 10. Mai bis 1. Juni 2003

10. 05. Lecce-Lecce
1. ETAPPE 201
1. Petacchi (Fassa Bortolo), 5:16:03 Std. (ø 38,158 km)
Petacchi (Fassa Bortolo), 5:15:43 Std.
Petacchi (Fassa Bortolo), 25 Punkte
Baldato (Alessio), 3 Punkte
Naudusz (CCC-Polsat), 4:10:00 Std.
201,0 KM

11. 05. Copert.-Matera
2. ETAPPE 177
1. Baldato (Alessio), 4:46:57 Std. (ø 37,009 km)
Petacchi (Fassa Bortolo), 10:02:36 Std.
Petacchi (Fassa Bortolo), 45 Punkte
Freddy Gonzalez (Selle Italia), 3 Punkte
Cipollini (Domina Vacanze), 6:46:14 Std.
378 KM

D'ITALIA

Für Saeco mit Simoni als Kapitän gab es nur ein Ziel: das rosa Trikot. Und Mario Cipollini hoffte darauf, in diesem Jahr mit dem legendären Alfredo Binda gleichzuziehen. 40 Etappenerfolge konnte er bei seiner Heimatrundfahrt schon feiern. Ein einziger Sieg fehlte ihm noch zur Einstellung des Rekordes.

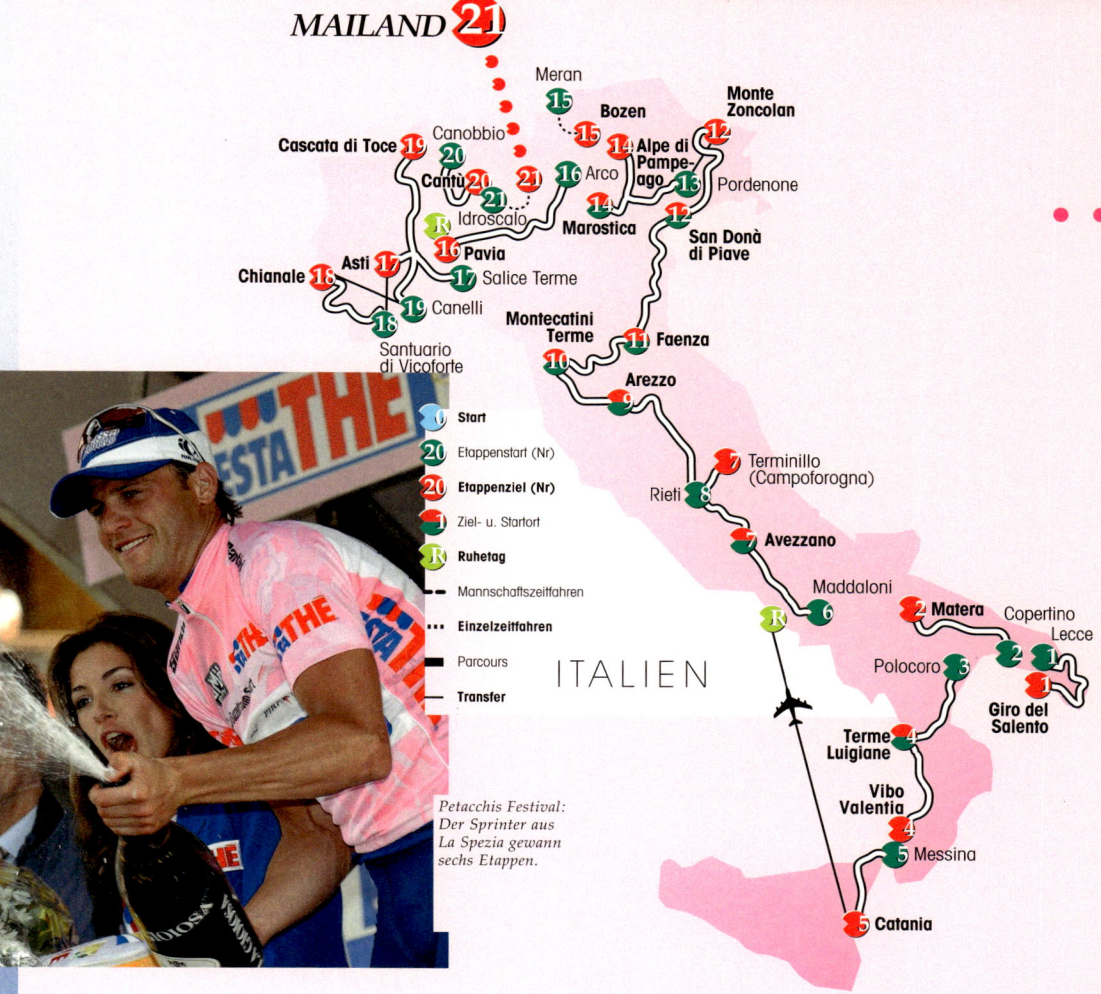

Petacchis Festival: Der Sprinter aus La Spezia gewann sechs Etappen.

Die erste Etappe über 201 Kilometer rund um das süditalienische Lecce gewann indes überraschend Alessandro Petacchi. Weltmeister Cipollini lag mit einer Radlänge deutlich hinter dem Sieger und musste dem Rekord weiter hinterherfahren. Mehr noch: Auch in den nächsten Tagen sollte Petacchi die Schlagzeilen machen, und Cipollini sah sich mit der zunehmenden Häme der italienischen Medien konfrontiert.

Der zweite Tagesabschnitt, die zweite Chance für die Sprinter – und schon hatte der Giro seinen ersten Aufreger.

Lottos Robbie McEwen hatte den Zielstrich nach 177 Rennkilometern als Erster überquert, doch zum Tagessieger wurde der zweitplatzierte Fabio Baldato erklärt. McEwen hatte Baldato 50 Meter vor dem Ziel an der Absperrung eingeklemmt. Entscheidung der Jury: Deklassierung McEwens auf den letzten Platz des ersten ankommenden Feldes, Rang 70. Petacchi verteidigte Rosa.

Stefano Garzelli holte sich den Sieg der dritten Etappe in Luigiane vor Francesco Casagrande und Petacchi, der weiter in Rosa fuhr.

12.05.
3. ETAPPE 145
Policoro–T. Lugiane
523 KM

Garzelli (Vini Caldirola), 3:34:58 Std. (ø 39,136 km)
Petacchi (Fassa Bortolo), 13:37:08 Std.
Petacchi (Fassa Bortolo), 61 Punkte
Freddy Gonzalez (Selle Italia), 8 Punkte
Naudusz (CCC Polsat), 8:09:47 Std.

1./2./3. Etappe 10.–12. Mai 2003

der neue König
Alessandro Petacchi...

... glänzte nicht nur durch Etappensiege. In der ersten Woche kleidete er sich auch in Rosa.

sprint in Avezzano hatte er Isaac Galvez und Jan Svorada hinter sich gelassen. Am Abend dieses Tages führte die italienische Drogenfahndung NAS eine ergebnislose Razzia beim italienischen

Mit dem Erfolg auf der vierten Etappe nach Vibo Valentia revanchierte sich McEwen für den misslungenen Giro-Auftakt. In einem spannenden Sprint ließ er Petacchi hinter sich.

Für die fünfte Etappe verließ die Giro-Kolonne die Provinz Kalabrien in Richtung Sizilien. In einer spannenden und denkbar knappen Sprintentscheidung wurde Cipollini erneut von Petacchi geschlagen.

Auch nach dem ersten Ruhetag auf der sechsten Etappe war Petacchi nicht zu stoppen. Er holte sich den dritten Etappenerfolg in der ersten Woche und blieb im rosa Trikot. Im Massen-

Team Formaggi Pinzolo durch, dessen Fahrer Massimiliano Mori im März bei der Rundfahrt Tirreno-Adriatico beim Versuch erwischt worden war, eine Urinprobe zu manipulieren.

Der erste Berg des Giro, der Terminillo, beendete Petacchis rosa Zeiten. Stefano Garzelli, bislang Zweiter im Gesamtklassement und Mitfavorit für den Gesamtsieg, gewann die siebte Etappe vor Gilberto Simoni und übernahm das Trikot des Führenden. Simoni hatte in einem beeindruckenden Antritt auf dem Schlussanstieg seine gute Form bewiesen. Die Etappe hinterließ Spuren: Francesco Casagrande verlor zweiein-

13. 05. — 4. ETAPPE 170 — Vibo Valentia
1. McEwen (Lotto), 4:00:25 Std. (ø 42,426 km)
Petacchi (Fassa Bortolo), 17:37:21 Std.
Petacchi (Fassa Bortolo), 81 Punkte
Freddy Gonzalez (Selle Italia), 8 Punkte
Naudusz (CCC Polsat), 10:24:21 Std.
693 KM

14. 05. — 5. Etappe 180 — Messina-Catania
1. Petacchi (Fassa Bortolo), 4:54:43 Std. (ø 35,831 km)
Petacchi (Fassa Bortolo), 22:31:44 Std.
Petacchi (Fassa Bortolo), 106 Punkte
Freddy Gonzalez (Selle Italia), 13 Punkte
Di Biase (Formaggi Pinzolo), 14:45:10 Std.
873 KM

16. 05. — 6. ETAPPE 222 — Avezzano
1. Petacchi (Fassa Bortolo), 5:11:52 Std. (ø 42,710 km)
Petacchi (Fassa Bortolo), 27:43:16 Std.
Petacchi (Fassa Bortolo), 131 Punkte
Freddy Gonzalez (Selle Italia), 13 Punkte
Di Biase (Formaggi Pinzolo), 16:27:57 Std.
1095 KM

der alte Löwe
Mario Cipollini

halb, Dario Frigo und Aitor Gonzalez ließen gar sechs Minuten. Und Marco Pantani war wieder verschwunden – seine Fans hatten sich aufgrund seiner Fahrweise in der ersten Woche wieder einmal zu viel von ihm versprochen. Ein anderer hingegen hatte sich während der ersten erfolglosen Woche in Form gefahren: Mario Cipollini gewann in Arezzo endlich seine 41. Giro-Etappe und egalisierte den Rekord von Alfredo Binda, dem Superstar der 30er-Jahre. Obendrein schlug er auf der 214 Kilometer langen Überführungsetappe seine schärfste Sprinterkonkurrenz: McEwen und Petacchi, die Zweiter bzw. Dritter wurden. Kurz danach musste der Kapitän von Domina Vacanze dann allerdings erfahren, dass seine Mannschaft nicht an der Tour de France teilnehmen würde.

Tags darauf gab er den Tour-Organisatoren in der Toskana die passende Antwort: In einem turbulenten Finale einer insgesamt schnellen und hektischen Etappe behielt er die Übersicht und setzte sich auch auf dem neunten Tagesabschnitt gegen McEwen und Petacchi durch. Bindas Uraltrekord war Vergangenheit.

Bei der Sprintentscheidung kam es im Übrigen zu einem weiteren Zwischenfall: Petacchi und der Lette Nauduzs hatten versucht, an Cipollinis Hinterrad zu kommen. Petacchi drückte seinen Konkurrenten kurz gegen den Arm und bekam dafür von diesem einen Fausthieb auf den Helm. Nauduzs wurde vom Rennen ausgeschlossen, der dreifache Etappensieger kam dagegen mit einer Zeit- und Geldstrafe sowie Punktabzug davon.

Der Weltmeister und sein Sprintnachfolger: Cipollini und Petacchi. Daneben Garzelli.

---

17. 05. — **7.** Terminillo — **ETAPPE 146** — 1241 KM
- Garzelli (Vini Caldirola), 3:55:19 Std. (ø 36,461 km)
- Garzelli (Vini Caldirola), 31:39:24 Std.
- Petacchi (Fassa Bortolo), 131 Punkte
- Freddy Gonzalez (Selle Italia), 17 Punkte
- Di Biase (Formaggi Pinzolo), 19:22:52 Std.

18. 05. — **8.** Rieti-Arezzo — **ETAPPE 214** — 1455 KM
- Cipollini (Domina Vacanze), 5:29:46 Std. (ø 38,936 km)
- Garzelli (Vini Caldirola), 37:09:10 Std.
- Petacchi (Fassa Bortolo), 147 Punkte
- Freddy Gonzalez (Selle Italia), 20 Punkte
- Di Biase (Formaggi Pinzolo), 23:57:47 Std.

19. 05. — **9.** Montecatini — **ETAPPE 160** — 1615 KM
- Cipollini (Domina Vacanze), 3:41:58 Std. (ø 43,249 km)
- Garzelli (Vini Caldirola), 40:51:08 Std.
- Petacchi (Fassa Bortolo), 158 Punkte
- Freddy Gonzalez (Selle Italia), 20 Punkte
- Di Biase (Formaggi Pinzolo), 26:19:10 Std.

Zoff am Zoncolan

Gilberto Simoni

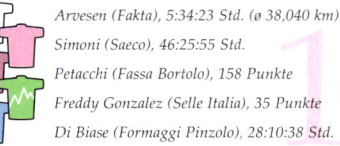

Auf der schwierigen zehnten Etappe überraschte Simoni sich mit einer Attacke selbst. Als er antrat, rechnete er nicht damit, dass niemand ihm folgen würde. So schloss er ohne Begleitung zu einer führenden Ausreißergruppe auf und wurde am Ende Etappendritter. Mit der Zeitgutschrift für den Podiumsplatz übernahm er das rosa Trikot von Garzelli. Etappensieger wurde der Norweger Kurt-Asle Arvesen.

Die Ankunft auf der elften Etappe in San Dona di Pave geriet zum Chaos. Kelme-Profi Galvez stürzte und riss Cipollini mit sich. Beide mussten das Rennen aufgeben. Auf regennasser Bahn rutschte auch Angelo Furlan in die Absperrung, später verlor Robert Förster durch einen Sturz jede Chance auf eine schon sicher geglaubte Podiumsplatzierung. Mit Glück und artistischer Fahrweise gelang McEwen der zweite Tageserfolg. Im Anschluss gab es heftige Proteste der Fahrer gegen die gefahrvolle Streckenführung. Der Grund für die zahlreichen Stürze war ihrer Meinung nach nicht nur der Regen, sondern eine halsbrecherische Kurve im Zielbereich.

Auf dem zwölften Teilstück stand der mit Spannung erwartete Monte Zoncolan auf dem Programm. Die Bergankunft in 1.730 Metern Höhe mit ihrem teilweise 20-prozentigem Schlussanstieg entschied Simoni für sich. Doch leicht machten es die Gegner ihm nicht. Der Gesamtzweite Garzelli saß ihm bis ins Ziel im Nacken. Casagrande war nach dem schlechten Abschneiden bei der ersten Bergetappe wieder erstarkt und wurde Dritter. Völlig überraschend meldete sich auch Pantani zurück und kam hinter dem hochtalentierten U 23-Weltmeister Jaroslaw Popowitsch als Fünfter ins Ziel. Der Zoncolan hatte wider Erwarten keine großen Abstände im Gesamtklassement herbeigeführt, Simonis Führung war keineswegs komfortabel.

Nach der 13. Etappe verringerte sich der knappe Vorsprung weiter, denn Garzelli hatte sich eine Zeitgutschrift gesichert und holte auf. Petacchi feierte seinen vierten Tagessieg und meinte nach dem Rennen, dass dieser Sprint schon deshalb keine große Herausforderung gewesen sei, weil nicht mehr viele Sprinter da waren ...

Vom Ankunftsort Marostica startete am folgenden Tag die zweite schwere Etappe über 162 Kilometer und drei Berge der ersten Kategorie mit Bergankunft in Pampeago, 1.740 Meter hoch gelegen. Wieder machten die

20.05. Montec.-Faenza — 10. ETAPPE 202
Arvesen (Fakta), 5:34:23 Std. (ø 38,040 km)
Simoni (Saeco), 46:25:55 Std.
Petacchi (Fassa Bortolo), 158 Punkte
Freddy Gonzalez (Selle Italia), 35 Punkte
Di Biase (Formaggi Pinzolo), 28:10:38 Std.
1817 KM

21.05. S. Dona d. Piave — 11. ETAPPE 222
McEwen (Lotto-Domo), 5:44:13 Std. (ø 39,393 km)
Simoni (Saeco), 52:10:08 Std.
Petacchi (Fassa Bortolo), 158 Punkte
Freddy Gonzalez (Selle Italia), 35 Punkte
Di Biase (Formaggi Pinzolo), 31:54:54 Std.
2039 KM

22.05. Monte Zoncolan — 12. ETAPPE 185 (BERGANKUNFT)
Simoni (Saeco), 5:10:30 Std. (ø 36,328 km)
Simoni (Saeco), 57:20:18 Std.
Petacchi (Fassa Bortolo), 158 Punkte
Freddy Gonzalez (Selle Italia), 44 Punkte
Di Biase (Formaggi Pinzolo), 33:44:32 Std.
2224 KM

20.-22. Mai 2003   10./11./12. Etappe

Time for speed
Aitor Gonzalez

*verleiht Flügel:
ni verweist
Gegner in die
nken.
r.) Casagrande,
witsch,
elli, Simoni.*

beiden Erstplatzierten des Gesamtklassements die Etappe unter sich aus. Simoni kam mit einer halben Minute Vorsprung vor Garzelli ins Ziel.

Unmittelbar nach der schweren Bergetappe stand das Zeitfahren zwischen Bozen und Meran auf dem Programm. Die beste Leistung bot der Spanier Aitor Gonzalez, Vuelta-Sieger des Vorjahres und erklärter Favorit für den Giro-Gesamtsieg. Dann büßte er aber bereits auf der ersten Bergetappe seine Chancen ein. Garzelli fuhr taktisch unklug, verausgabte sich zu Beginn der 42 Kilometer und brach ein, nachdem er bei der ersten Zwischenzeit noch schneller als Simoni gewesen war.

Alessandro Petacchi stürzte schwer, beendete die Etappe als Letzter und kam im Anschluss mit Verletzungen an Rücken, Schulter und Arm ins Krankenhaus – um am nächsten Tag die 16. Etappe mit seinem fünften Tagessieg zu beenden. Die Mannschaft von Saeco um den Führenden Simoni konnte sich auf diesem Abschnitt aus dem Renngeschehen heraushalten, denn Petacchis Team übernahm im Feld die Arbeit, um die Ausreißer Awdjejew und Chmielewski wieder einzuholen, die gut 110 Kilometer an der Spitze gefahren fahren.

Aitor Gonzalez ließ kurzzeitig alte Stärke aufblitzen. Der Vuelta-Sieger gewann zumindest eine Etappe.

EINZELZEITFAHREN

25. 05. Merano-Bolzano
15. ETAPPE 42,5

1. Aitor Gonzalez (Fassa Bortolo), 54:33 Min. (ø 33,901 km)
Simoni (Saeco), 66:41:52 Std.
Petacchi (Fassa Bortolo), 183 Punkte
Freddy Gonzalez (Selle Italia), 77 Punkte
Backstedt (Fakta), 36:58:31 Std.

15 2577,5 KM

23. 05. Marostica
13. ETAPPE 149

1. Petacchi (Fassa Bortolo), 3:38:58 Std. (ø 40,828 km)
Simoni (Saeco), 60:59:16 Std.
Petacchi (Fassa Bortolo), 183 Punkte
Freddy Gonzalez (Selle Italia), 47 Punkte
Di Biase (Formaggi Pinzolo), 34:34:11 Std.

13 2373 KM

24. 05. A. Pampeago
14. ETAPPE 162

1. Simoni (Saeco), 4:46:43 Std. (ø 33,901 km)
Simoni (Saeco), 65:45:39 Std.
Petacchi (Fassa Bortolo), 183 Punkte
Freddy Gonzalez (Selle Italia), 77 Punkte
Di Biase (Formaggi Pinzolo), 36:28:10 Std.

14 2535 KM

BERGANKUNFT

55
GIRO

13./14./15. Etappe   23.-25. Mai 2003

Simoni ließ sich nicht aufs Glatteis führen, verteidigte im Schneegestöber sein Trikot.

Stille Wasser sind tief: Georg Totschnig fuhr wieder unter die Besten und wurde am Ende Fünfter.

Auf den zweiten Ruhetag folgte für die Fahrer eine kurze Flachetappe von Salice Terme nach Asti, bei der Petacchi seinen sechsten Etappenerfolg feierte. Wahrscheinlich hätten alle Fahrer die ruhigen und unspektakulären 130 Kilometer genossen, wenn sie gewusst hätten, was sie auf der kommenden schweren Alpenetappe im Piemont erwartete: Bei Kälte, Regen, Hagel und glatten Passstraßen verpassten 35 Fahrer die Karenzzeit, darunter Alessandro Petacchi. Dario Frigo sichert sich den Sieg auf dieser Etappe vor Simoni, dem der Gesamtsieg damit nicht mehr zu nehmen war. Seinen einzigen Konkurrenten im Kampf um das rosa Trikot verlor er durch einen Sturz: Garzelli, der auch bei dieser Etappe unermüdlich attackierte, war auf der Abfahrt am Sampeyre auf eisglatter Straße aus dem Gleichgewicht geraten und verlor Zeit. Pantani kam an derselben Stelle zu Fall. Anders als Garzelli schien er sich jedoch nicht mehr aufraffen zu wollen und erreichte nach einer langen Pause am Straßenrand das Ziel mit 15 Minuten Rückstand. Der Österreicher Georg Totschnig erreichte den dritten Etappenrang und sicherte damit für

26. 05. **16.** ArcoTr.-Pavia **ETAPPE 207**

Petacchi (Fassa Bortolo), 4:39:34 Std. (ø 44,425 km)
Simoni (Saeco), 71:21:26 Std.
Petacchi (Fassa Bortolo), 208 Punkte
Freddy Gonzalez (Selle Italia), 77 Punkte
Backstedt (Fakta), 40:48:48 Std.

2784,5 KM

28. 05. **17.** Salice Terme-Asti **ETAPPE 117**

Petacchi (Fassa Bortolo), 2:39:47 Std. (ø 43,934 km)
Simoni (Saeco), 74:01:13 Std.
Petacchi (Fassa Bortolo), 233 Punkte
Freddy Gonzalez (Selle Italia), 79 Punkte
Backstedt (Fakta), 42:53:00 Std.

2901,5 KM

29. 05. **18.** S.Vico-Chianale **ETAPPE 174**

Frigo (Fassa Bortolo), 5:23:43 Std. (ø 32,250 km)
Simoni (Saeco), 79:24:54 Std.
Garzelli (Vini Caldirola), 138 Punkte
Freddy Gonzalez (Selle Italia), 100 Punkte
Backstedt (Fakta), 44:00:15 Std.

3075,5 KM

26./28./29. Mai 2003   16./17./18. Etappe

Giro Sieger

Gilberto Simoni

Simoni festigt im Schlusszeitfahren seine Position und ließ sich im Anschluss als Gesamtsieger feiern.

Gerolsteiner die gewünschte vordere Platzierung im Gesamtklassement.

Auf der 19., mit fast 240 Kilometern längsten Etappe von Canelli nach Cascata del Toce sichert sich Simoni seinen dritten Etappensieg. Dario Frigo wurde Zweiter vor Eddy Mazzoleni, dem sein erschöpfter Kapitän Garzelli freie Fahrt signalisiert hatte. Garzelli musste vor dem abschließenden Zeitfahren in Mailand um seinen zweiten Gesamtrang fürchten, Jaroslaw Popowitsch lag nur noch zwei Sekunden hinter ihm.

Den Zeitfahrsieg auf der 21. Etappe sicherte sich der Weltmeister dieser Disziplin aus dem Jahr 2000, Sergej Gontschar. Garzelli gelang es, seinen zweiten Gesamtplatz gegen Popowitsch zu verteidigen. Gilberto Simoni gewann den Giro nach 2001 zum zweiten Mal. Er hatte die Rundfahrt mit drei Etappensiegen und seiner angriffsfreudigen Fahrweise in den Bergen dominiert. Mit insgesamt sechs Etappensiegen drückte auch Alessandro Petacchi diesem Giro seinen Stempel auf und stellte Mario Cipollini in den Schatten, wenngleich dieser den legendären Binda-Rekord mit seinem 42. Giro-Etappensieg überbot.

Robert Förster und Bernhard Eisel hinterließen einen hervorragenden Gesamteindruck, auch wenn sie nicht so weit vorn platzieren konnten wie der Gesamtdritte Jaroslaw Popowitsch. Mit Petacchis Etappenerfolgen, Dario Frigos Sieg auf der schweren Königsetappe und Aitor Gonzalez' Triumph im ersten der zwei Zeitfahren holte Fassa Bortolo acht Tageserfolge und gewann damit die Mannschaftspunktwertung. Simoni sicherte sich neben dem Gesamtsieg auch das veilchenblaue Trikot des Punktbesten, der Kolumbianer Fred Gonzalez gewann zum zweiten Mal nach 2001 die Bergwertung. Das blaue Intergiro-Trikot ging an Magnus Backstedt.

---

30. 05. — **Canelli-Cascata** — **19. ETAPPE 239**
Simoni (Saeco), 6:20:05 Std. (ø 37,728 km)
Simoni (Saeco), 85:44:39 Std.
Simoni (Saeco), 154 Punkte
Freddy Gonzalez (Selle Italia), 100 Punkte
Backstedt (Fakta), 47:39:09 Std.
3314,5 KM

31. 05. — **Canobio-Cantu** — **20. ETAPPE 133**
Lombardi (Domina Vacanze), 3:05:30 Std. (ø 43,018 km)
Simoni (Saeco), 88:51:51 Std.
Simoni (Saeco), 154 Punkte
Freddy Gonzalez (Selle Italia), 100 Punkte
Backstedt (Fakta), 49:57:18 Std.
3447,5 KM

01. 06. — **Mailand** — **21. ETAPPE 33** — *EINZELZEITFAHREN*
Gontschar (Colpack), 38:04 Min. (ø 52,014 km)
Simoni (Saeco), 89:32:09 Std.
Simoni (Saeco), 154 Punkte
Freddy Gonzalez (Selle Italia), 100 Punkte
Backstedt (Fakta), 50:20:37 Std.
3480,5 KM

19./20./21. Etappe   30. Mai - 1. Juni 2003

DEUTSCHLAND

na jan

Von Jahr zu Jahr deutlich bessere Besetzung: die Deutschland-Tour unterwegs.

Sie hatte ihren Namen in diesem Jahr verdient: Durchs ganze Land führte die Deutschland-Tour, von Osten Richtung Südwest über den Schwarzwald nach Saarbrücken. Und sie war populärer als je zuvor seit der Wiederbelebung im Jahr 1999. Massen von Zuschauern fanden sich im Juni am Streckenrand ein, nicht zuletzt wegen der Teilnahme Jan Ullrichs, der im Rahmen seiner Tour-de-France-Vorbereitungen an den Start ging.

Am Vortag der Auftaktetappe wurde Ullrichs neues Team präsentiert. Auf den Trümmern des Rennstalles Coast baute Bianchi eine neue Mannschaft auf und gab so den meisten ehemaligen Coast-Profis nach Monaten der Ungewissheit und existenzieller Bedrohung aufgrund ausbleibender Gehälter zum ersten Mal in diesem Jahr wieder Sicherheit und die Möglichkeit, unbelastet Rennen zu fahren.

In Dresden ging's los. Wie im Vorjahr hieß der Sieger der ersten Etappe Erik Zabel. In Altenburg gewann er nach 184 Kilometern vor Stuart O'Grady und Enrico Poitschke. Jörgen Bo Petersen hatte mit einer langen Soloflucht und zeitweiligem Vorsprung von fast zwölf Minuten beeindruckt, wurde aber drei Kilometer vor dem Ziel vom Feld abgefangen. Am nächsten Tag ging es mit zwei Bergwertungen der dritten Kategorie weiter nach Kronach. Diesmal gelang eine Flucht: Die beiden Ausreißer Gerben Löwik und Gregory Rast machten den Sprint unter sich aus. Löwik gewann die Etappe, Rast übernahm von Zabel das weiße Trikot des Gesamtführenden.

03. 06. Dresden-Altenb.
1. ETAPPE 177,9

Zabel (Telekom), 4:43:34 Std.

Zabel (Telekom), 4:43:34 Std.

Deutschland-Tour   1. Etappe

177,9 KM

TOUR

Jan Ullrich steigerte sich von Tag zu Tag und wurde am Ende unerwartet Fünfter.

Gregory Rast

Gregory Rast, Fünfter von rechts, zum ersten Mal Spitzenreiter einer Landesrundfahrt.

Trotz organisierter Aufholarbeit gelang es dem Feld auch auf der dritten Etappe von Coburg nach Ansbach nicht, eine Fluchtgruppe einzuholen. Zu spät hatten sich Telekom und Gerolsteiner auf die Jagd begeben, und so retteten die drei Ausreißer – Christophe Agnolutto (AG2R), Remco Van der Ven (Bankgiroloterij) und Leon Van Bon (Lotto) – ihren knappen Vorsprung ins Ziel. Van Bon setzte sich im Sprint gegen seine Fluchtgefährten durch, Gregory Rast verteidigte sein weißes Trikot. Der deutsche Meister Danilo Hondo stürzte schwer und musste aufgeben.

Eilig hatten es die Fahrer auf der vierten Etappe über 222 Kilometer nach Bad Wurzach. Vor allem Gerolsteiner machte Tempo, ein weiteres Mal sollten Ausreißer nicht entkommen. Das Trio Matthe Pronk (Bankgiroloterij), Nicola Gavazzi (Saeco) und Olivier Trastour (AG2R) versuchte es folglich vergeblich. Zehn Kilometer vor dem Ziel war das Feld beieinander, der Massensprint in Vorbereitung. Gerolsteiner machte Tempo für Olaf Pollack, Telekom für Zabel. Das Rennen aber machte Saeco mit Ivan Quaranta, der den Sprint der hektischen Etappe für sich entschied. Pollack war am Ende Vierter vor Zabel. Gregory Rasts Tage in Weiß waren gezählt, denn nach den Flachetappen wurde das Streckenprofil nun wesentlich anspruchsvoller.

04. 06.	Altenb.-Kronach
2.	ETAPPE 183

1. Löwik (Bankgiroloterij), 4:49:40 Std.

Rast (Phonak), 9:33:23 Std.

360,9 KM

05. 06.	Coburg-Ansbach
3.	ETAPPE 188

1. van Bon (Lotto-Domo), 4:40:11 Std.

Rast (Phonak), 14:13:50 Std.

548,9 KM

59

2. und 3. Etappe   Deutschland-Tour

• • • • José Azevedo

Once diktierte im Schwarzwald das Tempo und übernahm durch Azevedo (vorne) die Führung.

Von Ravensburg ging es auf den Feldberg. Wie würde Jan Ullrich, während der ersten Etappen stets gut platziert und meist zeitgleich mit den Etappensiegern im Ziel, abschneiden? Am Ende sprang für ihn mit 1:24 Minuten Rückstand der 18. Etappenplatz heraus. Dennoch keine Enttäuschung: „Ich bin trotzdem zufrieden", meinte er nach dem Rennen sichtlich erschöpft. „Ich wusste eigentlich im Vorfeld, dass nicht mehr drin war. Aber vor dem Rennen hatte ich ein bisschen geträumt." Kraft und ein flüssiger Tritt würden ihm noch fehlen, doch nach dem turbulenten Frühjahr liefen die Vorbereitungen für die Tour-de-France nach Plan.

Dominiert hatte die Etappe das spanische Once-Team, das nach überzeugender Mannschaftsleistung mit vier Fahrern als Erstplatzierte ins 1.280 Meter hoch gelegene Ziel kamen. José Azevedo übernahm mit dem Etappensieg auch die Gesamtführung. Zweiter wurde Igor Gonzalez de Galdeano vor Isidro Nozal und Jörg Jaksche. Vor allem der Franke beeindruckte: mit seiner Leistung am Berg und dem Verzicht auf die Gesamtführung zugunsten des Gesamtsieges seiner Mannschaft. Enttäuschend für Telekom: Auf dem Feldberg offenbarte sich die dramatische Formschwäche von Santiago Botero. Der Telekom-Profi fiel aussichtslos zurück, war er ursprünglich doch die große Tour-Hoffnung des Teams.

Die sechste Etappe, das Zeitfahren über 40,7 Kilometer von Maulbronn nach Bretten endete mit dem überraschenden Sieg von Michael Rogers. Der Quick-Step-Fahrer übernahm nach der Etappe die Gesamtwertung mit 1:20 Minuten Vorsprung vor Azevedo. Der Gesamtsieg war ihm nicht mehr zu nehmen. Mitfavorit Uwe Peschel hatte Pech und stürzte in einer Kurve vor dem Ziel. Am Ende wurde er Fünfter hinter seinem gleichermaßen favorisierten Gerolsteiner Kollegen Michael Rich. Ullrich zeigte als Etappenzweiter weiter vielversprechend ansteigende Form, der drittplatzierte Winokurow verlor Zeit, als er im Zielbereich fehlgeleitet wurde. Galdeano, nach der überragenden Mannschaftsleistung seines Once-Teams hoher Favorit für die Wiederholung des Gesamtsieges aus dem Vorjahr, kam durch eine Unachtsamkeit zu Fall, kollidierte mit der Absperrung und musste die Rundfahrt mit gebrochenem Schlüsselbein beenden.

Für Gerolsteiner ging die Rundfahrt nach dem Pech beim Zeitfahren noch

06. 06. Ansb.-B.Wurzach
4. ETAPPE 220
Quaranta (Saeco), 4:52:54 Std.
Rast (Phonak), 19:06:44 Std.
768,9 KM

07. 06. Ravensb.-Feldb.
5. ETAPPE 191
Azevedo (Once), 4:49:49 Std.
Azevedo (Once), 23:58:23 Std.
959,9 KM

Michael Rogers

Nach der Belgien-Rundfahrt der zweite Sieg für Michael Rogers. Im Zeitfahren von Bretten holte er sich die Führungsposition.

Beim Schlussspurt in Saarbrücken endlich der lang erhoffte Sieg für Gerolsteiner durch Olaf Pollack.

versöhnlich zu Ende: Olaf Pollack konnte sich auf der letzten Etappe in Saarbrücken gegen Erik Zabel und Stuart O'Grady durchsetzen.

Die diesjährige Deutschland-Tour war ein Fest für vier Millionen Zuschauer, die es bei überwiegend strahlendem Wetter und hochsommerlicher Hitze in die Etappenorte und an die Strecke gezogen hatte. Doch der Glanz wurde am ersten Renntag getrübt: der erst 23 Jahre alte Fabrice Salanson, Profi von Boulangère, war in der Nacht vor der ersten Etappe völlig unerwartet an Herzversagen verstorben. Ein Schock für die Mannschaft, vor allem für seinen Zimmergenossen Sebastien Chavanel, der seinen Freund im Hotel tot auffand. Salansons Mannschaft ging verständlicherweise nicht mehr an den Start. Es war in diesem Jahr bereits der dritte Todesfall im Profiradsport nach Andrej Kiwilew und Denis Zanette, der bei einem Arztbesuch im Januar am plötzlichen Herztod starb.

08.06. 6. ETAPPE 40,7 Maulbr.-Bretten
1. Rogers (Quick Step), 51:36 Min.
Rogers (Quick Step), 24:50:41 Std.
1000,6 KM

09.06. 7. ETAPPE 174,9 B.Dürkh.-Saarbr.
1. Pollack (Gerolsteiner), 3:59:17 Std.
Rogers (Quick Step), 28:49:58 Std.
1175,5 KM

61

6. und 7. Etappe   Deutschland-Tour

ÖSTERREICH

Aufgrund des nach wie vor ungünstigen Austragungstermins fehlten der Wiesbauer-Tour auch in diesem Jahr die großen Stars. Doch die Freude über die Wiederholung seines Vorjahressieges musste sich Titelverteidiger Gerrit Glomser davon nicht trüben lassen, denn die Tour im Juni hatte es in sich: Zwar gab es kein Zeitfahren, aber dafür ging es die sieben Etappen lang vorzugsweise bergauf. Auf dem dritten Teilstück erwartete die Fahrer sogar ein Anstieg der höchsten Kategorie; und mit dem Felbertauernpass mussten sie eine weitere schwere „Hürde" nehmen.

Glomser hatte die Deutschland-Tour vorzeitig verlassen, um in seiner Heimat an den Start zu gehen. Weitere Lokalmatadoren: Sprinter Bernhard Eisel, am Start mit der Nationalmannschaft, und Werner Riebenbauer. Unter den wenigen herausragenden Namen im Starterfeld zwei weitere Anwärter auf Etappenerfolge: Tom Steels und Giro-Etappensieger Sergej Gontschar.

Das Auftaktrennen in Salzburg ging an Steffen Radochla von Bianchi. Nach der zweiten Etappe war Gerrit Glomser der Rundfahrtsieg jedoch nicht mehr zu nehmen. Saeco hatte einen frühen Ausreißversuch abgewehrt und die Etappe kontrolliert. Glomsers erster Antritt acht Kilometer vor dem Ziel schlug noch fehl, aber an der Tausend-Meter-Marke war er nicht mehr zu halten.

Auch das dritte Teilstück, 158 Kilometer von Bad Gastein zum Kitzbüheler Horn, ging an Glomser. Wie am Vortag hatte Saeco im Feld das Tempo gemacht, um eine führende Gruppe einzuholen. Beim Anstieg zum Kitzbüheler Horn waren die Ausreißer gestellt. Glomser griff auf dem letzten Kilometer der steilen Passage an und setzte sich gegen Jure Golcer und Iwailo Gabrowski durch. Im Ziel erwartete ihn Giro-Sieger und Teamgefährte Gilberto Simoni als Gratulant.

Saecos Mannschaftsarbeit überzeugte auch auf der vierten Etappe. Keinem Team gelang ein Angriff auf den Führenden. Der zweite Etappenplatz

09. 06. Salzburg – Salzburg
1. ETAPPE — 131 km
1. Radochla (Bianchi), 3:08:39 Std.
Radochla (Bianchi), 3:08:39 Std.
131 KM

10. 06. Salzburg – Bad Hofgastein
2. ETAPPE — 189 km
1. Glomser (Saeco), 4:43:27 Std.
Glomser (Saeco), 7:51:56 Std.
320 KM

11. 06. B.Hofgast.–Kitzbüheler Horn
3. ETAPPE — 158 km
1. Glomser (Saeco), 4:03:22 Std.
Glomser (Saeco), 11:55:08 Std.
478 KM

12. 06. Kitzbühel – St. Jakob
4. ETAPPE — 149 km
1. Sijmens (Flanderen), 4:02:52 Std.
Glomser (Saeco), 15:57:54 Std.
627 KM

13. 06. Lienz – St. Kanzian
5. ETAPPE — 200 km
1. Carrara (De Nardi), 4:44:19 Std.
Glomser (Saeco), 20:42:13 Std.
827 KM

Österreich Rundfahrt   1. – 5. Etappe

RUNDFAHRT

sonny boy
Gerrit Glomser

Der Salzburger Gerrit Glomser wird zum zweiten Mal in Folge Sieger der Wiesbauer-Tour.

hinter Nico Sijmens und Zeitgutschriften genügten Glomser, um seine Führung weiter auszubauen. Den Massensprint der mit 200 Kilometern längsten Etappe von Lienz nach St. Kanzian am Klopeinersee konnte Matteo Carrara von De Nardi-Colpack für sich entscheiden. Im Feld hatte Formaggi Pinzolo die Kontrolle übernommen, um die Bergwertung für Rinaldo Nocentini zu sichern. Keiner der Fahrer in den diversen Fluchtgruppen war eine Gefahr für den Führenden in der Gesamtwertung, und so konnte sich Saeco zurückhalten. Zudem hatte Glomser wie etlichen Fahrern im Feld die Hitze zugesetzt. Am Zielort Graz wurde er mit Verdacht auf Hitzschlag ins Krankenhaus gebracht, seine Mutter vertrat ihn bei der Siegerehrung. Doch auf der Schlussetappe trat Glomser wieder an. Die Zielankunft in der Landeshauptstadt Wien konnte Tom Steels für sich entscheiden.

Trotz organisatorischer und finanzieller Schwierigkeiten zu Beginn des Jahres können die Österreicher aufatmen. Mit Wiesbauer wurde ein neuer leistungsstarker Sponsor gefunden, die Streckenführung der Etappen 2003 war besser als im Vorjahr, so dass die Rundfahrt auf eine höhere Einstufung hoffen durfte. Salzburg hatte sich als Etappenort für die Austragung der Straßen-WM 2006 bestens empfohlen.

14. 06. St. Kanzian – Graz
6. ETAPPE 157 km

1. Sijmens (Flanderen), 3:54:20 Std.
   Glomser (Saeco), 24:36:33 Std.

984 KM

15. 06. Wien – Wien
7. ETAPPE 124 km

1. Steels (Landbouw Krediet), 2:41:00 Std.
   Glomser (Saeco), 27:17:33 Std.

1108 KM

6. und 7. Etappe Österreich Rundfahrt

TOUR DE

klasse
... Alexander Winokurow

Alexander Winokurow mit Durchblick: Im Zeitfahren eroberte er Gelb zurück.

Drei Wochen vor der Tour de France ist die Schweizer Rundfahrt für viele Profis die letzte Möglichkeit, den eigenen Formaufbau für den Saisonhöhepunkt in Frankreich kritisch zu überprüfen. Der Start in der Schweiz war vor allem für Jan Ullrich, der sich allerdings nicht als Armstrongs Herausforderer bei der Tour sehen wollte, eine Überprüfung der eigenen Kletterqualitäten – auf den neun Etappen über 1.446 Kilometer würden unter anderem der Nufenen- und der San Bernardino-Pass zu überwinden sein. Aber auch für Alexander Winokurow war die Tour de Suisse eine wichtige Vorbereitung auf die Frankreich-Rundfahrt – weshalb er nicht an sein Limit gehen wollte. Und Armstrong? Der Texaner fehlte, hatte diesmal die anspruchsvolle Dauphiné Libéré als Vorbereitung gewählt.

Das Prologzeitfahren zum Auftakt gewann der für Fassa Bortolo startende Schweizer Fabian Cancellara. Der ehemalige Weltklassezeitfahrer und Vorjahressieger Alex Zülle, bereits vor dem Lizenzentzug für seinen ehemaligen Rennstalls Coast zu Phonak gewechselt, konnte seiner Favoritenrolle nicht gerecht werden. Fassa Bortolos Bemühungen, das gelbe Trikot auf der ersten Etappe von Egerkingen nach Le Lochle zu verteidigen, blieben allerdings unbelohnt: Alexander Winokurow übernahm es mit dem Etappensieg.

Auf den letzten zwei Kilometern hatte er sich an die Spitze des Feldes gesetzt und fuhr auf der ansteigenden Zielgerade zum Sieg.

Robbie McEwen, im Vorjahr Gewinner des grünen Trikots bei der Tour de France und erneut hoher Sprintfavorit für

16. 06. Egerkingen PROLOG 7

1. Cancellara (Fassa Bortolo), 8:46 Min.

Cancellara (Fassa Bortolo), 8:46 Min.

7 KM

Tour de Suisse   18.– 27. Juni 2002

SUISSE

Eine der schönsten Rundfahrten mit ihren Stars: Ullrich, Casagrande, Camenzind, Zülle und Wesemann.

Frankreich, gewann die zweite Etappe. 40 Kilometer nach dem Start in Murten machten sich Quick Steps Jürgen Van Goolen und Mark Scanlon (AG2R) auf und davon, um den Sprintern zuvorzukommen. Doch McEwens Lotto-Mannschaft sowie Crédit Agricole und Gerolsteiner für Stuart O'Grady respektive Robert Förster begannen gerade noch rechtzeitig mit der Verfolgungsarbeit und konnten die Ausreißer neun Kilometer vor dem Ziel einholen. Förster musste sich am Ende mit dem vierten Etappenplatz hinter Julian Dean (CSC) und O'Grady zufrieden geben. Winokurow blieb in Gelb, sein ehemaliger Teamgefährte Jan Ullrich belegte vor der ersten Bergetappe den neunten Gesamtrang.

Die Bergankunft im 1.740 Meter hoch gelegenen Wintersportort Saas Fee erreichte Francesco Casagrande als Solist – eine Wiedergutmachung für sein schlechtes Abschneiden beim Giro. Mit dem dritten Platz hinter Kim Kirchen verteidigte Winokurow die Gesamtführung und lag sechs

17.06. 1. Egerk.-Le Locle ETAPPE 163
1. Winokurow (Telekom), 4:13:03 Std.
Winokurow (Telekom), 4:22:29 Std.
170 KM

18.06. 2. Murten – Nyon ETAPPE 175
1. McEwen (Lotto-Domo), 4:03:10 Std.
Winokurow (Telekom), 8:25:39 Std.
345 KM

Francesco Casagrande auf dem Weg, Winokurow das gelbe Trikot abzunehmen.

sprung rund 80 Kilometer vor dem Ziel übernahm Casar zeitweilig die Führung in der Gesamtwertung. Doch auf den letzten Kilometern beteiligte sich Simeoni nicht mehr an der zuvor so harmonischen Führungsarbeit, und im Feld machten Telekom und Lampre Tempo. Casar wurde schließlich von Krämpfen geplagt. Doch er gab selbst dann nicht auf, als er 300 Meter vor dem Ziel vom Feld eingeholt wurde, und mobilisierte die letzten Kräfte für den Sprint. Und es klappte: Im letzten Moment ging er an Kim Kirchen vorbei, der bereits wie der sichere Sieger aussah. Stuart O'Grady blieb der dritte Platz.

Sekunden vor Casagrande. Jan Ullrichs Form hatte sich gegenüber jener während der Deutschland-Tour deutlich gesteigert. Er war maßgeblich daran beteiligt, dass der Ausreißer Peter Wuyts von einer Verfolgergruppe drei Kilometer vor dem Ziel doch noch eingeholt werden konnte. Der junge Belgier hatte während der 204 Kilometer langen Etappe zeitweise über 20 Minuten Vorsprung und führte auch noch auf dem Schlussanstieg nach Saas Fee.

Ungewöhnlich der Verlauf des vierten Tagesabschnitts: Sandy Casar und Filippo Simeoni hatten sich bereits kurz nach dem Start abgesetzt und gemeinsam den Nufenen überwunden. Mit über neun Minuten Vor-

Seinen zweiten Tageserfolg feierte Francesco Casagrande auf der fünften Etappe von Ascona nach La Punt. Damit löste er Winokurow in der Gesamtführung ab. Mit seiner aktiven Fahrweise sorgte der Italiener dafür, dass Paolo Bettini und Daniel Schnider als letzte Fahrer einer Ausreißergruppe eingeholt wurden. Am Ende lag er 37 Sekunden vor Winokurow.

---

19. 06. — Nyon–Saas Fee
3. ETAPPE 204
1. Cassagrande (Lampre), 5:10:38 Std.
🟡 Winokurow (Telekom), 13:36:29 Std.
549 KM

20. 06. — Visp – Losone
4. ETAPPE 168
1. Casar (FdJeux), 4:05:01 Std.
🟡 Winokurow (Telekom), 17:41:30 Std.
717 KM

21. 06. — Ascona–La Punt
5. ETAPPE 178
1. Casagrande (Lampre), 5:09:34 Std.
🟡 Casagrande (Lampre), 22:51:00 Std.
895 KM

22. 06. — Silva Plana
6. ETAPPE 135
1. Pereiro (Phonak), 3:39:40 Std.
🟡 Casagrande (Lampre), 26:31:57 Std.
1030 KM

23. 06. — Savognin-Oberst.
7. ETAPPE 231
1. Jakowlew (Telekom), 5:53:38 Std.
🟡 Casagrande (Lampre), 32:29:07 Std.
1261 KM

Tour de Suisse   2./3. Etappe

Winokurow, der Schweizer Meister Alexander Moos und Jan Ullrich am Albula-Pass.

Sieg

Alexander Winokurow

Nach der Aufgabe von Casagrande: Guerini hinter seinem Teamkollegen Winokurow auf Platz zwei.

Auf der folgenden Alpenetappe versäumte es Casagrande jedoch, seinen Vorsprung deutlicher auszubauen. Oscar Pereiro holte den Tagessieg und damit endlich eine Etappe für das Phonak Team, das sich im Verlauf der insgesamt enttäuschenden ersten Saisonhälfte wenigstens in der Heimat mehr erhofft hatte. Mit der siebten Etappe machte die Rundfahrt einen Abstecher nach Deutschland. Sergej Jakowlew vom Team Telekom gewann in Oberstaufen im Allgäu als Solist. Gerolsteiner Marcus Zberg kam mit einer Minute Rückstand als Zweiter vor Martin Derganc (Domina Vacanze) ins Ziel.

Die entscheidende achte Etappe, das Zeitfahren über 32,5 Kilometer, entschied der Australier Bradley McGee für sich. Jan Ullrich wurde Dritter hinter dem Gerolsteiner Zeitfahrspezialisten Uwe Peschel. Winokurow holte sich die Gesamtführung mit 15 Sekunden Vorsprung von Casagrande zurück, der zur abschließenden Etappe nicht mehr an den Start ging. Der Italiener fühlte sich kraftlos und beendete die Rundfahrt auf Anraten seines Mannschaftsarztes. Beim Tagessieg von Baden Cook blieb Winokurow Gesamtsieger vor seinem Teamkollegen Giuseppe Guerini. Jan Ullrich hatte im Hochgebirge und beim Zeitfahren gute Form gezeigt. Die beiden Freunde und ehemaligen Teamkollegen waren bestens vorbereitet auf die große Schleife durch Frankreich. Giuseppe Guerini machte sich aufgrund seines zweiten Gesamtplatzes berechtigte Hoffnungen, ebenfalls zum Telekom-Aufgebot für die Tour zu gehören. Die erfüllten sich jedoch nicht.

Oscar Pereiro sorgte für den einzigen Phonak-Erfolg. Etappensieg und Platz drei in der Gesamtwertung.

24. 06.	8. ETAPPE 33	Gossau–Gossau
1.	McGee (FdJeux), 42:20 Min.	
👕	Winokurow (Telekom), 33:33:17 Std.	1294 KM

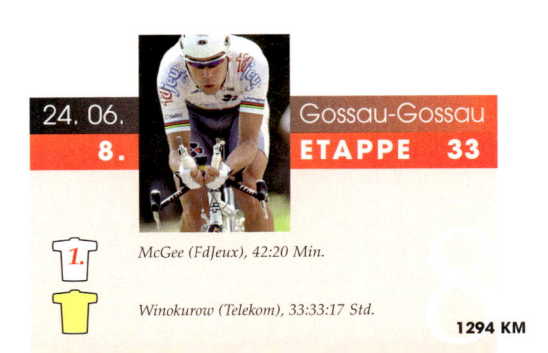

25. 06.	9. ETAPPE 152	Stäfa – Aarau
1.	Cooke (FdJeux), 3:25:41 Std.	
👕	Winokurow (Telekom), 36:38:58 Std.	1446 KM

67

8./9. Etappe Tour de Suisse

NATIONALE schweizer Meister

Daniel Schnider

Mit dem Sieg von Daniel Schnider bleibt der nationale Titel bei Phonak.

Die Saison verlief für die im Frühjahr so ambitioniert gestartete Phonak-Mannschaft denkbar enttäuschend. Doch bei den Straßenmeisterschaften in Ruggell kam niemand an den Phonak-Profis vorbei: Daniel Schnider wurde neuer Schweizer Meister vor seinen Teamkollegen Roger Beuchat und Niki Aebersold. Oscar Camenzind, bei Schniders Titelgewinn Vierter, sicherte sich den Titel des Schweizer Bergmeisters.

30 Kilometer vor dem Ziel hatten sich die vier Erstplatzierten abgesetzt. Markus Zberg machte sich auf die Verfolgung, doch gegen die Phonak-Mannschaftsarbeit konnte er nichts ausrichten.

Daniel Schnider, Jahrgang 1973, Profi seit 1996, ist ein kompletter Fahrer. Vor zwei Jahren war er bereits Dritter der Schweizer Meisterschaften. Dennoch stand er in den letzten Jahren im Schatten von Landsleuten wie Oscar Camenzind und Alex Zülle. In dieser Saison fuhr er mit vorderen Platzierungen bei zwei Etappen unter anderem auf den dritten Gesamtrang bei der Sachsen-Rundfahrt.

Nationaler MEISTER
29.06.2003 Schweiz

Daniel Schnyder (Phonak), 4:42:35 Std.
Roger Beuchat (Phonak), +51 Sek.
Niki Aebersold (Oktos), +1:02 Min.

Nationale Meisterschaften · Schweiz · 29. Juni 2003 — 188,8 KM

MEISTERSCHAFTEN deutscher Meister

Erik Zabel

Sprinter auf Abwegen: Erik Zabel beendet die Deutsche Meisterschaft als Solist.

Warum auf einen Sprint warten, wenn der Weg auch solo ins Ziel führt? Nach fünf Jahren hieß der deutsche Meister zum zweiten Mal Erik Zabel. Der fuhr 40 Kilometer allein vorne weg. Mit seinem Sieg setzte die Telekom-Mannschaft die beeindruckende Bilanz bei heimischen Titelkämpfen fort und stellte trotz stetig wachsender Konkurrenz bereits im elften Jahr in Folge im eigenen Lande den Sieger.

Jan Ullrich hatte auf eine Teilnahme verzichtet, Danilo Hondo konnte nach seinem schweren Sturz während der Deutschland-Tour mit gebrochenem Finger seinen Titel nicht verteidigen. Matthias Kessler musste wegen einer Erkältung ausgerechnet beim „Heimrennen" absagen, für Jörg Jaksche passte der Termin nicht in die Tour-de-France-Vorbereitungen. Ansonsten hatte sich im fränkischen Spalt die deutsche Radelite versammelt. Von Telekom neben Zabel dabei: Andreas Klöden und Stephan Schreck. Jens Heppner (Wiesenhof) gehörte zu den Geheimfavoriten. Chancenreich auch die Gerolsteiner Profis Fabian Wegmann, Michael Rich, Uwe Peschel und Udo Bölts sowie die für ausländische Teams startenden Jens Voigt (Crédit Agricole), Patrick Sinkewitz (Quick Step) und Jörg Ludewig (Saeco). Das Rennen ging über zwölf Runden mit zwei über zehnprozentigen Steigungen: ein selektiver Kurs! Drei Runden vor dem Ziel schloss Zabel auf die Ausreißer Stephan Schreck und Uwe Peschel auf. Fabian Wegmann und Patrick Sinkewitz versuchten, die Lücke zu schließen. Nach einer weiteren Runde fand Zabel sich allein wieder, die Gruppe hinter ihm ließ immer weiter abreißen. Zabel fuhr mit über einer Minute Vorsprung ins Trikot des deutschen Meisters, Sinkewitz und Wegmann folgten auf den Plätzen. Zwei Wochen zuvor war Gerolsteiner ein Dreifachtriumph bei den Titelkämpfen der Zeitfahrspezialisten im Badischen Reute gelungen. Deutscher Meister wurde auf der 40 Kilometer langen Strecke Michael Rich vor Uwe Peschel und Sebastian Lang.

Nationaler MEISTER Deutschland — 29.06.2003

1. Erik Zabel (Telekom), 4:49:41 Std.
2. Patrick Sinkewitz (Quick Step), +1:49 Min.
3. Fabian Wegmann (Gerolsteiner), +2:19 Min.

175 KM — 29. Juni 2003 · Deutschland — Nationale Meisterschaften

69

NATIONALE

Frankreich

Didier Rous

Auch in Frankreich kam der nationale Meister solo ins Ziel: Nach 75 Kilometer Alleinfahrt in Plumelec gewann Didier Rous seinen zweiten Titel innerhalb von drei Jahren und widmete ihn seinem verstorbenen Teamgefährten Fabrice Salanson. Rous und fünf seiner Mannschaftskollegen waren in der Führungsgruppe zahlenmäßig überlegen. Patrice Halgand und Laurent Lefèvre (Jean Delatour), gelang mit Richard Virenque (Quick Step), Benoît Salmon (Phonak), Andy Flickinger (AG2R), Sandy Casar (FdJeux.com) und Nicolas Jalabert (CSC) keine organisierte Zusammenarbeit. Virenque belegte Platz zwei vor Patrice Halgand.

Nationaler Meister 29.06.2003 — Frankreich

Didier Rous (Boulangère), 5:31:16 Std.
Richard Virenque (Quick Step) +33 sek.
Patrice Halgand (Jean Delatour) +58 sek.

222,4 KM

Spanien

Ruben Plaza

Nach einem Jahr verletzungsbedingter Rennpause holte sich Banesto-Profi Rubens Plaza in Madrid die spanische Meisterschaft nach rund 218 Rennkilometern. Das hektische Rennen mit Start in Alcobendas hatte hohes Tempo und war von zahlreichen Ausreißversuchen geprägt. Es gelang allerdings keiner Gruppe, einen erfolgversprechenden Vorsprung herauszufahren. Erst vier Kilometer vor dem Ziel konnten sich Plaza, der spätere Zweite Rafael Casero (Paternina) und Benjamin Noval (Relax-Fuenlabrada) absetzen. Mit knappem Vorsprung machten sie den Sprint unter sich aus.

Nationaler Meister 29.06.2003 — Spanien

Ruben Plaza (iBanesto.com), 4:47:12 Std.
Rafael Casero (Paternina) gleiche Zeit
Benjamin Noval (Relax), gleiche Zeit

217 KM

Italien

Paolo Bettini

Erstmals hieß der italienische Meister Paolo Bettini. Auf dem anspruchsvollen Kurs über 17 Runden von 14,2 Kilometer in Saltara fuhr er ein beeindruckendes Rennen. Dabei konnte er wie bei den Klassikern auf Luca Paolinis selbstlose Unterstützung bauen. Auf der schweren Strecke schenkten sich die Teilnehmer nichts und vereitelten bis zur letzten Runde kontinuierlich jeden Ausreißversuch. Drei Kilometer vor dem Ziel war das Feld geschlossen. So blieb es bis zum Schluss. Bettini sicherte sich den Sprintsieg, gefolgt von Filippo Pozzato und Salvatore Commesso. Auf den Start verzichtet hatten einige der größten italienischen Radstars: Simoni, Garzelli, Frigo und Casagrande.

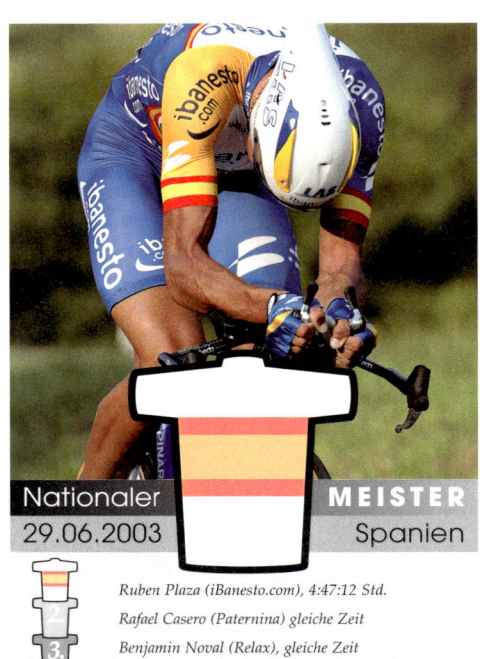

Nationaler Meister 29.06.2003 — Italien

Paolo Bettini (Quick Step), 6:06:35 Std.
Filippo Pozzato (Fassa Bortolo) gleiche Zeit
Salvatore Commesso (Saeco) gleiche Zeit

241 KM

MEISTERSCHAFTEN

Belgien

Geert Omloop

Palmans-Fahrer Geert Omloop hatte sich in den Wochen vor den Titelkämpfen intensiv auf das Rennen in Vilvoorde nahe Brüssel vorbereitet. Am Ende zahlten sich die Mühen aus: Er wurde neuer belgischer Meister der Straßenprofis. Zweiter wurde Jürgen Van Goolen vor Sven Vanthourenhout. Van Goolen hatte die entscheidende Schlussattacke eingeleitet. Auf dem relativ flachen Kurs über 248 Kilometer war eine Sprintankunft erwartet worden, weshalb im Vorfeld Tom Steels für einen vierten Titelgewinn hoch gehandelt worden war.

Geert Omloop (Palmans), 5:44:11 Std.
Jurgen Van Goolen (gleiche Zeit)
Sven Vanthourenhout (gleiche Zeit)

248 KM

Österreich

Georg Totschnig

Eine der schwierigsten Rennstrecken aller europäischen Meisterschaften mussten die österreichischen Profis in der Steiermark bewältigen. Der Gerolsteiner Georg Totschnig triumphierte am Ende der 175 Kilometer in Judendorf und wurde nach 1997 zum zweiten Mal österreichischer Staatsmeister. Vorjahressieger und Mannschaftskollege René Haselbacher wurde Zweiter vor Andreas Matzbacher. Totschnig hatte sich bereits auf der ersten von zehn Runden mit einer Gruppe abgesetzt und zwischenzeitlich einen Vorsprung von vier Minuten herausgefahren. Haselbacher konnte aus dem Feld zu seinem Teamkollegen aufschließen, ohne aber dessen Sieg zu gefährden.

Georg Totschnig (Gerolsteiner), 4:17:08 Std.
René Haselbacher (Gerolsteiner) gleiche Zeit
Andreas Matzbacher +17 Sek.

175 KM

Niederlande

Rudy Kemna

Am Ende der knappen Entscheidung schaute der Zweitplatzierte Stefan Van Dijk erst einmal zur Kontrolle aufs Zielfoto, gratulierte dem neuen niederländischen Meister Rudy Kemna. Einzig zwei Brücken galt es bei den niederländischen Straßenmeisterschaften zu überqueren: ansonsten Sprinterterrain. Am Ende brachten zahlreiche Attacken in der Schlussphase keiner Gruppe einen Vorteil, und es kam zum erwarteten Massensprint, in dem sich Bankgirolotterij-Profi Kemna gegen Titelverteidiger Stefan Van Dijk (Lotto) und Max Van Heswijk (US Postal) durchsetzte. Erneut konnte die über viele Jahre überlegene Rabobank-Equipe nicht überzeugen.

Rudi Kemna (Bankgiroloteri), 4:40:34 Std.
Stefan van Dijk (gleiche Zeit)
Max van Heeswijk (gleiche Zeit)

216 KM

71

29. Juni 2003 · Belgien/Österreich/Niederlande — Nationale Meisterschaften

TOUR
die heiße Schlacht..

Armstrong ließ sich nicht ablenken, verfolgte sein Saisonziel: fünfter Tour-Sieg in Folge!

72

Frankreich 5. – 27. Juli 2003

DE FRANCE
..oder t(w)o „take-five"

Jan Ullrich

Lance Armstrong

Zum 100. Geburtstag der Tour de France sollte Fahrern und Publikum etwas ganz Besonderes geboten werden. Als „Eckpfeiler" hatte die Organisation um Tour-Direktor Jean-Marie Leblanc die Städte Lyon, Marseille, Toulouse, Bordeaux, Nantes und natürlich Paris auserkoren. Nicht ohne Grund, denn diese sechs Großstädte waren schon vor einhundert Jahren Etappenorte. Andere Stationen wie Charleville-Mézières, Morzin, Sallanches, L´Alpe d'Huez, Narbonne und Luz Ardiden hatten in der Geschichte der Tour oder des französischen Radsports gleichfalls eine wichtige Rolle gespielt und sollten diese deshalb auch 2003 übernehmen.

Zwei mal die Fünf: Ullrich fünf mal Zweiter, Armstrong zum fünften mal als Sieger.

100 Jahre Tour de France
Alle 20 Etappen im Überblick.

Legende:
- Start
- Etappenstart (Nr)
- Etappenziel (Nr)
- Ziel- u. Startort
- Ruhetag
- Mannschaftszeitfahren
- Einzelzeitfahren
- Parcours
- Transfer

PARIS Champs-Elysées — Meaux — Charleville-Mézières — Sedan — Ville d'Avray — Saint-Denis — La Ferté-sous-Jouarre — Saint-Dizier (3,4) — prolog — Troyes — Joinville — Nantes — Pornic — Saint-Maixent-l'Ecole — Nevers — FRANKREICH — Morzine — Lyon — Sallanches — Bordeaux — L'Alpe d'Huez — Le Bourg-d'Oisans — Dax — Cap' Découverte — Gap — Bayonne — Gaillac — Pau — Saint-Girons — Toulouse (11,13) — Marseille — Bagnères-de-Bigorre — Luz-Ardiden — Loudenvielle — Ax-Bonascre — Narbonne

73

5. – 27. Juli 2003 — Frankreich

acht hundertstel
Bradley McGee

Zwei Einzel-, ein Mannschaftszeitfahren, drei Bergankünfte und 22 Pässe der 2., 1. und höchsten Kategorie sorgten schon auf dem Papier für einen spannenden Verlauf.

Wie das Feld um Sieger Maurice Garin im Jahr 1903, so wurden auch die Fahrer der 90. Tour de France am Café Réveil-Matin in Montgeron, einem Vorort im Osten von Paris, auf die erste Etappe geschickt. Im Konfettiregen leuchtete das gelbe Trikot von Bradley McGee.

Sekundenpoker unterm Eifelturm: Bradley McGee gewinnt Gelb vor David Millar.

IN PARIS
PROLOG: 6,5 KM
5. JULI 2003 (EZF)

Die Jubiläums-Tour sollte schließlich eine rein französische Angelegenheit werden; Abstecher ins benachbarte Ausland fielen aus. In den Alpen und Pyrenäen stellten sich dafür den Fahrern wie seit fast einhundert Jahren der Col du Galibier, Col d'Izoard, Col d'Aspin und Col du Tourmalet in den Weg. Waren es allerdings 1903 „nur" 2500 Kilometer, mussten in diesem Jahr 3300 Kilometer bewältigt werden.

Sensationeller Auftakt für Brad McGee. Trotz eines Reifendefektes gewann der Australier den Prolog in Paris. Um nur acht Hundertstel distanzierte er David Millar, der sich noch wenige Meter vor dem Ziel auf Siegkurs befunden hatte, ehe ihm die Kette heruntersprang. Starker Auftakt auch für Jan Ullrich, der mit nur zwei Sekunden Rückstand auf den vierten Platz fuhr.

1.
1. McGee (FdJeux), 7:26 Min.
2. Millar (Cofidis), + 0,8 Sek.
3. Zubeldia (Euskaltel), + 2 Sek.

🟡
1. McGee (FDJeux), 7:26 Min.
2. Millar (Cofidis), + 0,8 Sek.
3. Zubeldia (Euskaltel), + 2 Sek.

🟢
1. McGee (FdJeux.com), 15 Punkte
2. Millar (Cofidis), 12 Punkte
3. Zubeldia (Euskaltel), 10 Punkte

🔴 (ohne Wertung)

Jan Ullrich überzeugte und überraschte im Prolog. Der Wahl-Schweizer verlor nur zwei Sekunden.

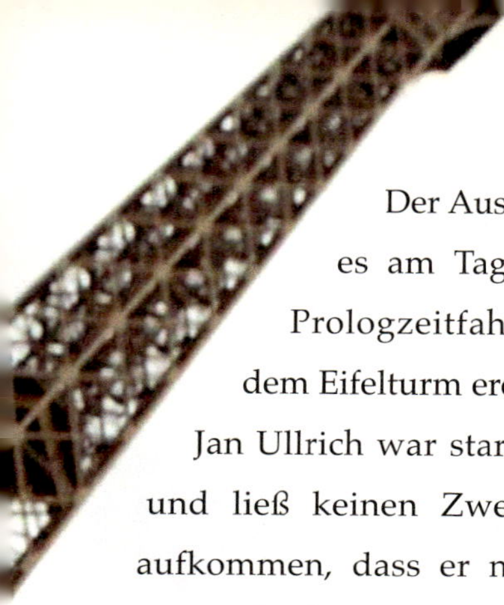

Der Australier hatte es am Tag zuvor im Prologzeitfahren unter dem Eifelturm erobert. Auch Jan Ullrich war stark gefahren und ließ keinen Zweifel daran aufkommen, dass er nach seiner zwangsbedingten Pause wegen Krankheit und Dopingsperre zu seinem alten Leistungsvermögen zurückgefunden hat. Der mehrfache Weltmeister wurde Vierter und distanzierte sogar Favorit Armstrong um fünf Sekunden.

Olaf Pollack erreicht in Meaux nach einem Massensturz zu Fuß das Ziel.

Sprintankünfte gehören zur ersten Tour-Woche wie das Salz in die Suppe. In Meaux musste Olaf Pollack bei seiner Premiere feststellen, dass die Tour nicht eben ein Zuckerschlecken ist. Ganz im Gegenteil: „Hier geht es wohl um Leben und Tod", meinte der Gerolsteiner, nachdem er 500 Meter vor dem Ziel in einem Massensturz verwickelt worden war. Doch während Pollack mit einem blauen Auge davonkam, war für Marc Lotz und Levi Leipheimer (Rabobank) die Rundfahrt verletzungsbedingt schon zu Ende. Tyler Hamilton, der wie sein Landsmann Leipheimer zum Kreis der Favoriten zählte, konnte danach zwar weiterfahren, hatte aber einen Haarriss im Schlüsselbein und dadurch erhebliche Nachteile.

Schon im Ziel der ersten Etappe ließ Alessandro Petacchi erkennen, dass er ein ebenbürtiger Ersatz für seinen Landsmann Mario Cipollini war, dessen Team keine Wildcard für einen Start erhalten hatte.

Mit Baden Cook setzte sich im Ziel der zweiten Etappen in Sedan ein Sprinter der neuen Generation durch. Neben Stürzen sorgten vor allem Frédéric Finot und Lilian Jégou für Aufsehen. Die beiden Franzosen lagen über 200 Kilometer an der Spitze, bis sie vom rasenden Feld eingeholt wurden.

Einen Tag vor dem Mannschaftszeitfahren in Saint-Dizier deklassierte Petacchi ebendort erneut alles, was Rang und Namen hat. Dieses Mal gehörte René Haselbacher von Gerolsteiner zu den Sturzopfern. Der Österreicher quälte sich mit Verletzungen bis in die Pyrenäen, wo er die Tour-Karawane schließlich zermürbt verließ.

SAINT-DENIS – MEAUX
1. ETAPPE: 168 KM
6. JULI 2003

Wenn es zu einem Massensprint kommt, führt kein Weg an Alessandro Petacchi vorbei. Der Italiener war auch zum Auftakt der Jubiläumsrundfahrt nicht zu bremsen. In einem packenden Schlusssprint ließ er dem Australier Robbie McEwen und Erik Zabel keine Chance. Auch in diesem Jahr ging es nicht ohne einen Massensturz. Darin verwickelt: Hamilton und Leipheimer.

1.
1. Petacchi (Fassa Bortolo), 3:44:33 Std.
2. McEwen (Lotto-Domo), zeitgleich
3. Zabel (Telekom), zeitgleich

1. McGee (FdJeux.com), 3:51:55 Min.
2. Millar (Cofidis), + 4 Sek.
3. Zubeldia (Euskaltel), + 6 Sek.

1. McEwen (Lotto-Domo), 36 Punkte
2. Petacchi (Fassa Bortolo), 35 Punkte
3. Zabel (Telekom), 26 Punkte

1. Mengin (FdJeux.com), 13 Punkte
2. Bénéteau (Boulangère), 9 Punkte
3. Flickinger (AG2R), 5 Punkte

174,5 KM

LA FERTÉ-SOUS-JOUARRE – SEDAN
2. ETAPPE: 204,5 KM
7. JULI 2003

Der Tag der Australier: Erstmals sicherte sich Baden Cooke einen Etappensieg bei der Tour de France. Im Sprint ließ er Jean-Patrick Nazon und den Esten Jaan Kirsipuu (AG2R) hinter sich. Gleichzeitig verteidigte sein Teamkollege Brad McGee die Führung in der Gesamtwertung. Pechvogel des Tages war Frédéric Finot, der nach einer 200 Kilometer langen Flucht noch vor dem Zielstrich gestellt wurde.

1.
1. Cooke (FdJeux.com), 5:06:33 Std.
2. Nazon (Jean Delatour), zeitgleich
3. Kirsipuu (AG2R), zeitgleich

1. McGee (FdJeux.com), 8:58:28 Min.
2. Millar (Cofidis), + 4 Sek.
3. Cooke (FdJeux.com), + 4 Sek.

1. McEwen (Lotto-Domo), 58 Punkte
2. Cooke (Fassa Bortolo), 57 Punkte
3. Zabel (Telekom), 50 Punkte

1. Mengin (FdJeux.com), 14 Punkte
2. Bénéteau (Boulangère), 10 Punkte
3. Finot (Jean Delatour), 8 Punkte

379 KM

CHARLEVILLE – SAINT-DIZIER
3. ETAPPE: 167,5 KM
8. JULI 2003

Auch auf dem dritten Abschnitt war der Italiener im Trikot von Fassa Bortolo nicht zu bezwingen. Diese Erfahrungen mussten diesmal die beiden Ex-Weltmeister Romans Vainsteins (Vini Caldirola) und Oscar Freire (Rabobank) machen. Hinter diesem Trio blieb für Erik Zabel nur Platz vier. Der Österreicher René Haselbacher (Gerolsteiner) wurde im Zielsprint in einen Sturz verwickelt.

1.
1. Petacchi (Fassa Bortolo), 3:27:39 Std.
2. Vainsteins (Vini Caldirola), zeitgleich
3. Freire (Rabobank), zeitgleich

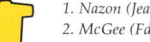

1. Nazon (Jean Delatour), 12:25:59 Std.
2. McGee (FdJeux.com), + 8 Sek.
3. Millar (Cofidis), + 12 Sek.

1. McEwen (Lotto-Domo), 86 Punkte
2. Zabel (Telekom), 74 Punkte
3. Petacchi (Fassa Bortolo), 72 Punkte

1. Mengin (FdJeux.com), 15 Punkte
2. Bénéteau (Boulangère), 10 Punkte
3. Finot (Jean Delatour), 8 Punkte

546,5 KM

us perfect

Victor-Hugo Peña
US Postal

US Postal gewinnt das Zeitfahren, Victor-Hugo Peña holt sich als erster Kolumbianer das gelbe Trikot.

JOINVILLE – SAINT DIZIER
4. ETAPPE: 69 KM
09. JULI 2003 (MZF)

Erster Erfolg für das Team US Postal beim Mannschaftszeitfahren. Lance Armstrongs Teamgefährte Victor-Hugo Peña durfte das begehrte Maillot jaune überstreifen. Starker Auftritt für das Team Bianchi: Platz drei für Jan Ullrich & Co., während das Team Gerolsteiner mit Zeitfahr-Vizeweltmeister Michael Rich bei der Frankreich-Premiere deutlich unter Wert geschlagen wurde.

1. 1. US Postal, 1:18:27 Std.
   2. Once, + 30 Sek.
   3. Bianchi, + 43 Sek.

1. Peña (US Postal), 13:44:44 Std.
2. Armstrong (US Postal), + 1 Sek.
3. Ekimow (US Postal), + 5 Sek.

1. McEwen (Lotto-Domo), 86 Punkte
2. Zabel (Telekom), 74 Punkte
3. Petacchi (Fassa Bortolo), 72 Punkte

1. Mengin (FdJeux.com), 15 Punkte
2. Bénéteau (Boulangère), 10 Punkte
3. Finot (Jean Delatour), 8 Punkte

Dann wartete die erste Bewährungsprobe auf die Teams: kollektiver Kampf gegen die Uhr für alle 22 Mannschaften. „Das Team ist stark wie nie zuvor", hatte Armstrong immer wieder im Vorfeld der Tour gesagt. Nach 69 Kilometern präsentierte er seinen Gegnern jetzt die Rechnung: Sieg für US Postal mit einer halben Minute Vorsprung auf Once, 43 Sekunden auf ein überraschend starkes Bianchi-Team mit Jan Ullrich und 1:30 Minuten auf Telekom als Sechsten. Victor-Hugo Peña übernahm als Bestplatzierter des amerikanischen Teams die Gesamtführung und sorgt damit gleich für ein Novum in der hundertjährigen Geschichte: erster Kolumbianer im gelben Trikot! Dem sympathischen Helfer war jedoch klar, dass seine Tage in Gelb gezählt waren: Chef im Team war Armstrong, der seine 5. Tour gewinnen wollte, und er musste ihn dabei unterstützen.

Die extreme Hitze in diesem Juli machte vielen Tour-Teilnehmern zu schaffen. Neben Michael Rich und

3 & 4 no.

Alessandro Petacchi

Die Squadra Bianchi in Reih und Glied.

Niemand vermisste Cipollini: Petacchi war ein würdiger Vetreter des Weltmeisters.

Olaf Pollack (Gerolsteiner) hatten auch die Fassa-Bortolo-Profis Sven Montgomery, Wolodimir Gustow und Alessandro Petacchi das Rennen wegen der zu hohen Temperaturen beendet. Petacchi ging aber immerhin nicht sang- und klanglos, sondern verabschiedete sich mit seinem dritten Sieg in Nevers und tags darauf mit seinem vierten in Lyon.

TROYES – NEVERS
5. ETAPPE: 196,5 KM
10. JULI 2003

Kein Weg führt an Alessandro Petacchi vorbei. Auf dem 196,5 Kilometer langen Abschnitt zwischen Troyes und Nevers zeigte der Italiener der Konkurrenz erneut sein Hinterrad, und wieder hatten Jaan Kirsipuu und Baden Cooke das Nachsehen. Erik Zabel blieb zum dritten Mal nur der undankbare vierte Platz. Robbie McEwen (Lotto-Domo) bleibt weiterhin im grünen Trikot des Sprintbesten.

1.
1. Petacchi (Fassa Bortolo), 4:09:47 Std.
2. Kirsipuu (AG2R), zeitgleich
3. Cooke (FdJeux.com), zeitgleich

1. Peña (US Postal), 17:54:31 Std.
2. Armstrong (US Postal), + 1 Sek.
3. Ekimow (US Postal), + 5 Sek.

1. McEwen (Lotto-Domo), 108 Punkte
2. Petacchi (Fassa Bortolo), 107 Punkte
3. Zabel (Telekom), 98 Punkte

1. Finot (Jean Delatour), 18 Punkte
2. Mengin (FdJeux.com), 15 Punkte
3. Bénéteau (Boulangère), 10 Punkte

812 KM

NEVERS – LYON
6. ETAPPE: 230 KM
11. JULI 2003

Auch auf dem letzten Abschnitt vor den Alpen schlug Petacchi zu. Nicht genug: Mit dem vierten Etappensieg übernahm der neue Sprinterstar das grüne Trikot des Punktbesten. Dabei profitierte er vom Sturz seiner Konkurrenten McEwen und Zabel, die kurz vor dem Ziel stürzten. Pech auch für Anthony Geslin und Stuart O'Grady, die wenige Meter vor dem Ziel eingeholt wurden.

1.
1. Petacchi (Fassa Bortolo), 5:08:35 Std.
2. Cooke (FdJeux.com), zeitgleich
3. Guidi (Bianchi), zeitgleich

1. Peña (US Postal), 23:03:06 Std.
2. Armstrong (US Postal), + 1 Sek.
3. Ekimow (US Postal), + 5 Sek.

1. Petacchi (Fassa Bortolo), 144 Punkte
2. Cooke (FdJeux.com), 118 Punkte
3. McEwen (Lotto-Domo), 110 Punkte

1. Mengin (FdJeux.com), 20 Punkte
2. Finot (Jean Delatour), 18 Punkte
3. Geslin (Boulangère), 15 Punkte

1042 KM

die alpen—
berge teil 1

Richard Virenque

Virenque und Teamkollege Bettini auf dem Weg nach Morzine.

Vortag Tribut zollen und verlor es auf dem Weg nach L'Alpe d'Huez.

Wie immer fuhr Lance Armstrong auch an diesem Tag ein kontrolliertes Rennen. Selbst durch die Angriffe von Iban Mayo und Alexander Winokurow ließ er sich nicht aus der Ruhe bringen. Ein dritter Etappenplatz genügte dem Amerikaner am Ende, um in dem Wintersportort die Gesamtführung zu übernehmen. Jan Ullrich verlor auf der schweren Etappe mit der Überquerung des Col du Télégraph und des Col du Galibier nur 1:24 Minuten auf den Titelverteidiger.

Vergebens hatte die Grande Nation bisher auf einen französischen Tageserfolg gewartet. Doch Richard Virenque ließ seine Fans wie schon so oft nicht im Stich. Als Ausreißer gewann er die erste Bergetappe, mit 230 Kilometern gleichzeitig die längste, von Lyon nach Morzine. Dabei machte ihm allerdings Rolf Aldag durch ständige Angriffe den Sieg schwer. Der 32-jährige Virenque holte sich außerdem Gelb und führte von nun an in der Bergwertung. Die Magie des gelben Trikots, das er nach 12 Jahren zum ersten Mal wieder trug, wirkte jedoch nicht lange. Schon einen Tag später musste der 5fache Etappensieger dem hohen Kraftaufwand am

LYON – MORZINE
7. ETAPPE: 230,5 KM
12. JULI 2003 (BERG)

Großer Tag für Telekom-Profi Rolf Aldag, der über weite Strecken zu einer Spitzengruppe gehörte. Im Skiort Morzine war nur der kletterstarke Richard Virenque vor ihm. Der Franzose sicherte sich neben dem Etappensieg und der Bergwertung auch die Führung im Gesamtklassement. Petacchi stieg dagegen vorzeitig vom Rad. Neuer Mann im grünen Trikot: Baden Cooke.

1.
1. Virenque (Quick Step), 6:06:03 Std.
2. Aldag (Telekom), + 2:29 Min.
3. Chavanel (Boulangère), + 3:45 Min.

1. Virenque (Quick Step), 29:10:39 Std.
2. Armstrong (US Postal), + 2:37 Min.
3. Aldag (Telekom), + 2:48 Min.

1. Cooke (FdJeux.com), 118 Punkte
2. McEwen (Lotto-Domo), 110 Punkte
3. Hushovd (Crédit Agricole), 100 Punkte

1. Virenque (Quick Step), 78 Punkte
2. Aldag (Telekom), 61 Punkte
3. Poilvet (Crédit Agricole), 51 Punkte

1272,5 KM

SALLANCHES – ALPE D'HUEZ
8. ETAPPE: 219 KM
13. JULI 2003 (BERG)

BERGANKUNFT

Der erste Etappensieg bei der Jubiläumstour blieb Lance Armstrong zwar noch verwehrt, aber der dritte Platz in L'Alpe D'Huez reichte zur Übernahme der Führung im Gesamtklassement. Den Tagessieg holte sich dank einer beherzten Attacke sieben Kilometer vor dem Ziel der Baske Iban Mayo, der im Finish Alexander Winokurow und Lance Armstrong keine Chance ließ.

1.
1. Mayo (Euskaltel), 5:57:30 Std.
2. Winokurow (Telekom), + 1:45 Min.
3. Armstrong (US Postal), + 2,12 Min.

1. Armstrong (US Postal), 35:12:50 Std.
2. Beloki (Once), + 40 Sek.
3. Mayo (Euskaltel), + 1:10 Min.

1. Cooke (FdJeux.com), 120 Punkte
2. McEwen (Lotto-Domo), 110 Punkte
3. Hushovd (Crédit Agricole), 104 Punkte

1. Virenque (Quick Step), 134 Punkte
2. Armstrong (US Postal), 63 Punkte
3. Mancebo (iBanesto.com), 61 Punkte

1491,5 KM

Drama vor fantastischer Alpenkulisse: Beloki stürzt (oben), Armstrong legt eine Cross-einlage hin (Mitte), Winokurow attackiert vorher (unten).

Alexander Winokurow

Damit wahrte er alle Chancen auf eine gute Endplatzierung. Wie erst später bekannt wurde, litt er an einer fiebrigen Erkrankung.

Schon oft hatte die Tour die Ambitionen von Fahrern wie Seifenblasen zerplatzen lassen. In der heißen Mittagssonne des französischen Nationalfeiertags war es diesmal Joseba Beloki, der bittere Bekanntschaft mit der Realität machte. Bis wenige Kilometer vor dem Ziel führte er, doch Temperatur, ständiger Richtungswechsel auf schmalen Straßen und hohes Tempo ließen ihn einen Fahrfehler begehen, den er mit einem schweren Sturz bezahlte. In einer kurvenreichen Abfahrt rutschte sein Hinterrad weg. Mit Knochenbrüchen wurde er ins Krankenhaus eingeliefert. Armstrong konnte dem Sturz nur durch eine Cross-Einlage entgehen. Winokurows Siegesfreude im Etappenziel Gap fiel verhalten aus, denn wer gewinnt schon gerne unter solchen Umständen?

Ausgangs der Alpen – der Weg führte über Marseille, Narbonne und Toulouse in Richtung Pyrenäen – konnten Jakob Piil (Dänemark) und der Spanier Juan-Antonio Flecha ihre Chance in Ausreißergruppen nutzen und sicherten sich die Etappensiege zwischen dem Ruhetag und dem ersten schweren Zeitfahren.

BOURG-D'OISANS – GAP
9. ETAPPE: 184,5 KM
14. JULI 2003 (BERG)

Trotz zahlreicher Offensiven an der Spitze ging Once-Kapitän Joseba Beloki leer aus. Auf der Abfahrt nach Gap stürzte der Baske schwer und musste seine Ambitionen auf den Tour-Sieg begraben. Pech auch für Jörg Jaksche (Once): Er gehörte zu einer sechsköpfigen Spitzengruppe, die am letzten Anstieg gestellt wurde. Nur Winokurow gelang schließlich die Flucht – und damit der Etappensieg.

1.
1. Winokurow (Telekom), 5:02:00 Std.
2. Bettini (Quick Step), + 36 Sek.
3. Mayo (Euskaltel), zeitgleich

Gelb
1. Armstrong (US Postal), 40:15:26 Std.
2. Winokurow (Telekom), + 21 Sek.
3. Mayo (Euskaltel), + 1:02 Min.

Grün
1. Cooke (FdJeux.com), 120 Punkte
2. McEwen (Lotto-Domo), 110 Punkte
3. Hushovd (Crédit Agricole), 104 Punkte

Gepunktet
1. Virenque (Quick Step), 135 Punkte
2. Jaksche (Once), 75 Punkte
3. Armstrong (US Postal), 74 Punkte

1676 KM

GAP – MARSEILLE
10. ETAPPE: 220,5 KM
15. JULI 2003 (HÜGEL)

Der letzte Abschnitt vor dem Ruhetag gehörte den Ausreißern. Jakob Piil hatte nach 16 Kilometern mit weiteren acht Ausreißern die Flucht ergriffen. In einem Zentimeter-Finish verwies er Fabio Sacchi (Saeco), der bis zum Ende das hohe Tempo des Dänen mitgehen konnte, auf Platz zwei. Das Hauptfeld erreichte mit einem Rückstand von über 21 Minuten das Ziel.

1.
1. Piil (CSC), 5:09:33 Std.
2. Sacchi (Saeco), zeitgleich
3. De Groot (Rabobank), + 49 Sek.

Gelb
1. Armstrong (US Postal), 45:46:22 Std.
2. Winokurow (Telekom), + 21 Sek.
3. Mayo (Euskaltel), + 1:02 Min.

Grün
1. Cooke (FdJeux.com), 140 Punkte
2. McEwen (Lotto-Domo), 131 Punkte
3. Zabel (Telekom), 112 Punkte

Gepunktet
1. Virenque (Quick Step), 135 Punkte
2. Jaksche (Once), 75 Punkte
3. Armstrong (US Postal), 74 Punkte

1896,5 KM

NARBONNE – TOULOUSE
11. ETAPPE: 153,5 KM
17. JULI 2003 (HÜGEL)

Rabenschwarzer Tag für Jens Voigt und Tobias Steinhauser (Bianchi). Gesundheitlich angeschlagen, gaben sie auf. Der Tag gehörte einer achtköpfigen Fluchtgruppe, in der der Spanier Juan-Antonio Flecha (Banesto) mit einem starken Antritt auf den letzten Metern noch Bram de Groot (Rabobank) und Isidro Nozal (Once) auf die Plätze verwies.

1.
1. Flecha (iBanesto.com), 3:29:33 Std.
2. De Groot (Rabobank), + 4 Sek.
3. Nozal (Once), zeitgleich

Gelb
1. Armstrong (US Postal), 49:16:37 Std.
2. Winokurow (Telekom), + 21 Sek.
3. Mayo (Euskaltel), + 1:02 Min.

Grün
1. Cooke (FdJeux.com), 156 Punkte
2. McEwen (Lotto-Domo), 148 Punkte
3. Zabel (Telekom), 126 Punkte

Gepunktet
1. Virenque (Quick Step), 135 Punkte
2. Jaksche (Once), 75 Punkte
3. Armstrong (US Postal), 74 Punkte

2050 KM

gala ritt..
....Jan Ullrich

Das Contre-la-Montre in der Gluthitze von Cap' Découverte dominiert Jan Ullrich derart, dass selbst der zweifache Weltmeister in dieser Disziplin es nicht für möglich gehalten hätte. Mit 1:36 Minuten Vorsprung hatte er den US-Amerikaner deklassiert. „Jetzt fängt die Tour erst richtig an", prophezeite Ullrich. Armstrong rangierte mit nur 34 Sekunden Vorsprung auf Ullrich weiterhin auf Platz eins und behielt seinen bekannten Optimismus bei.

Jan Ullrich konnte seinen Erfolg beim Zeitfahren in Cap' Découverte selbst kaum fassen.

GAILLAC – CAP'DÉCOUVERTE
12. ETAPPE: 47 KM
18. JULI 2003 (EZF)

Riesenjubel um Jan Ullrich. Beim Kampf gegen die Uhr, seiner Paradedisziplin, ließ der 29-Jährige nichts anbrennen und verwies Lance Armstrong um 1:36 Minuten auf den zweiten Platz. Damit rückte er bis auf 34 Sekunden an seinen großen Konkurrenten im Gesamtklassement heran. Alexander Winokurow, Dritter im Zeitfahren, war nun auch Dritter in der Gesamtwertung.

1.
1. Ullrich (Bianchi), 58:32 Min.
2. Armstrong (US Postal), + 1:36 Min.
3. Winokurow (Telekom), + 2:06 Min.

1. Armstrong (US Postal), 50:16:45 Std.
2. Ullrich (Bianchi), + 34 Sek.
3. Winokurow (Telekom), + 51 Sek.

1. Cooke (FdJeux.com), 156 Punkte
2. McEwen (Lotto-Domo), 148 Punkte
3. Zabel (Telekom), 126 Punkte

1. Virenque (Quick Step), 135 Punkte
2. Jaksche (ONCE), 75 Punkte
3. Armstrong (US Postal), 74 Punkte

2097 KM

die pyrenäen – berge teil 2

Carlos Sastre

Carlos Sastre (CSC) gewann die zweite Bergankunft vor Jan Ullrich.

Carlos Sastre sorgt einen Tag später in Ax-3 Domaines für den zweiten Sieg der dänischen Mannschaft CSC. Doch dies war zur Nebensächlichkeit geworden, denn Ullrich rückt bei dieser zweiten Bergankunft nochmals um sieben Sekunden näher an Armstrong heran. Auf der Etappe nach Loudenvielle kann Winokurow am letzten Anstieg entkommen und sichert sich nochmals wertvolle Sekunden gegenüber Lance Armstrong, Jan Ullrich und Tyler Hamilton.

Gilberto Simoni, der Schweizer Laurent Dufaux und Richard Virenque haben aufgrund ihres großen Rückstands inzwischen mit dem Ausgang der Tour nichts mehr zu tun. Alles konzentriert sich jetzt auf den Dreikampf Armstrong, Ullrich und Winokurow.

BERGANKUNFT

TOULOUSE – AX-3 DOMAINES
13. ETAPPE: 197,5 KM
19. JULI 2003 (BERG)

Der Tag des Carlos Sastre (CSC). Als einziger Fahrer einer dreiköpfigen Spitzengruppe wurde der Spanier nicht eingeholt und erreichte so die in 1372 Meter liegende Skistation Ax als Erster. Jan Ullrich zeigte sich weiterhin angriffslustig. Zwei Kilometer vor dem Ziel attackierte er und verkürzte den Rückstand im Gesamtklassement gegenüber Lance Armstrong auf 15 Sekunden.

1.
1. Sastre (CSC), 5:16:08 Std.
2. Ullrich (Bianchi), + 1:01 Min.
3. Zubeldia (Euskaltel), + 1:03 Min.

1. Armstrong (US Postal), 55:34:01 Std.
2. Ullrich (Bianchi), + 15 Sek.
3. Winokurow (Telekom), + 1:01 Min.

1. Cooke (FdJeux.com), 156 Punkte
2. McEwen (Lotto-Domo), 148 Punkte
3. Hushovd (Crédit Agricole), 132 Punkte

1. Virenque (Quick Step), 149 Punkte
2. Armstrong (US Postal), 92 Punkte
3. Mercado (iBanesto.com), 77 Punkte

2294,5 KM

SAINT-GIRONS – LOUDENVIELLE
14. ETAPPE: 191,5 KM
20. JULI 2003

Trotz seiner anfänglich schwachen Vorstellung durfte Gilberto Simoni jubeln. Auf dem Abschnitt nach Loudenville hatte der kleine Italiener nach zahlreichen Anstiegen in den Pyrenäen im Finish die schnellsten Beine. Laurent Dufaux und Richard Virenque folgten zeitgleich ins Ziel. Während Armstrong und Ullrich mit dem Hauptfeld das Ziel erreichten, konnte Winokurow 43 Sekunden gutmachen.

1.
1. Simoni (Saeco), 5:31:52 Std.
2. Dufaux (Alessio), zeitgleich
3. Virenque (Quick Step), zeitgleich

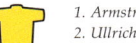

1. Armstrong (US Postal), 61:07:17 Std.
2. Ullrich (Bianchi), + 15 Sek.
3. Winokurow (Telekom), + 18 Sek.

1. Cooke (FdJeux.com), 156 Punkte
2. McEwen (Lotto-Domo), 148 Punkte
3. Hushovd (Crédit Agricole), 132 Punkte

1. Virenque (Quick Step), 300 Punkte
2. Dufaux (Alessio), 163 Punkte
3. Bettini (Quick Step), 98 Punkte

2486 KM

Gilberto Simoni freut sich über seinen Etappensieg.

13. Etappe 14. Etappe

adrenalin sturz

Lance Armstrong

Der Sturz, der in die Geschichte einging. Armstrong reißt Mayo zu Boden, Ullrich kann ausweichen.

„Lance, wenn du die Tour gewinnen willst, dann jetzt", soll Armstrong im Ziel der 15. Etappe gesagt haben. Es müssen wohl solche Motivationskünste gewesen sein, die dem vierfachen Toursieger nach seinem Sturz aufs Rad verhalfen und ihn hinauf nach Luz Ardiden puschten.

Wenige Kilometer unterhalb der Ziellinie hatte sich der Lenker von Armstrong bei einem Zuschauer verfangen, er war gestürzt und hatte Iban Mayo mitgerissen. Innerhalb von wenigen Sekunden saß der 31-Jährige wieder auf dem Rad, fuhr zur Spitzengruppe mit Jan Ullrich auf, attackierte und vergrößerte mit dem Etappensieg sogar noch seinen Vorsprung gegenüber dem Wahl-Schweizer im Gesamtklassement.

BERGANKUNFT
BAGNÈRES-DE BIGORRE – LUZ-ARDIDEN
15. ETAPPE: 159,5 KM
21. JULI 2003 (BERG)

Tour-Drama pur! Immer wieder Attacken von Ullrich und Mayo, die Armstrong erfolgreich pariert. Am letzten Anstieg stürzte der vierfache Triumphator. Die Konkurrenten warteten auf Armstrong, der dann aber allen davonfuhr. 40 Sekunden vor Mayo und Ullrich erreichte er das Ziel. Nur mit einem klaren Sieg beim letzten Zeitfahren würde Ullrich noch auf den Thron steigen können.

1.
1. Armstrong (US Postal), 4:29:26 Std.
2. Mayo (Euskaltel), + 40 Sek.
3. Ullrich (Bianchi), zeitgleich

1. Armstrong (US Postal), 65:36:23 Std.
2. Ullrich (Bianchi), + 1:07 Min.
3. Winokurow (Telekom), + 2:45 Min.

1. Cooke (FdJeux.com), 156 Punkte
2. McEwen (Lotto-Domo), 148 Punkte
3. Hushovd (Crédit Agricole), 134 Punkte

1. Virenque (Quick Step), 318 Punkte
2. Dufaux (Alessio), 177 Punkte
3. Armstrong (US Postal), 167 Punkte

2645,5 KM

Dritter Erfolg für CSC: Hamilton auf dem Weg nach Bayonne.

Tyler Hamilton

Neben Servais Knaven aus den Niederlanden und Pablo Lastras aus Spanien zollten die Zuschauer auf der nächsten Etappen vor allem einem Respekt: Sieger Tyler Hamilton. Trotz seiner Verletzung und der damit verbundenen Schmerzen gewann der US-Bürger in Bayonne nach einer Solofahrt über 135 Kilometer den Abschnitt ausgangs der Pyrenäen. Im restlichen Fahrerfeld passierte nichts, daher gab es keine Veränderung in der Gesamtwertung. Die Favoriten schonten sich für das abschließende Zeitfahren.

PAU – BAYONNE
16. ETAPPE: 197,5 KM
23. JULI 2003 (BERG)

Hut ab vor Tyler Hamilton! Der US-Amerikaner, der sich nach einem Massensturz mit einem „angebrochenen Schlüsselbein" durch die Tour quält, sorgte mit einer 95 Kilometer langen Soloflucht für einen weiteren Etappenerfolg der CSC-Truppe. Mit einem Rückstand von fast zwei Minuten führte Erik Zabel die Verfolger ins Ziel und holte sich wertvolle Punkte im Kampf um Grün.

1.
1. Hamilton (CSC), 4:59:41 Std.
2. Zabel (Telekom), + 1:55 Min.
3. Kriwtsow (Jean Delatour), zeitgleich

1. Armstrong (US Postal), 70:37:59 Std.
2. Ullrich (Bianchi), + 1:07 Min.
3. Winokurow (Telekom), + 2:45 Min.

1. Cooke (FdJeux.com), 156 Punkte
2. McEwen (Lotto-Domo), 148 Punkte
3. Zabel (Telekom), 143 Punkte

1. Virenque (Quick Step), 324 Punkte
2. Dufaux (Alessio), 187 Punkte
3. Armstrong (US Postal), 168 Punkte

2843 KM

DAX – BORDEAUX
17. ETAPPE: 181 KM
24. JULI 2003

Erneut kommt ein Ausreißer zum Etappenerfolg. Diesmal ist es der Niederländer Servais Knaven, der die letzten 18 Kilometer solo zurücklegte und souverän in Bordeaux als Sieger den Zielstrich überquerte. Der Quick-Step-Profi gehörte zu einer neunköpfigen Fluchtgruppe, die auf dem ersten Kilometer das Weite suchte. Das Hauptfeld erreichte mit einem Rückstand von acht Minuten das Ziel.

1.
1. Knaven (Quick Step), 3:54:23 Std.
2. Bossoni (Vini Caldirola), + 17 Sek.
3. Mengin (FdJeux.com), zeitgleich

1. Armstrong (US Postal), 74:40:28 Std.
2. Ullrich (Bianchi), + 1:07 Min.
3. Winokurow (Telekom), + 2:45 Min.

1. Cooke (FdJeux.com), 169 Punkte
2. McEwen (Lotto-Domo), 163 Punkte
3. Zabel (Telekom), 157 Punkte

1. Virenque (Quick Step), 324 Punkte
2. Dufaux (Alessio), 187 Punkte
3. Armstrong (US Postal), 168 Punkte

3024 KM

BORDEAUX – ST.-MAIXENT-L'ECOLE
18. ETAPPE: 203,5 KM
25. JULI 2003

Führungswechsel bei den Sprintern. Robbie McEwen erwies sich wieder einmal als Schnellster im Feld und eroberte das grüne Trikot von seinem Landsmann Baden Cooke. Etappensieger wurde Pablo Lastras (Banesto), der im Sprint einer 16-köpfigen Spitzengruppe die Nase vorn hatte. Jan Ullrich machte bei einem Zwischensprint zwei Sekunden vor dem Einzelzeitfahren in Nantes gut.

1.
1. Lastras (iBanesto.com), 4:03:18 Std.
2. Da Cruz (Vini Caldirola), zeitgleich
3. Nardello (Telekom), zeitgleich

1. Armstrong (US Postal), 79:07:49 Std.
2. Ullrich (Bianchi), + 1:05 Min.
3. Winokurow (Telekom), + 2:47 Min.

1. McEwen (Lotto-Domo), 178 Punkte
2. Cooke (FdJeux.com), 176 Punkte
3. Zabel (Telekom), 165 Punkte

1. Virenque (Quick Step), 324 Punkte
2. Dufaux (Alessio), 187 Punkte
3. Armstrong (US Postal), 168 Punkte

3227,5 KM

Ullrich versucht alles und geht im Regen von Nantes zu Boden. Armstrong verteidigt Gelb.

PORNIC – NANTES
19. ETAPPE: 49 KM
26. JULI 2003 (EZF)

Stunde der Wahrheit für Jan Ullrich. 1:05 Minuten musste der Deutsche schneller als Lance Armstrong sein. Daraus wurde nichts: Nach 49 Kilometern im Regen war der Titelverteidiger 11 Sekunden schneller als Ullrich, der alles riskierte und wie viele andere stürzte. Den Tagessieg holte David Millar (Cofidis) vor Tyler Hamilton (CSC), der sich vom sechsten auf den vierten Platz verbesserte.

1. Millar (Cofidis), 54:05 Min.
2. Hamilton (CSC), + 9 Sek.
3. Armstrong (US Postal), + 14 Sek.

1. Armstrong (US Postal), 80:02:08 Std.
2. Ullrich (Bianchi), + 1:16 Min.
3. Winokurow (Telekom), + 4:29 Min.

1. McEwen (Lotto-Domo), 178 Punkte
2. Cooke (FdJeux.com), 176 Punkte
3. Zabel (Telekom), 165 Punkte

1. Virenque (Quick Step), 324 Punkte
2. Dufaux (Alessio), 187 Punkte
3. Armstrong (US Postal), 168 Punkte

19. Etappe

3276,5 KM

Hatte es in den letzten Wochen kein Tröpfchen geregnet, so öffnete der Himmel beim Zeitfahren zwischen Pornic und Nantes seine Schleusen und gab alles her, was er in dieser Zeit hatte ansammeln können. Auf den 49 Kilometern kam es daher zu zahlreichen Stürzen. Neben Uwe Peschel von Gerolsteiner – er musste mit Rippenbrüchen und einer Lungenverletzung die Tour beenden – erwischte es auch Jan Ullrich. Selbst das schnelle Wiederaufsteigen aufs Rad nützte ihm nichts: Er war aus dem Tritt gekommen und verlor zu viel Zeit.

2x5 Lance Armstrong

Cooke, Armstrong, Virenque und Menchow (oben). Ullrich, Armstrong und Winokurow (rechts).

Jan Ullrich

Armstrong konnte das Zeitfahren zwar auch nicht gewinnen, er sicherte sich aber mit Rang drei vor Ullrich das gelbe Trikot. David Millar hatte an diesem verregneten Tag die besten Voraussetzungen und holte sich seinen dritten Tour-Etappensieg vor Tyler Hamilton.

Schon lange waren die drei Wochen nicht mehr so spannungsgeladen. Als auf den Champs-Elysées mit Jean-Patrick Nazon am Ende noch ein Franzose gewann, war das das Tüpfelchen auf dem i. Armstrong hatte zum fünften Mal in Folge gewonnen und gehörte nun zum Klub der Großen. Neben ihm konnten nur Jacques Anquetil, Eddy Merckx, Bernhard Hinault und Miguel Indurain fünfmal siegen, der letzte ebenfalls in Folge. Jan Ullrich blieb der Trost, trotz widriger Umstände eine hervorragende Tour gefahren zu sein und im nächsten Jahr eine neue Chance auf seinen zweiten Sieg zu haben.

VILLE-D'AVRAY – PARIS
20. ETAPPE: 152 KM
27. JULI 2003

Wieder einmal gehörte das Pflaster auf den Champs-Elysées den Sprintern. Jubeln durfte am Ende Jean-Patrick Nazon, der die beiden Australier Baden Cooke und Robbie McEwen hinter sich ließ. Mit seinem zweiten Platz eroberte Baden Cooke das grüne Trikot von seinem Landsmann Robbie McEwen zurück. Lance Armstrong ließ sich zum fünften Mal in Folge als Gesamtsieger feiern.

1.
1. Nazon (Jean Delatour), 3:38:49 Std.
2. Cooke (FdJeux.com), zeitgleich
3. McEwen (Lotto-Domo), zeitgleich

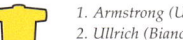

🟡
1. Armstrong (US Postal), 83:41:12 Std.
2. Ullrich (Bianchi), + 1:01 Min.
3. Winokurow (Telekom), + 4:14 Min.

🟢
1. Cooke (FdJeux.com), 216 Punkte
2. McEwen (Lotto-Domo), 214 Punkte
3. Zabel (Telekom), 188 Punkte

🔴
1. Virenque (Quick Step), 324 Punkte
2. Dufaux (Alessio), 187 Punkte
3. Armstrong (US Postal), 168 Punkte

6. WORLDCUP-RENNEN

Klassik Jäger

HEW

... Paolo Bettini

Paolo Bettini vor Matthias Kessler am letzten Anstieg, dem Waseberg.

1.	BETTINI	100 PUNKTE
2.	REBELLIN	70 PUNKTE
3.	ULLRICH	50 PUNKTE
4.	ASTARLOA	40 PUNKTE
5.	CELESTINO	36 PUNKTE
6.	ZABEL	32 PUNKTE

HEW Cyclassics (Hamburg) Hamburg · 3. August 2003

CYCLASSICS

Jan Ullrich hinterließ in der Hansestadt einen starken Eindruck.

Die Fortsetzung des Weltcups im August lockt seit 1998 zehntausende begeisterter Zuschauer an die Strecke. Das Profil beschreibt eine Acht rund um Hamburg, bevor es über die spektakuläre Köhlbrandbrücke zurück ins Stadtgebiet geht. Zweimal warten hier der Grotiusweg und der Waseberg auf die Fahrer. Wer hier in der zweiten Runde nicht vorne dabei ist, hat in Hamburg schon verloren.

Nach der Tour de France wurden die Karten für den Weltcup neu gemischt. Peter Van Petegem wollte seine Führung verteidigen. Alessandro Petacchi galt nach seinen Etappensiegen bei der Tour als hoher Favorit bei einer Sprintankunft, aber Telekom könnte mit Erik Zabel vom Heimvorteil profitieren. Paolo Bettini hatte während der Frankreich-Rundfahrt seine ganze Kraft in den Dienst der Mannschaft um Richard Virenque gestellt. Jetzt konnte er auf die bewährte Unterstützung von Luca Paolini und Tom Boonen setzen. Saeco würde mit einem starken Team antreten: Dario Pieri, Mirco Celestino und Danilo Di Luca belegten Plätze unter den ersten Zehn im Gesamtweltcup.

Wie würde Davide Rebellin aus dem Team Gerolsteiner abschneiden? Bei der ersten Tour-de-France-Teilnahme seiner Mannschaft war von ihm nichts zu sehen; zuletzt gab er auf. Gerolsteiner bekannte: Rebellin ist kein Rundfahrer, er ist und bleibt der Spezialist für die Klassiker, die großen Eintagesrennen. Mit ebenfalls „durchwachsenen" Tour-Erfahrungen kam Rabobank mit dem Weltcup-Zweiten Michael Boogerd nach Hamburg.

Für die Fans „vor Ort" schien es jedenfalls nur einen Favoriten zu geben: Jan Ullrich. Eine Woche nach seiner beeindruckenden Tour de France ging er zwar erkältet ins Rennen, zeigte aber dennoch seine Klasse. Vor heimischem Publikum kam er als Dritter hinter dem Sieger Bettini und Rebellin ins Ziel.

Zwei Ausreißer führten mit fast einer Viertelstunde Vorsprung bis 100 Kilometer vor dem Ziel: Stéphane Augé (Crédit Agricole) und Roberto Lochowski, der seinen Sponsor Wiesenhof damit vor heimischem Publikum bestens in Szene setzte. Im Feld wurde Tempo gemacht, zuerst von Lotto und Saeco, später von US Postal und Rabobank. Beim ersten Anstieg zum Waseberg war zunächst Saecos Salvatore Commesso vorn, dahinter Van Petegem, Gerolsteiner mit René Haselbacher, George Hincapie, Ullrich und Bettini, der schließlich die Führung übernahm.

Mit höher werdendem Tempo wurde das Rennen nervöser, eine Fahrergruppe setzte sich ab. Mit dabei: Bettini, Van Petegem, der junge Gerolsteiner Fabian Wegmann und Matthias Kessler von Telekom. Im Feld machte jetzt Fassa Bortolo Tempo. Die Aufholjagd hatte Erfolg: Als es zum zweiten Mal den Waseberg hinaufging, waren Bettini

Zieleinlauf in der Mönckebergstraße: Rebellin, Astarloa, Bettini und Ullrich (v.l.n.r.).

und Hincapie eingeholt. Nachdem zahlreiche weitere Attacken von Einzelnen und kleinen Gruppen im Sand verlaufen waren, ging Ullrich am Anstieg in Führung. Auf den letzten zwölf Kilometern setzte sich dann eine Gruppe mit Ullrich, Bettini, Rebellin, Mirco Celestino und Igor Astarloa ab. Im Feld dahinter boykottierte Quick Step die Tempoarbeit von CSC.

Die Führenden retteten den Vorsprung. Gegen Bettinis Antritt hatte Ullrich im Sprint keine Chance, Rebellin schob sich noch dazwischen. Die Chancen von Mirco Celestino wurden beeinträchtigt, als er bei einem Antrittversuch von einer Motorradkamera behindert wurde. Dennoch erreichte er hinter Astarloa den fünften Platz.

Immer noch führte Van Petegem die Weltcupwertung an. Aber es war knapp: Für seinen 23. Platz in Hamburg hatte er genau die drei Punkte bekommen, die den Vorsprung vor Bettini ausmachten.

WORLDCUP-GESAMTWERTUNG

1.	VAN PETEGEM (3)	203
2.	BETTINI (2)	200
3.	BOOGERD (3)	140
4.	CELESTINO (4)	127
5.	REBELLIN (3)	123
6.	PIERI (3)	117

7. WORLDCUP-RENNEN

CLASICA SAN

Nach dem einzigen deutschen Weltcup der Straßenprofis folgt das einzige spanische Rennen der Serie. Bei der siebten Weltcup-Etappe entlang der Biskaya ist nach dem flachen Hamburger Terrain wieder Klettern angesagt. Die Anstiege im Profil der Strecke: Orio, Garate, Azkarate, Udana, der meist alles entscheidende Jaizkibel und rund 14 Kilometer vor dem Ziel Alto de Gurutze. Laurent Jalabert, der Sieger der letzten beiden Austragungen, hatte seine erfolgreiche Laufbahn beendet, und so gab es keinen Titelverteidiger.

Radsportkulisse im Baskenland: Einrollen nach dem Start an der Biskaya.

Clasica San Sebastian · Spanien · 9. August 2003

SEBASTIAN mann sprint

Paolo Bettini ....

1.	BETTINI	100 PUNKTE
2.	BASSO	70 PUNKTE
3.	DI LUCA	50 PUNKTE
4.	CASAGRANDE	40 PUNKTE
5.	NOE	36 PUNKTE
6.	GERRIKAGOITA	32 PUNKTE

9. August 2003 · Spanien · Clasica San Sebastian

die clasica

Ausgerechnet vor dem heimischen Weltcup war klar: Die größten spanischen Sponsoren würden sich am Ende der Saison zurückziehen, Spaniens Peloton war bedroht. Die Blindenlotterie Once, unter neuer Leitung, stellt das Engagement ein, ebenso wie Banesto. Und auch Kelme hat wirtschaftliche Probleme. Die Fahrer, die in diesen Rennställen unter Vertrag sind, würden während der Classica San Sebastian mit Sicherheit ihre Chance suchen, einen bleibenden Eindruck bei anderen Geldgebern zu hinterlassen. So tat es Jörg Jaksche von Once: Er führte mit einer kleinen Ausreißergruppe rund 170 Kilometer das Rennen an.

Favorisiert war neben Bettini auch Davide Rebellin, der sich nach seinem Ausscheiden bei der Tour als Eintagesspezialist beim Hamburger Weltcup mit seinem zweiten Platz zurückgemeldet hatte. Die Spanier waren beim Heimrennen nicht zu unterschätzen: Saecos Igor Astarloa genauso wenig wie Iban Mayo und Haimar Zubeldia von Euskaltel, der einzigen spanischen Mannschaft mit gesicherter Zukunft. Wie gemacht scheint die Strecke für Alexander Winokurow und Michael Boogerd, weniger für Peter Van Petegem. Seine Chancen waren eher gering, die Weltcupführung gegen Bettini zu verteidigen.

Am Ende triumphierte Paolo Bettini – italienischer Meister, Weltranglisten-Erster und nun als Titelverteidiger des Gesamt-Weltcups kaum noch zu gefährden. Von seiner Favoritenrolle im Vorfeld unbeeindruckt, fuhr er „sein" Rennen und siegte auf der Zielgeraden vor Ivan Basso (Fassa Bortolo).

Eine kleine Spitzengruppe hatte sich wie erwartet am Jaizkibel 32 Kilometer vor dem Ziel abgesetzt. Neben Bettini dabei: Basso, Danilo Di Luca, Francesco Casagrande, Davide Rebellin und Michael Boogerd, der den Anschluss aufgrund eines Sturzes verlieren sollte.

Casagrande versuchte sich am letzten Anstieg, dem Alto de Gurutze, zu lösen. Aber Bettini blieb wachsam und gewann gemeinsam mit Basso Vorsprung. Casagrande, Andrea Noé und Danilo Di Luca folgten, dahinter versuchte Georg Totschnig eine Verfolgergruppe zu organisieren. Diese konnte das große Feld jedoch nicht recht abhängen.

Bettini und Basso erreichten mit komfortablem Vorsprung das Ziel, Bettini sprintete von vorn und holte sich als erster Profi nach den Siegen in San Remo und Hamburg den dritten Gewinn eines Weltcups innerhalb einer Saison. Di Luca sprintete auf den dritten Platz, gefolgt von Casagrande und Noé. Davide Rebellin erreichte am Ende den siebten Platz vor Michael Boogerd.

Patrick Sinkewitz führt das Feld der Favoriten an.

Clasica San Sebastian · Spanien · 9. August 2003

Fassa Bortolo (im Bild Cioni und Bartoli) arbeitete viel, blieb am Ende aber ohne Erfolg.

Poalo Bettini und der Drittplazierte Danilo Di Luca bei der Siegerdusche.

In der Weltcup-Wertung führte Bettini nun mit erreichten 300 Punkten. Peter Van Petegem kam in San Sebastian mit dem Feld ins Ziel und hatte unverändert 203 Punkte. Michael Boogerd und Davide Rebellin folgten. Bettini selbst hielt vor den letzten drei Rennen der Weltcupserie Michael Boogerd für den gefährlichsten Konkurrenten im Kampf um die Führung.

WORLDCUP-GESAMTWERTUNG

1.	BETTINI (3)	300
2.	VAN PETEGEM (5)	203
3.	BOOGERD (4)	164
4.	REBELLIN (4)	151
5.	CELESTINO (5)	139
6.	DI LUCA (4)	124

9. August 2003 · Spanien   Clasica San Sebastian

8. WORLDCUP-RENNEN

MEISTERCHAFT
jeder jagd jan

Ullrich verzweifelt an der Metzgete: wieder „nur" Zweiter!

Auch die 90. Meisterschaft von Zürich folgte der traditionellen Streckenführung. Nach einer Runde über 71 Kilometer wird viermal eine kleinere Runde von 41 Kilometern gefahren. Dabei geht es für die Fahrer mehrmals über die Schlüsselstellen der Strecke: Viermal werden die Neue Forch und die kurze, aber steile Forchstraße in Wetzwill passiert, fünfmal geht es den schmalen Pfannenstiel hinauf.

Meisterschaft von Zürich · Schweiz · 17. August 2003

VON ZÜRICH

Nardello (Telekom), tritt an und gewinnt sein erstes Weltcup-Rennen.

Daniele Nardello

1.	NARDELLO	100 PUNKTE
2.	ULLRICH	70 PUNKTE
3.	BETTINI	50 PUNKTE
4.	BOOGERD	40 PUNKTE
5.	REBELLIN	36 PUNKTE
6.	J. P. RODRIQUEZ	32 PUNKTE

Vorjahressieger Dario Frigo war nicht in Form, doch sein Teamgefährte Ivan Basso war in San Sebastian hinter Bettini Zweiter geworden. Saecos Mirco Celestino und Igor Astarloa hatten insgesamt einige beachtliche Leistungen bei diversen Eintagesrennen gezeigt, insbesondere im Weltcup.

Tyler Hamilton meldete sich nach triumphalem Empfang, der ihm in der Heimat nach der Rückkehr von der Tour de France bereitet worden waren, im Renngeschehen zurück. Zum Zeitpunkt seines Starts in Zürich kursierten bereits Gerüchte über seinen möglichen Wechsel von CSC zum Schweizer Phonak-Team. Was die Weltcup-Führung anging, war nur Michael Boogerd in der Lage, an Bettini vorbeizuziehen.

Wer auch immer Bettini das Leben in Zürich schwer machen würde, der Italiener wollte die Gelegenheit nutzen und seinen Vorsprung vergrößern. Seinen Hauptkonkurrenten um den Sieg am Zürichsee nannte er selbst: „Ich erwarte, dass er in großartiger Form ist", sagte Bettini vor dem Start über Jan Ullrich, der in Zürich bereits dreimal Zweiter werden konnte.

Verfolgersprint: Camenzind (Phonak), Bettini, Boogerd (Rabobank) und Rebellin (Gerolsteiner).

Und wieder sollte es für ihn der zweite Platz werden. Daniele Nardello, der seinen Vertrag mit Telekom gerade für 2004 verlängert hatte, holte sich den Sieg. Knapp vier Kilometer vor dem Ziel hatte er sich aus einer Gruppe abgesetzt, in der unter anderen Bettini und Rebellin fuhren. Nardello ging in Führung, während in der Gruppe hinter ihm zu diesem Zeitpunkt Uneinigkeit herrschte. David Moncoutié (Cofidis), Christian Moreni (Alessio) und Eladio Jiminez Sanchez (Banesto) ließen Jan Ullrich allein ziehen. Auf dem letzten Kilometer versuchte er, sich noch an den Führenden heranzukämpfen.

Eine erste Ausreißergruppe hatte sich früh formiert und kam geschlossen zum Pfannenstiel. Mit dabei mit Martin Elmiger ein Fahrer vom Schweizer Rennstall Phonak. Wo, wenn nicht beim heimischen Weltcup sollte Phonak Wiedergutmachung betreiben? Nach den guten Resultaten des Vorjahres hatten Sponsor und Mannschaftsleitung zu Beginn der Saison hohe Ziele formuliert, unter anderem die Tour-de-France-Teilnahme. Doch das Frühjahr lief schlecht für die Phonak-Profis, beachtenswerte Resultate bei wichtigen Rennen blieben aus und somit auch die Einladung nach Frankreich.

Mit Elmiger in der Fluchtgruppe unterwegs: Eddy Ratti (Lampre), Laurent Lefèvre (Jean Delatour) und der junge Fabian Wegmann, der während der gesamten Saison Akzente für Gerolsteiner setzte, unter anderem mit seinem Gesamtsieg bei der Sachsen-Tour. Es war nur eine Frage der Zeit, bis die Gruppe eingeholt wurde. Saeco und Rabobank machten Tempo im Hauptfeld, später arbeitete Gerolsteiner für Davide Rebellin.

Schließlich setzten sich Ullrich, Hincapie, Moreni, Verbrugghe und Sylvain Chavanel ab, Boogerd und Bettini schlossen auf. 20 Kilometer vor dem Ziel folgte ein Angriffsversuch nach dem anderen, doch jedes Mal reagierten im Feld dahinter die Mannschaften, die aussichtsreiche Fahrer vorne dabei hatten.

Nardello schließlich wagte den Angriff und rettete sechs Sekunden Vorsprung vor Ullrich ins Ziel. „Ich wusste", erklärte Nardello nach dem Rennen,

Meisterschaft von Zürich · Schweiz · 17. August 2003

„wenn es zu einem Sprint kommt, habe ich keine Chance. Ich hab gesehen, wie gut Ullrich und Bettini drauf sind. Also hab ich versucht wegzukommen." Der Sieg in Zürich entschädigte ihn für eine durchwachsene Saison: Im Frühjahr hatte erst ein schwerer Sturz seine Planungen zunichte gemacht, danach verhinderte eine schwere Infektion seine Teilnahme an den Frühjahrsklassikern.

Paolo Bettini wurde Dritter und hatte damit seinen Vorsprung an der Spitze des Weltcups deutlich vergrößert. Sein Ziel war erreicht. Michael Boogerd punktete mit dem vierten Rang in Zürich und zog in der Gesamtwertung an Van Petegem vorbei auf den zweiten Platz.

Der glückliche Sieger der „Metzgete" Daniele Nardello.

WORLDCUP-GESAMTWERTUNG

1.	BETTINI (4)	350
2.	BOOGERD (5)	204
3.	VAN PETEGEM (3)	203
4.	REBELLIN (5)	187
5.	CELESTINO (4)	139
6.	DI LUCA (4)	136

17. August 2003 · Schweiz   Meisterschaft von Zürich

VUELTA A

Neu-entdeckung
.... Isidro Nozal ...

... trug bis zum zweitletzten Tag das Leadertrikot.

Die Spanien-Rundfahrt stand seit ihrer Verlegung vom Frühjahr in den Herbst im Schatten des Giros und vor allem der Tour de France, der Diva unter den Landesrundfahrten. Doch sportlich war sie für viele der Teilnehmer die attraktivste der großen Rundfahrten, auch wenn im September bereits ein langes Radsportjahr in den Beinen steckt. Viele Straßenprofis starten immer früher in die Saison, die Vorbereitungen der Rennställe auf die Höhepunkte beginnen zeitiger als noch vor wenigen Jahren.

Start
Etappenstart (Nr)
Etappenziel (Nr)
Ziel- u. Startort
Ruhetag
Mannschaftszeitfahren
Einzelzeitfahren
Parcours
Transfer

Vuelta a España 06. – 28. September 2003

ESPAÑA

Gipfel-stürmer
Roberto Heras ...

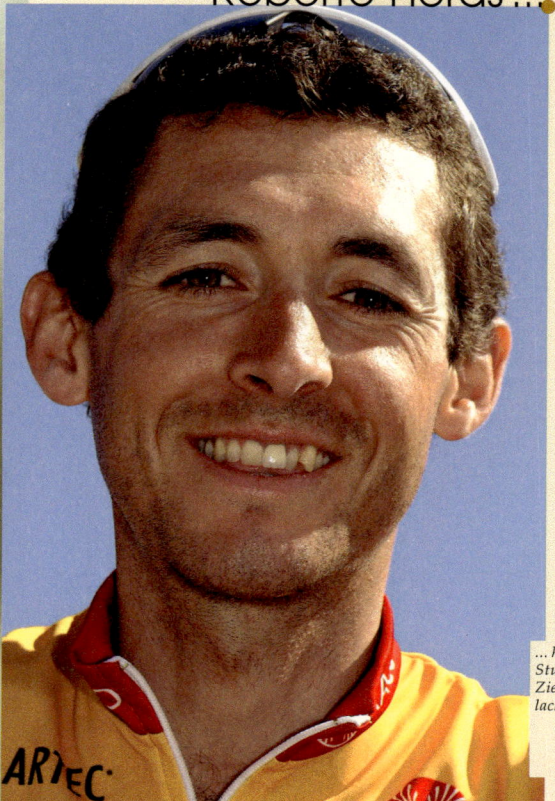

Gerade sportlich jedoch konnte das Profil der diesjährigen 58. Vuelta-Austragung nicht vollends überzeugen, vor allem aufgrund unspektakulärer Pyrenäen-Etappen. Deren Bergankünfte schienen in der Ehrenkategorie zu hoch eingeordnet. Überdies sinkt der Radsport aus Mangel an überragenden Identifikationsfiguren in der Gunst der spanischen Fans. So erschienen dieses Jahr noch weniger Zuschauer.

Zeitweise fuhr das Feld gar unter Ausschluss der Öffentlichkeit, weil der übertragende spanische Sender die Fernsehzeiten einschränkte. Kaum Gelegenheit also für ambitionierte spanische Profis auf der Suche nach neuen Sponsoren, sich in der Heimat zu profilieren. Die jeweils Bestplatzierten der Italien- und Frankreich-Rundfahrt blieben fern. Die Vuelta-Organisatoren versuchten, Mario Cipollini mit einer Drohung zur Teilnahme zu zwingen: Ohne seine Zusage würde sein Team Domina Vacanze wieder ausgeladen werden. „Cipo" kam, ging wie gefordert an den Start – und stieg nach weniger als 30 Kilometer wieder aus.

... hatte erst wenige Stunden vor dem Ziel in Madrid zu lachen.

Die Auftaktetappe, das 28 Kilometer Mannschaftszeitfahren, ging erwartungsgemäß an Once. Kapitän Igor Gonzalez de Galdeano war erster Träger des gelben Trikots. Zehn Sekunden dahinter folgte US Postal mit dem späteren Sieger Heras. Am folgenden Tag ging der Etappensieg an Luis Perez (Cofidis); die Gesamtführung übernahm Joaquim Rodriguez, blieb aber im selben Rennstall. Titelverteidiger Aitor Gonzalez (Fassa Bortolo) hatte beim Mannschaftszeitfahren Pech mit einem Defekt und lag ebenso wie Angel Casero bereits über eine Minute hinter den Führenden.

---

06. 09. — **Gijón – Gijón** — **1. ETAPPE 28** — **28 KM**

Once, 32:01 Min. (ø 52,473 km/h)
I. Gonzalez de Galdeano (Once), 32:01 Min.
I. Gonzalez de Galdeano (Once), 25 Punkte

06. September 2003 — 1. Etappe

Isidro Nozal...

...stellte im Zeitfahren die Konkurrenz in den Schatten.

auf den zweiten Platz. Pech für Telekom: Cadel Evans musste mit Schlüsselbeinbruch aufgeben, nachdem die Mannschaft bereits wegen der gleichen Verletzung auf seine Teilnahme bei der Tour de France verzichten musste. Der Sieg bei der vierten Etappe ging an Unai Etxebarria (Euskaltel), der sich 19 Kilometer vor dem Ziel aus einer Spitzengruppe abgesetzt hatte und mit über 40 Sekunden Vorsprung ins Ziel kam. Unterdessen ging der Trikotwechsel bei Once weiter: Isidro Nozal übernahm die Führung und hätte zu diesem Zeitpunkt wohl

Bei strömendem Regen in Santander gelang Alessandro Petacchi auf dem flachen dritten Teilstück über 154 Kilometer, was vier Jahrzehnte niemand mehr geschafft hatte: Etappensiege bei allen drei Rundfahrten innerhalb eines Jahres. Der überragende Sprinter der Saison verwies einmal mehr Erik Zabel

---

07. 09. — Gijón-Cangas
2. ETAPPE 148
Perez (Cofidis), 3:27:32 Std. (ø 42,788 km/h)
J. Rodriguez (Once), 3:59:57 Std.
J. Rodriguez (Once), 32 Punkte
176 KM

08. 09. — Santander
3. ETAPPE 154,3
Petacchi (Fassa Bortolo), 3:24:13 Std. (ø 45,334 km/h)
J. Rodriguez (Once), 7:27:40 Std.
J. Rodriguez (Once), 32 Punkte
330,3 KM

09. 09. — Santand.-Burgos
4. ETAPPE 151 
U. Etxebaria (Euskaltel), 3:26:51 Std. (ø 43,800 km/h)
Nozal (Once), 10:51:35 Std.
J. Rodriguez (Once), 32 Punkte
481,3 KM

10. 09. — Soria-Saragossa
5. ETAPPE 166,7
Petacchi (Fassa Bortolo), 3:19:26 Std. (ø 50,152 km/h)
Nozal (Once), 14:11:03 Std.
Petacchi (Fassa Bortolo), 50 Punkte
648,0 KM

---

100 VUELTA
1. Woche   2./3./4./5. Etappe

die 1. Woche von..
Isidro Nozal

nicht daran gedacht, dass er sie 16 Tage behalten und zuletzt schon als der sichere Rundfahrtsieger gelten sollte. Immerhin war Gonzalez der Kapitän, und für dessen Sieg sollte die Mannschaft fahren.

Auch den Massensprint auf der fünften Etappe mit Ziel in Saragossa entschied Petacchi für sich. Telekom und Fassa Bortolo hatten die Etappe kontrolliert, Zabel wurde am Ende jedoch nur Vierter. Während des turbulenten Finales fuhr der italienische Lampre-Profi Alessandro Cortinovis mit Höchsttempo in eine schlecht platzierte Absperrung und stürzte so schwer, dass er sich einen komplizierten Bruch des Unterkiefers zuzog.

Das Einzelzeitfahren über 43,8 Kilometer tags darauf gewann der Gesamtführende Nozal überraschend deutlich. Eigentlich hatte sein Team erwartet, dass Kapitän Gonzalez mit Bestzeit die Gesamtführung übernehmen würde, doch der musste sich mit dem vierten Tagesrang zufrieden geben.

Auf der ersten Pyrenäen-Etappe machte die Vuelta einen Abstecher nach Frankreich, wo ein Däne gewann: Rabobanks Michael Rasmussen konnte sich auf dem Schlussanstieg nach Cauterets absetzen und fuhr ungefährdet ins Ziel. Mit dem Aubisque und dem Cauterets gehörten zwei Berge der höchsten Kategorie zum Profil, doch die erwarteten Veränderungen im Gesamtklassement blieben aus. Die achte, 166 Kilometer lange Etappe führte über Aspin, Peyersourde und Portillon zurück auf die spanische Seite der Pyrenäen, nach Plá de Beret. Joaquin Rodriguez holte bei der ebenfalls der höchsten Kategorie zugewiesenen Bergankunft seinen zweiten Etappensieg und den dritten für Once. Nozal verteidigte seine Führung. Roberto Heras war mit über drei Minuten Rückstand noch Gesamtfünfter.

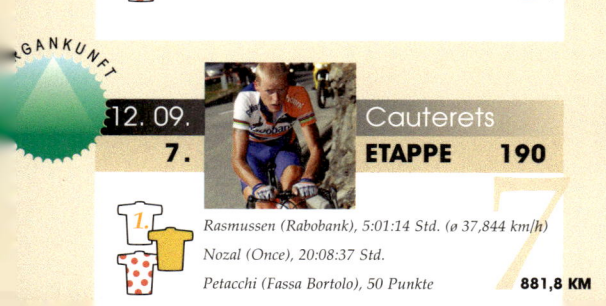

Nozal wuchs über sich hinaus, verteidigte Gelb in fast allen Situationen.

---

11. 09. — 6. ETAPPE 43,8 — Saragossa
Nozal (Once), 53:34 Min. (ø 49,060 km/h)
Nozal (Once), 15:04:37 Std.
Petacchi (Fassa Bortolo), 50 Punkte
691,8 KM

12. 09. — 7. ETAPPE 190 — Cauterets
Rasmussen (Rabobank), 5:01:14 Std. (ø 37,844 km/h)
Nozal (Once), 20:08:37 Std.
Petacchi (Fassa Bortolo), 50 Punkte
881,8 KM

13. 09. — 8. ETAPPE 166,2 — Plá de Beret
Rodriguez (Once), 4:45:40 Std. (ø 34,908 km/h)
Nozal (Once), 24:58:08 Std.
Petacchi (Fassa Bortolo), 50 Punkte
1048,0 KM

… die 2. Woche von…
… Isidro Nozal

Die dritte Pyrenäen-Etappe der Vuelta, das neunte Teilstück über 175 Kilometer von Vielha nach Port d'Envalira, war deutlich anspruchsvoller. Alejandro Valverde, einer der talentiertesten spanischen Nachwuchsfahrer, entschied die Bergankunft im Sprint vor Dario Frigo für sich. Disqualifiziert wurde ein anderer Kletterspezialist: der unmotivierte Richard Virenque ließ sich längere Zeit vom Teamfahrzeug ziehen.

An den folgenden beiden Renntagen triumphierte Erik Zabel. Auf der zehnten Etappe verwies er bei der Sprintankunft in Sabadell nach 194 Kilometer Dauerrivalen Petacchi auf den zweiten Platz. Das nervös geführte elfte Rennen, das auf einen Ruhetag folgte, endete ebenfalls in einer Massenankunft. Telekom sorgte für Tempo, um Ausreißer einzuholen, und brachte Zabel in Position. Auf dem Tagesabschnitt von Cuenca nach Albacete revanchierte sich Petacchi und verwies Zabel erneut knapp auf den zweiten Platz. Heftiger Wind hatte das Feld spektakulär auseinander gerissen, innerhalb weniger Sekunden fanden sich die Fahrer abwechselnd im komfortablen Windschatten, dann wieder hoffnungslos allein im Wind wieder.

Isidro Nozal fuhr beim 53 Kilometer langen Einzelzeitfahren um Albacete wie schon beim ersten Kampf gegen die Uhr die schnellste Zeit und verteidigte seine Führung. Roberto Heras

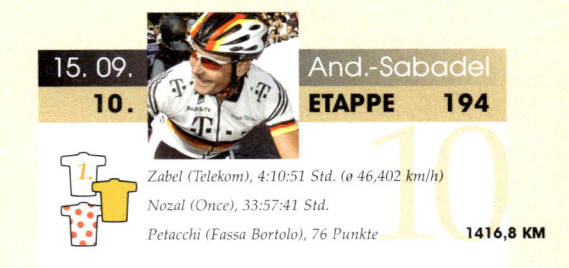

15.09. — 10. ETAPPE — And.-Sabadel — 194
Zabel (Telekom), 4:10:51 Std. (ø 46,402 km/h)
Nozal (Once), 33:57:41 Std.
Petacchi (Fassa Bortolo), 76 Punkte
1416,8 KM

14.09. — 9. ETAPPE — Vielha-Andorra — 174,8 (BERGANKUNFT)
Valverde (Kelme), 4:48:36 Std. (ø 34,908 km/h)
Nozal (Once), 29:46:47 Std.
Nozal (Once), 59 Punkte
1222,8 KM

17.09. — 11. ETAPPE — Utiel - Cuenca — 162
Zabel (Telekom), 3:14:59 Std. (ø 49,850 km/h)
Nozal (Once), 37:12:40 Std.
Zabel (Telekom), 92 Punkte
1578,8 KM

lag inzwischen auf dem dritten Gesamtplatz. Für den jungen Nozal rückte der Gesamtsieg immer näher, zumal die Mannschaftsarbeit nun nicht länger auf Gonzalez ausgerichtet war.

Die 14. Etappe brachte keine Veränderungen. Petacchi fügte seiner Palmares einen weiteren Etappensieg hinzu und lag nun in der Punktewertung gleichauf mit Zabel.

Das 15. Teilstück, mit dem steilen Anstieg nach Pandera das härteste, gab den Kletterern Gelegenheit, vor dem zweiten Ruhetag Zeit auf den Gesamtführenden gutzumachen. Unter anderem Roberto Heras warf den Organisatoren vor, die Pyrenäen-Etappen seien zu leicht gewesen, als dass sich die Kletterspezialisten in der Gesamtwertung deutlich gegenüber den Rouleuren von Once hätten absetzen können. Wieder war es Valverde, der die Bergankunft im Sprint gegen Cardenas und Heras für sich entschied. Nozal verlor dank der Unterstützung von Marcos Serrano und Galdeano weniger Zeit als erwartet und behauptete die Führung, Heras blieb auf dem dritten Gesamtrang, konnte durch die Etappenplatzierung den Rückstand auf Nozal jedoch verringern.

Mit weniger Schwung, aber dennoch auch im zweiten Zeitfahren siegreich: Isidro Nozal.

Alessandro Petacchi in Rekordlaune: Etappensiege bei allen drei großen Landesrundfahrten in einem Jahr.

---

18. 09. — 12. ETAPPE — Cuenca-Albac. 168,8
1. Petacchi (Fassa Bortolo), 3:41:49 Std. (ø 45,659 km/h)
Nozal (Once), 40:54:29 0 Std.
Zabel (Telekom), 112 Punkte
1747,6 KM

20. 09. — 14. ETAPPE — Val de Peñas 167,4
1. Petacchi (Fassa Bortolo), 3:43:16 Std. (ø 44,987 km/h)
Nozal (Once), 45:39:58 Std.
Zabel (Telekom), 130 Punkte
1968,3 KM

19. 09. — 13. ETAPPE — Albacete 53,3 (EINZELZEITFAHREN)
1. Nozal (Once), 1:02:03 Std. (ø 51,539 km/h)
Nozal (Once), 41:56:32 Std.
Zabel (Telekom), 112 Punkte
1800,9 KM

21. 09. — 15. ETAPPE — S. d. l. Pandera 171,1 (BERGANKUNFT)
1. Valverde (Kelme), 4:20:39 Std. (ø 39,616 km/h)
Nozal (Once), 50:01:40 Std.
Zabel (Telekom), 134 Punkte
2139,4 KM

12. – 15. Etappe 2. Woche

die 3. Woche..

Schicksalsberg für Nozal: In Alcobendas verliert er das Trikot an Roberto Heras.

Die Bergankunft der 16. Etappe in 2.510 Metern Höhe ging an einen Gastarbeiter. Der kolumbianische Profi Cardenas vom nicht nach Spanien eingeladenen Orbitel-Rennstall fuhr als Gastfahrer bei Café Baque und hatte sich bei den zurückliegenden Bergetappen stets ganz vorne gezeigt. Nach dem steilen, 30 Kilometer langen Anstieg setzte er sich auf dem letzten Kilometer ab und ließ Mercado und Sevilla hinter sich. Wieder konnte Nozal mit großen Engagement seine Führung verteidigen, doch Roberto Heras holte auf.
David Millar, bei beiden Zeitfahren der Rundfahrt von Nozal geschlagen, sicherte sich den Etappensieg in Córdoba als Solist.

Mit dem Zug ging es nach dieser Etappe für die Fahrer und Begleiter nach Madrid. Den Sieg auf dem 18. Teilstück rund um Las Rozas nahe der Metropole sicherte sich Pedro Diaz Lobato (Paternina).

23. 09. **16.** Jaén–S.Nevada **ETAPPE 162**
Cardenas (La Barca), 4:09:35 Std. (ø 39,945 km/h)
Nozal (Once), 54:13:10 Std.
Zabel (Telekom), 135 Punkte
16 2301,4 KM

24. 09. **17.** Gran.–Córdoba **ETAPPE 188,4**
Millar (Cofidis), 3:58:02 Std. (ø 47,489 km/h)
Nozal (Once), 58:11:53 Std.
Zabel (Telekom), 145 Punkte
17 2489,8 KM

..sieg für..
Roberto Heras

Mit dem Sprintsieg im Hauptfeld baute Erik Zabel seine Führung in der Punktewertung aus, Nozal verteidigte Gelb und stand als Vuelta-Sieger so gut wie fest. Doch Roberto Heras gab nicht auf: Beim Tagessieg von Filippo Simeoni attackierte Heras auf der spannenden, 166 Kilometer langen Etappe von Alcobendas nach Collado de Villalba und verringerte seinen Abstand auf Nozal. Am Abend nach dem Rennen wurde Once-Teamchef Manolo Saiz ausgeschlossen, nachdem sein gefürchtetes Temperament mit ihm durchgegangen war: Als Fahrer des Teamfahrzeugs hatte er sich den Weisungen der Rennkommissare widersetzt und dem Fahrer eines Begleitmotorrades unterstellt, er biete dem attackierenden Heras Windschatten.

Beim folgenden schweren Bergzeitfahren zeigte sich, wie kraftraubend die Verteidigung des gelben Trikots über 16 Tage sein kann. Roberto Heras fuhr die schnellste Zeit auf den 11,2 Kilometern am Alto de Abantos, einem Anstieg der 1. Kategorie. Mit 28 Sekunden Vorsprung nahm er Nozal das gelbe Trikot ab. Obwohl bitter enttäuscht, gratulierte Nozal seinem Widersacher. Immerhin hatte der im Vorjahr dasselbe Schicksal erlitten. Damals war es Aitor Gonzalez, der ihm am letzten Tag die Führung entriss.

Hinter Heras und Nozal wurde der junge Alejandro Valverde Dritter der Gesamtwertung. Der Nachwuchsfahrer von Kelme hatte sich unter anderem mit dem Gewinn zweier Bergetappen nach vorne gefahren. Die Bergwertung ging an Felix Cardenas. Erik Zabel sicherte sich neben seinen beiden Etappensiegen das Trikot des Punktbesten. Für Alessandro Petacchi blieb immerhin noch ein weiterer Sieg auf der Schlussetappe in Madrid.

Erik Zabel vor Sergej Iwanow auf ungewohntem Terrain.

Die glorreichen drei in Madrid: Dritter Alejandro Valverde, Sieger Roberto Heras und der Zweite Isidro Nozal.

---

25. 09. | **18.** | Las Rozas | **ETAPPE 143,8**
1. Lobato (Paternina), 3:07:47 Std. (ø 45,947 km/h)
Nozal (Once), 61:20:42 Std.
Zabel (Telekom), 151 Punkte — 2633,6 KM

26. 09. | **19.** | L. Vega-Collado | **ETAPPE 164**
1. Simeoni (Domina V.), 3:51:18 Std. (ø 42,542 km/h)
Nozal (Once), 65:19:20 Std.
Zabel (Telekom), 151 Punkte — 2797,6 KM

27. 09. | **20.** | S.Lor.-A.d.Abantos | **ETAPPE 11,2** (EINZELZEITFAHREN)
1. Heras (US Postal), 25:08 Min. (ø 26,737 km/h)
Heras (US Postal), 65:40:33 Std.
Valverde (Kelme), 152 Punkte — 2808,8 KM

28. 09. | **21.** | Madrid-Madrid | **ETAPPE 145,8**
1. Petacchi (Fassa Bortolo), 3:51:19 Std. (ø 38,519 km/h)
Heras (US Postal), 69:31:52 Std.
Zabel (Telekom), 181 Punkte — 2954,6 KM

18./19./20./21. Etappe — 3. Woche

9. WORLDCUP-RENNEN

PARIS – TOURS
einfach Zabelhaft

.... Erik Zabel

Petacchi verzweifelt: Erik Zabel gewinnt auf den letzten Metern.

1.	ZABEL	100 PUNKTE
2.	PETACCHI	70 PUNKTE
3.	O'GRADY	50 PUNKTE
4.	COOKE	40 PUNKTE
5.	RENIER	36 PUNKTE
6.	DEAN	32 PUNKTE

Paris – Tours   Frankreich · 05. Oktober 2003

PARIS – TOURS

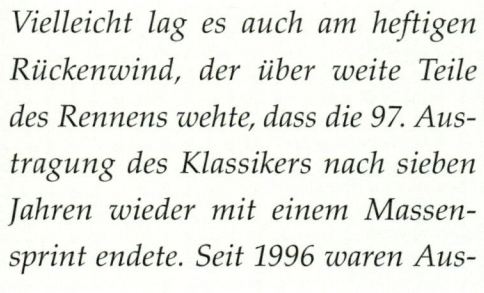

Petacchi, O'Grady und Erik Zabel (v.l.n.r.).

Vielleicht lag es auch am heftigen Rückenwind, der über weite Teile des Rennens wehte, dass die 97. Austragung des Klassikers nach sieben Jahren wieder mit einem Massensprint endete. Seit 1996 waren Ausreißer über die Ziellinie gerollt, bevor die Mannschaften für ihre Sprinter das Finale organisiert hatten. In diesem Jahr aber sollte es zum großen Showdown auf der Avenue de Grammont kommen.

107

05. Oktober 2003 · Frankreich   Paris – Tours

9. WORLDCUP-RENNEN

Paolo Bettini lag vor der neunten Weltcup-Station nach seinen Siegen in San Remo, Hamburg und San Sebastian kaum einholbar an der Spitze der Gesamtwertung. Nur Michael Boogerd und Peter Van Petegem hatten noch theoretische Chancen, ihn einzuholen. Allerdings müsste einer von ihnen die letzten beiden Rennen der Serie gewinnen, und gleichzeitig durfte Bettini nicht punkten. Klar favorisiert für den Sieg in Tours war der überragende Sprinter dieser Saison Alessandro Petacchi. Zumal er auf die Unterstützung des Fassa-Bortolo-Teams bauen konnte, das immerhin die Weltcup-Mannschaftswertung anführte. Am Ende aber gewann Erik Zabel nach 1994 zum zweiten Mal. Und bezwang dabei ausgerechnet Petacchi, den unschlagbaren Rivalen des Sommers.

Zunächst prägte der unvermeidliche Ausreißversuch von Jacky „Dudu" Durand das Rennen. Immerhin hatte ihm 1998 die Flucht zum Sieg verholfen. Dieses Jahr unter anderem an seiner Seite: Gerolsteiners Sebastian Lang, Stefan Kupfernagel (Phonak) und Thomas Liese (Bianchi). Quick Step war mit Tom Boonen vertreten, CSC mit Lars Michaelsen. Die insgesamt acht Mann starke Gruppe fuhr rund 240 Kilometer an der Spitze, ehe sie etwa 14 Kilometer vor dem Ziel eingeholt wurde. Von da an war abzusehen, dass ein geschlossenes Feld die Zielgerade erreichen würde. Zwar versuchte sich Bettini rund zehn Kilometer vor dem Ziel abzusetzen, doch die Sprinterteams waren wachsam und kontrollierten das Rennen. Der Österreicher Bernard Eisel versuchte eine Attacke, ebenso wie Christian Moreni. Vier Kilometer vor dem Ziel attackierte noch einmal Bettini und konnte sich diesmal deutlicher absetzen. Aber gegen die beeindruckende Mannschaftsarbeit von Fassa Bortolo war nichts auszurichten.

Paris – Tours   Frankreich · 05. Oktober 2003

PARIS – TOURS

Johann Musseuw unterstützt Paolo Bettini entlang der Loire (v.r.n.l.).

Sebastian Lang war erneut lange in der Spitzengruppe.

Am Ende sah es ganz nach einem weiteren Sieg für den überragenden Petacchi aus. Während der Italiener bereits seinen Sprint angezogen hatte, versuchten Sprinter wie Stuart O'Grady, Baden Cooke und Fred Rodriguez noch, sich in günstige Positionen zu bringen. Doch den Fahrern kam heftiger Wind entgegen, und Zabel, der rechtzeitig Pettacchis Hinterrad gefunden hatte, bewies seine Erfahrung: Er kam erst spät aus dem Windschatten und konnte so an Petacchi vorbeiziehen. O'Grady wurde Dritter vor Baden Cooke. Das geschlossen folgende Feld von 140 Fahrern wurde mit der selben Zeit wie Zabel klassiert: Eine Stunde schneller als die schnellste in der Marschtabelle angegebene Renngeschwindigkeit.

Sein elfter Platz sicherte Bettini weitere 15 Weltcup-Punkte. Damit stand er bereits vor der abschließenden Lombardei-Rundfahrt als Weltcup-Sieger fest.

WORLDCUP-GESAMTWERTUNG

1.	BETTINI (5)	365
2.	VAN PETEGEM (4)	219
3.	BOOGERD (5)	204
4.	REBELLIN (5)	187
5.	ZABEL (5)	186
6.	DI LUCA (5)	140

109

05. Oktober 2003 · Frankreich   Paris – Tours

STRASSEN-WEL

WM-KANADA

1.	ASTARLOA	SPANIEN
2.	VALVERDE	SPANIEN
3.	VAN PETEGEM	BELGIEN
4.	BETTINI	ITALIEN
5.	BOOGERD	NIEDERLANDE

WM
Straßenweltmeisterschaften Hamilton/Kanada · 07.-12. Oktober 2003

TMEISTERSCHAFTEN
la vista hasta

In der Geschichte der Weltmeisterschaften war es das fünfte Mal, dass eine WM auf dem amerikanischen Kontinent ausgerichtet wurde. Schon 1974 hatte die Weltelite der Profis, Amateure und Frauen eine lange Reise auf sich genommen, um in Montreal um Gold, Silber und Bronze zu fahren. Nur drei Jahre später war San Cristobal in Venezuela Austragungsort der Titelkämpfe, bevor es nach einer längeren Pause 1986 in der Höhenluft von Colorado Springs weiterging. Den meisten Radsportinteressierten werden die Wettbewerbe von 1995 noch in Erinnerung sein, als im kolumbianischen Duitama letztmalig Amateure und Profis getrennt an den Start gingen, bevor die Kategorie „Espoirs" (U23) eingeführt wurde.

Nun ist das Interesse der nordamerikanischen Bevölkerung für Eishockey und Football zwar viel größer, aber dennoch erwiesen sich die Kanadier als überaus freundliche und aufmerksame Gastgeber.

Igor Astarloa...

... setzte sich am letzten Anstieg erfolgreich ab. Gewann den Titel vor Landsmann Valverde.

Organisatorisch stand die WM in der 500.000 Einwohner zählenden Industriestadt Hamilton einem europäischen Austragungsort in nichts nach. Erstmalig wurde eine WM sogar auf einem innerstädtischen Kurs ausgetragen. Die damit verbundenen Probleme für die Bevölkerung wurden mit kanadischer Gelassenheit hingenommen. Eher schon hatten die Fahrer, 1220 Athleten aus 57 Nationen, Bedenken: Schon Monate vor den Wettbewerben wurde viel über die Schwierigkeit der Strecken diskutiert.

David Millar – ein Traum geht in Erfüllung – endlich Weltmeister!

EINZELZEITFAHREN

1.	MILLAR	GROSS BRITANIEN
2.	ROGERS	AUSTRALIEN
3.	PESCHEL	DEUTSCHLAND
4.	RICH	DEUTSCHLAND
5.	NOZAL	SPANIEN

JUNIOREN + U23
junges gold

Gelungener Auftakt aus deutscher Sicht: Gold für Markus Fothen und Bianca Knöpfle.

Markus Fothen

markus fothen 38:35 Min. (47,118 km/h)

Während die Nationalmannschaften aus der Schweiz und Österreich ohne großartige Erfolge den Heimflug antreten mussten, war die deutsche Delegation so erfolgreich wie schon lange nicht mehr bei einer Weltmeisterschaft. Gleich zum Auftakt gab es einen Paukenschlag: Die aus Donaueschingen stammende Bianca Knöpfle gewinnt Gold im Zeitfahren der Juniorinnen. Strahlend zeigte die 18-Jährige ihr Edelmetall. Selbst in den Stunden nach ihrem Sieg konnte sie noch nicht begreifen, was eigentlich geschehen war. Viele nationale Titel hatte sie bereits erzielt, war bei etlichen internationalen Wettbewerben gut platziert, aber so ein WM-Titel ist doch etwas ganz anderes! War der Sieg der Schwarzwälderin noch eine Überraschung gewesen, so

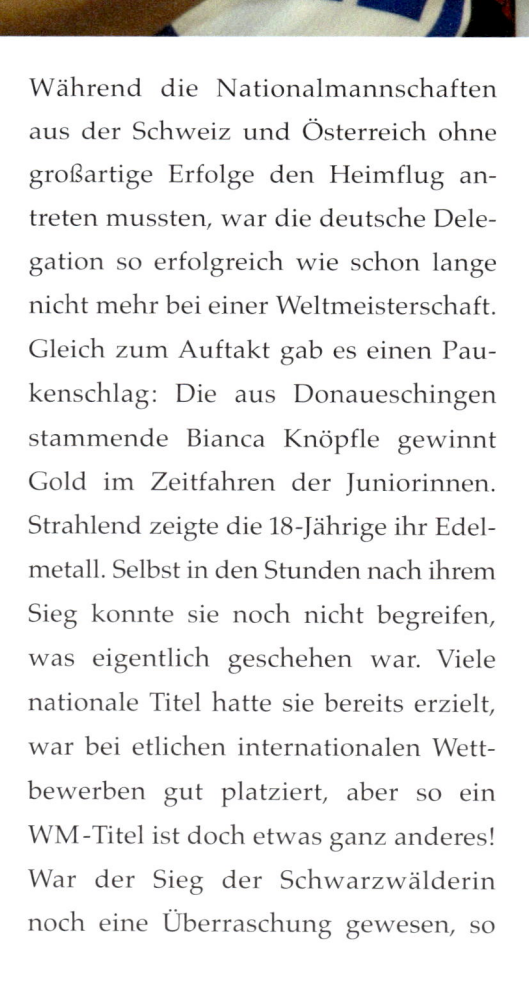

JUNIORINNEN + FRAUEN
mädchen gold

15,4 km

🌐 bianca knöpfle 22:17 Min. (40,388 km/h)

Bianca Knöpfle

hatte der Bund Deutscher Radfahrer nur Stunden später mit Markus Fothen einen Favoriten am Start. Nein, nicht unbedingt Gold, aber ein Edelmetall sollte für den Europameister im Zeitfahren schon drin sein, dachten die Offiziellen. Der Westfale selbst war erschrocken, als er in der Abfahrt zum Ziel an einer Infrarotmessung 94,8 km/h gezeigt bekam. Er lies sich aber durch nichts aus der Ruhe bringen. Schon bei den Zwischenzeiten hatte sich in dem Rennen über 30,8 km gezeigt, dass die Vorbereitung stimmte und der 22-Jährige topfit war: Bestzeit nach 15,4 und 23,6 Kilometern. „Danach bin ich nur noch Vollgas gefahren", so seine Worte im Ziel. Für Markus Fothen war der Sieg bei der WM vorerst der letzte große Erfolg. Schon Monate zuvor hatte der Modellathlet aus Kaarst bei Gerolsteiner einen Vertrag als Profi für das nächste Jahr unterschrieben. Dort darf er dann nach dem kleinen das große Einmaleins des Radsports lernen.

Die bundesdeutsche Medaillenbilanz wurde nur einen Tag später weiter verbessert. Im Zeitfahren der Frauen war wieder einmal Judith Arndt unter den Schnellsten. Gold wurde es nicht, denn Joanne Somarriba aus Spanien war die Strecke auf den Leib geschneidert. Nach Bronze 1997 fehlten der Leipzigerin Arndt aber nur 11 Sekunden zum Titel. Sie habe dennoch nicht Gold verloren, sondern Silber gewonnen „und das macht mich glücklich", so ihre Reaktion auf das Ergebnis.

07.-11. Oktober 2003 · Hamilton/Kanada Weltmeisterschaft Juniorinnen/Frauen

the empire strikes back!
David Millar

Millar war eine Klasse für sich, die Konkurrenz hatte nicht den Hauch einer Chance.

🥇 david millar 51:17 Min. (48,319 km/h)

🥈 michael rogers + 1:25 Min.

🥉 uwe peschel + 1:25 Min.

WM

Weltmeisterschaft im Einzelzeitfahren   Hamilton/Kanada · 09. Oktober 2003

ZEITFAHREN

kiwi taktik
Michael Rogers

Als David Millar bei der WM 2001 mit 6,3 Sekunden Rückstand gegen Sieger Jan Ullrich den Kürzeren gezogen hatte, stand ihm die Enttäuschung ins Gesicht geschrieben. Mit etwas Glück wäre er damals an Jan Ullrich vorbeigefahren. – Dieses Glück hätte jedoch weder Michael Rogers aus Australien noch Uwe Peschel etwas genützt, denn der Brite fuhr auf den 41,3 Kilometern wie ein Außerirdischer. Als nach 8,2 Kilometern die erste Zwischenzeit genommen wurde, hatte Millar schon einen Vorsprung von acht Sekunden auf den Zweiten Uwe Peschel. Was sich hier andeutete, bestätigte sich bei allen anderen. Uwe „Aki" Peschel fuhr eine sehr konstantes Rennen, musste aber rund eine Stunde später im Ziel erkennen, dass Millar an diesem Tag nicht zu schlagen war. Nach großem Pech bei der letzten WM und der diesjährigen Tour de France war die Bronzemedaille für den Profi von Gerolsteiner zumindest eine kleine Wiedergutmachung. Die paar hundertstel Sekunden Rückstand auf die Silbermedaille von Michael Rogers waren es auch nicht Wert, viele Gedanken zu verschwenden. Michael Rich, der endlich einmal das Vorurteil widerlegen wollte, dass der Sieger des GP de Nation nicht auch Weltmeister werden kann, landete am Ende auf Platz vier. Seine Ansicht, dass der Kurs zwar unrhythmisch, aber nicht viel schwerer als in Plouay sei, mag vielleicht zutreffend gewesen sein, nur hatte er leider nicht ganz die Beine von damals. Millar indes gewann sein erstes wirklich großes Rennen und möchte seine Laufbahn jetzt mit einem Sieg bei den Olympischen Spielen in Athen krönen.

Michael Rogers erkämpft Silber (oben). Uwe Peschel wird erneut Dritter (unten).

09. Oktober 2003 · Hamilton/Kanada   WM   Weltmeisterschaft im Einzelzeitfahren

260,4 km

🌐 peter van petegem + 5 Sek.

🌐 alessandro valverde + 5 Sek.

🌐 igor astarloa 6:30:19 Std. (40,029 km/h)

Igor Astarloa

STRASS

Die Erfolglosigkeit der Italiener und Franzosen bei dieser WM setzte sich auch im Straßenrennen der Elite fort. Im letzten Jahr war die Squadra azzura noch die erfolgreichste WM-Mannschaft. In diesem Jahr nahm sie nicht eine Medaille mit in ihre Heimat. Den Franzosen erging es nicht anders.

Sobald die Frage nach einem Favoriten im abschließenden WM-Rennen aufkam, antwortete jeder mit einem Namen: Paolo Bettini. Der 29-Jährige hatte die Saison bisher fast nach Belieben bestimmt, und fühlte sich als Klassiker-Spezialist auf der 260 Kilometer langen, aber nicht extrem schweren Berg- und Talfahrt wie zu Hause. Als Favoriten wurden außerdem Erik Zabel, Romans Vainsteins aus Lettland, der Spanier Oscar Freire, Michael Boogerd aus Holland und der Belgier Peter Van Petegem genannt. Das Rennen über insgesamt 21 Runden auf dem 12,4 Kilometer langen Rundkurs war aber eher vom Abwarten und der Zurückhaltung der Favoriten geprägt. Erst der Angriff von Koos Moerenhout in der fünften Runde brachte etwas Bewegung ins Feld. Nach Victor-Hugo Peña aus Kolumbien setzte sich Björnar Vestöl (Dänemark) vom Hauptfeld ab. Ende der zehnten Runde hatte sich das Trio um den Holländer Moerenhout zusammengefunden und einen Vorsprung von 2:45 Minuten herausgefahren. Dennoch: Keine Gefahr für die Favoriten, denn dazu war die restliche Renndistanz zu lange. Als Fabian Cancellara aus der Schweiz zu den Führenden aufschloss, betrug der Vorsprung gerade noch 45 Sekunden. Ende der dreizehnten Runde wurde über Radio-Tour gemeldet: pack closed, Fahrerfeld geschlossen. Bis zwei Runden vor Schluss tat sich

WM
Weltmeisterschaft im Straßenrennen   Hamilton/Kanada · 12. Oktober 2003

...ENRENNEN

dann recht wenig. Immerhin: Fabian Wegmann (Freiburg) zeigte eine beherzte Fahrweise, auch Beat Zberg (Schweiz) und Jürgen van Goolen (Belgien) suchten das Heil in der Flucht.

dos Torreros

Alejandro Valverde

Im Sprint um die Medaillen unterliegt Bettini. Der Favorit wird Vierter. Valverde sichert sich die Silbermedaille.

Doch vergebens.
Der entscheidende Angriff wurde erst drei Kilometer vor dem Ziel gefahren, als sich Igor Astarloa am letzten Anstieg aus einer Führungsgruppe absetzte. Weder Van Petegem noch Boogerd, Hamburger, Camenzind oder Bettini folgten dem Spanier in diesem entscheidenden Moment. Als der 27-Jährige die Kuppe erreicht, werden knapp 15 Sekunden Vorsprung notiert. Astarloa stürzt sich in die letzte Abfahrt, meistert die Zielkurve und kann sich als neuer Weltmeister feiern lassen. Fünf Sekunden später führte sein Landsmann Alejandro Valverde – er konnte am Anstieg zur Spitze aufschließen – die Verfolger ins Ziel und holt Silber vor Van Petegem und Paolo Bettini. Oscar Camenzind wurde um eine Medaille gebracht, als er in der letzten Kurve stürzte; er erreichte das Ziel als Siebzigster. Erik Zabel beendet als bester Deutscher das Rennen auf Rang elf. Amerika scheint ein Glücksfall für die Spanier zu sein: 1995 belegten Abraham Olano und Miguel Indurain ebenfalls die ersten zwei Plätze.

Asta la vista en Verona 2004!

MEDAILLENSPIEGEL

NIEDERLANDE	2	3	2	7
DEUTSCHLAND	2	1	2	5
RUSSLAND	1	1	2	4
SPANIEN	2	1		3
GROSSBRITANNIEN	1		1	2
SCHWEDEN	1		1	2
USBEKISTAN	1			1
BELGIEN		1	1	2
AUSTRALIEN		1		1
DÄNEMARK		1		1
UKRAINE		1		1
TSCHECHIEN			1	1
				Gesamt

WM
12. Oktober 2003 · Hamilton/Kanada   Weltmeisterschaft im Straßenrennen

LOMBARDEI

Das letzte Stelldichein der Großen des Radsports, ein letzter Blick auf viele Protagonisten des Jahres, das Ende der europäischen Straßensaison und ein schwieriges Rennen mit bergigem Kurs: Auch wenn Paolo Bettini als Weltcup-Sieger vor der letzten Prüfung der Serie bereits feststand, die Lombardei-Rundfahrt blieb sehenswert.

1.	BARTOLI	100 PUNKTE
2.	LOPEBOSELLI	70 PUNKTE
3.	FRIGO	50 PUNKTE
4.	B. ZBERG	40 PUNKTE
5.	PERDIGUERO	36 PUNKTE
6.	VASSEUR	32 PUNKTE

Lombardei-Rundfahrt · Italien · 17. Oktober 2003

LOMBARDEI-RUNDFAHRT

RUNDFAHRT

siegt bartoli wieder!

Michele Bartoli

Endlich siegreich nach einer verkorksten Saison: Michele Bartoli wiederholt seinen Vorjahressieg in der Lombardei.

119

17. Oktober 2003 · Italien   Lombardei-Rundfahrt

Vorjahressieger Michele Bartoli war letztes Jahr nicht für die italienische Nationalmannschaft nominiert worden und entsprechend motiviert in der Lombardei an den Start gegangen. Und dieses Jahr? Wieder wurde er vom Verband für die Weltmeisterschaft in Hamilton nicht berücksichtigt – und wieder siegte er in Bergamo. Im Sprint setzte er sich gegen Cofidis-Profi Angelo Lopeboselli durch, seinen Weggefährten der letzten 20 Kilometer.

Frühe Attacken und etliche Ausreißversuche prägen den Klassiker fast vom Start weg. Doch nach der Hälfte des Rennens reagierten die Fahrer des Hauptfeldes, allen voran die von Rabobank. Auf der Abfahrt vom Selvino setzten sich dann Michael Boogerd, Carlos Sastre, Dario Frigo und Michele Bartoli ab. Bald folgten ihnen Bettini und der neue Weltmeister Astarloa, der zwar im Vorfeld als Favorit galt, aber aufgrund von Magenproblemen nicht in Bestform war.

Wenig später setzte sich ein Trio an die Spitze: Tour-de-France-Etappensieger Juan Antonio Flecha beim letzten Auftritt seines Hauptsponsors Banesto im Profiradsport sowie Beat Zberg und Andrea Peron. Doch ihnen gelang kein bedeutender Vorsprung. Aus dem Hauptfeld machte mittlerweile Bartoli das Tempo und setzte sich schließlich mit einer größeren Gruppe ab.

Rund 23 Kilometer vor dem Ziel, auf der Abfahrt vom Berbenno, versuchte unter anderem Matthias Kessler einen Ausreißversuch. Bartoli konnte sich so überraschend absetzen, dass nur Lopeboselli mitgehen konnte. „Lope" hatte dann aber im Sprint gegen Bartoli keine Chance. Aus der Verfolgergruppe löste sich noch Dario Frigo und wurde Dritter.

Paolo Bettini gab das Rennen 40 Kilometer vor dem Ziel auf. Er führte im Weltcup souverän vor Michael Boogerd und Peter Van Petegem, der im Frühjahr seine Saisonplanung konsequent, aber vergebens auf den möglichen Weltcup-Gesamtsieg ausgerichtet hatte. Bettinis sportliche Ziele für die nahe Zukunft nach zweimaligem Gewinn des Weltcups: die Olympischen Spiele und die Weltmeisterschaften in Verona – Ziele, die er mit Michele Bartoli teilt ...

LOMBARDEI-RUNDFAHRT

Bartoli und Lepoboselli unterwegs nach Bergamo.

Saeco gewinnt erstmalig die Mannschaftswertung im Weltcup.

Paolo Bettini, Weltcup-Sieger 2003 und Igor Astarloa, Weltmeister 2003.

WORLDCUP-ENDSTAND 2003

1.	BETTINI (5)	365
2.	BOOGERD (6)	220
3.	VAN PETEGEM (4)	219
4.	REBELLIN (5)	187
5.	ZABEL (5)	186
6.	DI LUCA (5)	140

17. Oktober 2003 · Italien   Lombardei-Rundfahrt

impressionen

KATAR RUNDFAHRT

Alberto Loddo

Katar-Rundfahrt

Zum zweiten Mal machten sich die Profis auf die Tour durchs kleine Emirat am Persischen Golf. Die gelungene Rundfahrt-Premiere der letzten Saison sorgte dieses Jahr für eine gute Besetzung. Der Italiener Alberto Loddo sicherte sich die Auftaktetappe in der Hauptstadt Doha und konnte die Gesamtführung beim Tageserfolg von Damien Nazon auf der zweiten Etappe verteidigen. Die dritte Etappe mit Start auf Katars Kamelrennbahn gewann Stefan Van Dijk (Lotto), der vierte Abschnitt ging an Ivan Quaranta. Gerolsteiner-Profi Olaf Pollack hatte 19 Sekunden Rückstand auf den Gesamtführenden Loddo. Die Schlussetappe wurde spannend. In einem nervösen Rennen konnte Loddo eine Sekunde vor Olaf Pollack ins Ziel retten. Der Tagessieg ging an Servais Knaven.

Johann Musseuw

HET VOLK

Omloop Het Volk

Het Volk eröffnet alljährlich die Klassikersaison und bietet aufs Neue Gelegenheit, sich an Kopfsteinpflaster zu gewöhnen. Der dreimalige Het-Volk-Gewinner Peter van Petegem ging als hoher Favorit ins Rennen, ebenso Weltcup-Sieger Paolo Bettini, dieses Jahr bereits Sieger der Mittelmeer-Rundfahrt. Doch den Sieg holte sich nach beeindruckender Teamleistung der Mapei-Folgemannschaft ein anderer Quick-Step-Profi: Routinier Johan Museeuw. Bettini wurde Dritter hinter Max Van Heeswijk. Van Petegem hatte den Anschluss an eine Führungsgruppe verpasst und konnte in den Rennausgang nicht mehr eingreifen. Für Quick Step war Het Volk der Start in ein erfolgreiches Frühjahr.

GENT–WEVELGEM

impressionen

Andreas Klier

Gent – Wevelgem

Zwischen der Flandern-Rundfahrt und Paris–Roubaix steht mit Gent-Wevelgem ein weiteres Tagesrennen der Ehrenkategorie im Kalender. Für Telekom-Mannschaftshelfer Andreas Klier rückblickend einer der wichtigsten Termine des Jahres: Als erster Deutscher überhaupt feierte er einen Sieg in Belgien – den größten Erfolg seiner bisherigen Karriere. Klier war in der Schlussphase des Rennens in einer Ausreißergruppe dabei und konnte den Sprint nervenstark für sich entscheiden. Mit Mängeln behaftet war allerdings die Organisation des Rennens: Zu viele Motorräder machten den Radprofis das Leben schwer. Die aufkommende Hektik forderte zahlreiche Sturzopfer, auch unter den Favoriten des Rennens. Paolo Bettini etwa musste aufgeben. Nach einem Sturz auf dem Weg zurück ins Feld warf der dreimalige Gent-Wevelgem Sieger Mario Cipollini mit einer Trinkflasche nach einem zu dicht auffahrenden Motorradfahrer und wurde disqualifiziert.

NIEDERSACHSEN-RUNDFAHRT

Nicolas Jalabert

Niedersachsen-Rundfahrt

Die Niedersachsen-Rundfahrt machte im April den Auftakt in der Reihe deutscher Regionaltouren. Olaf Pollack ging als Titelverteidiger an den Start, sein Team Gerolsteiner war im vergangenen Jahr beste Mannschaft bei deutschen Rennen. Und es sah zunächst so aus, als könne diese Saison ebenso erfolgreich werden: Michael Rich sicherte sich bereits zum dritten Mal in Folge den Zeitfahrsieg zum Auftakt und damit die Gesamtführung für sein Team. Die zweite Halbetappe des Tages ging an Thorsten Wilhelms. Beim Tagessieg seines Mannschaftskollegen Ronny Scholz auf der mit 207 Kilometer Länge schwersten Etappe von Goslar nach Osterode blieb Rich in Gelb. Der Sieg bei der dritten Etappe ging an Sprinter Saulius Ruskys (Marlux). Danilo Hondo wurde dabei zum dritten Mal Zweiter. Am folgenden Tag übernahm Nicolas Jalabert mit dem zweiten Etappenplatz hinter Tomas Konecny die Gesamtführung, während Telekom und Gerolsteiner im Feld dahinter zu spät die Verfolgung aufnahmen. Der Rundfahrtsieg war Jalabert auf der letzten Etappe, die Olaf Pollack gewinnen konnte, nicht mehr zu nehmen.

impressionen

BAYERN RUNDFAHRT

Michael Rich

Bayern-Rundfahrt
Wie schon bei der Niedersachsen-Rundfahrt gewann Michael Rich, in Bayern als Titelverteidiger am Start, das Auftaktzeitfahren souverän. Und wie im Vorjahr gab er nach dem Zeitfahrsieg das gelbe Trikot nicht mehr ab. Rich dankte seinem Team nach der Schlussetappe für ein taktisch vorbildliches Rennen: Er hätte seine Arbeit nur beim Zeitfahren machen müssen, danach sei die Mannschaft für ihn gefahren. Für Telekom konnte immerhin auf der vierten Etappe Erik Zabel gewinnen – ein Überraschung, denn es war mit einer Bergankunft das schwierigste Teilstück! Neben Telekom, Gerolsteiner und dem GS-II-Team Wiesenhof sollte auch das dritte heimische Spitzenteam, Coast, in Bayern am Start sein. Doch der Hauptsponsor war inzwischen bankrott, und so gingen sechs ehemalige Coast-Profis, allen voran Thomas Liese, im Nationaltrikot an den Start. Liese bedankte sich für die Chance eines Renneinsatzes mit dem Sieg auf der ersten Etappe.

Wolodimir Gustow

Rothaus-Regio-Tour International
Und wieder sicherte sich ein Fahrer den Gesamtsieg einer Rundfahrt durch eine Spitzenplatzierung beim Zeitfahren: Der Ukrainier Wolodimir Gustow gewann die 19. Austragung der von Rothaus gesponserten Regio-Tour International. Beim 14 Kilometer langen Zeitfahren wurde er Zweiter hinter dem Vorjahressieger Ronny Scholz von Gerolsteiner und übernahm damit die Gesamtführung. Bis zum Schluss blieb der Kampf ums gelbe Trikot spannend. Ronny Scholz lag vor der letzten Etappe im Gesamtklassement nur zwei Sekunden hinter dem Führenden, eine Sekunde hinter Scholz folgte bereits der Drittplatzierte Cristian Moreni. Doch Gustow konnte sich durchsetzen. Die Rundfahrt durch den Schwarzwald stand wie viele Rennen in dieser Saison unter dem Einfluss des außergewöhnlich heißen Sommers. Aufgrund der Hitze wurde die letzte Etappe verkürzt.

REGIO-TOUR

HESSEN RUNDFAHRT

impressionen

Cedric Vasseur

Hessen-Rundfahrt

Die meisten Favoriten waren bereits nach der ersten Etappe der Hessen-Rundfahrt ohne Chance auf eine vordere Platzierung, denn das Hauptfeld kam mit beinahe halbstündigem Rückstand ins Ziel. Bei dieser Konstellation war klar: Der Gesamtsieger konnte am Ende nur einer der drei Erstplatzierten der Auftaktetappe sein. Cédric Vasseur gewann vor Maryan Hary und Axel Merckx. Vorjahressieger Uwe Peschel hatte keine Chance mehr auf eine Titelverteidigung. Den heimischen Favoriten blieb folglich nur, den Schaden durch gute Etappenplatzierungen zu begrenzen. Udo Bölts wurde Dritter des zweiten Tagesabschnittes hinter dem Sieger Lars Michaelsen und Daniele Nardello. Kai Hundertmarck gewann die 208 Kilometer lange und schwerste Etappe von Gelnhausen nach Allendorf. Bianchi-Profi Sven Teutenberg entschied auf der vierten Etappe nach langer Zeit wieder einen Sprint für sich. Die letzte Etappe ging an Daniele Nardello. Cédric Vasseur wurde Gesamtsieger der 22. Hessen-Rundfahrt.

Daniele Nardello

Rheinland-Pfalz-Rundfahrt

In der Heimat des Hauptsponsors trat Gerolsteiner mit Vorjahressieger Ronny Scholz, Olaf Pollack, Torsten Schmitt und René Haselbacher in Bestbesetzung an. Aber im Vordergrund stand ein anderer: Udo Bölts, über Jahre einer der beständigsten deutschen Radprofis, nahm seinen sportlichen Abschied und wurde von seinen Fans an der Strecke begeistert gefeiert. Die 38. Rheinland-Pfalz-Rundfahrt, die auf der vierten Etappe auch durch seinen Heimatort Heltersberg führte, war sein letzter Einsatz nach 15 Jahren als Berufsradfahrer und vorbildlicher Mannschaftshelfer. Den Gesamtsieg der Tour konnte sich Daniele Nardello mit fünf Sekunden Vorsprung vor dem talentierten Gerolsteiner Jungprofi Fabian Wegmann sichern. Der Telekom-Profi hatte das gelbe Trikot mit dem Gewinn der zweiten Etappe erobert.

RHEINLAND PFALZ RUNDFAHRT

Hessen-Rundfahrt · 03.-07. September 2003   Rheinland-Pfalz-Rundfahrt · 17.-21.09.

… # die Ergebnisse

SAISON *PARIS – NIZZA*

JANUAR

21. – 26. Januar „Tour Down Under" (Australien)
1. Mikel Astarloza (Spa, Ag2R) — 17:17:45 Std.
2. Lennie Kristensen (Den, CSC) — +0:00 Min.
3. Stuart O'Grady (Aus, Crédit Agricole) — +0:04 Min.
4. Giampaolo Caruso (Ita, Once) — +0:04 Min.
5. Paolo Lanfranchi (Ita, Panaria Fiordo) — +0:06 Min.

Etappensieger: 1.ET/Cooke(FdJeux.com) · 2.ET/Sacchi(Saeco) 3.ET/McEwen(Lotto-Domo) · 4.ET/Cooke (FdJeux.com) · 5.ET/Caruso(Once) · 6.ET/Brown(Panaria)
KAT 2.3

FEBRUAR

31. Januar – 04. Februar „Touf of Qatar" (Katar)
1. Alberto Loddo (Ita, Lampre) — 15:29:56 Std.
2. Olaf Pollack (Ger, Gerolsteiner) — +0:00 Min.
3. Jan Svorada (Tch, Lampre) — +0:07 Min.
4. Lars Michaelsen (Dan, CSC) — +0:07 Min.
5. Damien Nazon (Fra, Jean Delatour) — +0:09 Min.

Etappensieger: 1.ET/Loddo(Lampre) · 2.ET/Nazon · Boulangére) 3.ET/van Dijck(Lotto-Domo) · 4.ET/Quaranta(Saeco) · 5.ET/Knaven(Quick Step)
KAT 2.3

31. Jan. – 09. Feb. „Tour de Langkawi" (Malaysia)
1. Tom Danielson (USA, Saturn) — 31:54:09 Std.
2. Hernan Dario Muñoz (Kol, Selle Italia) — +0:09 Min.
3. Freddy Gonzalez Martinez (Kol, Selle Italia) — +1:44 Min.
4. Roland Green (Kan, Kanada) — +2:03 Min.
5. Josep Jufre Pou (Spa, Colchon Relax) — +2:35 Min.

Etappensieger: 1.EZF/O'Neill(Saturn) · 2.ET/Pagliarini(Lampre) 3.ET/Pagliarini(Lampre) · 4.ET/Pagliarini(Lampre) · 5.ET/Brown(Panaria) · 6.ET/O'Grady (Crédit Agricole) · 7.ET/Brown(Panaria) · 8.ET/O'Grady(Crédit Agricole) · 9.ET/Muñoz(Selle Italia) 10.ET/Bongiorno(Panaria)
KAT 2.2

02. – 06. Februar „Mallorca Challenge" (Spanien)
1. Alejandro Valverde (Spa, Kelme) — 18:10:07 Std.
2. Joaquin Rodr guez (Spa, Once) — +0:00 Min.
3. Francisco Cabello (Spa, Kelme) — +0:00 Min.
4. José Ivan Guttierez (Spa, iBanesto.com) — +0:00 Min.
5. Francisco Perez (Spa, Milaneza) — +0:00 Min.

Etappensieger: 1.ET/Gálvez(Kelme) · 2.ET/Usow(Phonak) · 3.ET/Davis(Once) · 4.ET/Gálvez(Kelme) · 5.ET/Wielinga(Rabobank) 39 Fahrer gewertet. Um für die inoffizielle Gesamtwertung (zählt nicht fürs UCI-Ranking) der Rennserie gewertet zu werden, muss ein Fahrer alle Etappen gefahren sein.
KAT 2.3

04. Februar „GP d'Ouverture La Marseillaise" (Fra)
1. Ludo Dierckxsens (Bel, Landbouwkrediet) — 3:32:48 Std.
2. Magnus Backstedt (Swe, Fakta) — +0:00 Min.
3. Stefano Casagranda (Ita, Alessio) — +0:07 Min.
4. Andrea Ferrigato (Ita, Alessio) — +0:07 Min.
5. Pierrick Fedrigo (Fra, Crédit Agricole) — +0:07 Min.
KAT 1.3 (150,3 KM)

05. - 09. Februar "Etoile des Bessèges" (Frankreich)
1. Fabio Baldato (Ita, Alessio) — 19:01:30 Std.
2. Michael Skelde (Dan, Fakta) — +0:05 Min.
3. Franck Bouyer (Fra, Boulangére) — +0:06 Min.
4. Staf Scheirlinckx (Bel, Iteamnova) — +0:12 Min.
5. Jérôme Pineau (Fra, Boulangére) — +1:12 Min.

Etappensieger: 1.ET/Baldato(Alessio) · 2.ET/Planckaert(Cofidis) 3.ET/Steels (Landbouwkrediet) · 4.ET/McEwen (Lotto-Domo) 5.ET/Kirsipuu(AG2R)
KAT 2.3

11. – 23. Februar „Vuelta a Cuba" (Kuba)
1. Todd Herriot (USA, UPMC Fuji) — 46:17:05 Std.
2. Eliecer Valdes (Kub, Kuba A) — +1:14 Min.
3. Maxim Gurow (Kaz, Cropusa) — +5:55 Min.
4. Lizardo Benitez (Kub, Kuba A) — +7:47 Min.
5. Simone Biasci (Ita, KRKA Telekom) — +9:56 Min.

Etappensieger: 1.ET/Martínez(A* Kuba) · 2.ET/Alcolea(A* Kuba) 3.ET/Valdés(A* Kuba) · 4.ET/Falzarano(Penelli) · 5.ET/Papp (UPMC Fuji) · 6.ET/Mariño(A* Kuba) · 7.ET/López(Cropusa) 8.ET/Papp(UPMC Fuji) · 9.ET/Martínez(A* Kuba) · 10.ET/Mariño (A* Kuba) · 11.ET/Falcón(A* Kuba) · 12A.EZF/Viamontes(Cienfuegos) · 12B.EZF/Romero(A* Kuba A) · 13.ET/Biasci(Pennelli-Cinghial) *Nationalmannschaft
KAT 2.5

12. – 16. Februar „Tour Méditerranéen" (Frankreich)
1. Paolo Bettini (Ita, Quick Step) — 12:54:40 Std.
2. Laurent Brochard (Fra, AG2R) — +0:16 Min.
3. Sylvain Chavanel (Fra, Boulangére) — +0:23 Min.
4. Bram De Groot (Ned, Rabobank) — +0:36 Min.
5. Thor Hushovd (Nor, Crédit Agricole) — +0:41 Min.

Etappensieger: 1.ET/De Groot(Rabobank) · 2.ET/Magnien (Boulangére) · 3.ET/Cooke(FdJeux.com) · 4.ET/Moncoutié (Cofidis) · 5.ET/Bennati(Domina Vacanze) · 6.MZF/Fassa Bortolo
KAT 2.3

16. -20. Februar „Vuelta a Andalucia" (Spanien)
1. Javier Pascual Llorente (Spa, Kelme) — 21:58:38 Std.
2. Davide Rebellin (Ita, Gerolsteiner) — +0:08 Min.
3. Alejandro Valverde (Spa, Kelme) — +0:09 Min.
4. Giampaolo Caruso (Ita, Once) — +0:09 Min.
5. José Ivan Gutierrez (Spa, iBanesto.com) — +0:09 Min.

Etappensieger: 1.ET/Freire(Rabobank) · 2.ET/Freire(Rabobank) 3.ET/Llorente(Kelme) · 4.ET/Wielinga(Rabobank) · 5.ET/Iwanow (Alessio)
KAT 2.3

18. Februar „Trofeo Laigueglia" (Italien)
1. Filippo Pozzato (Ita, Fassa Bortolo) — 4:53:13 Std.
2. Fabio Sacchi (Ita, Seaco) — +0:00 Min.
3. Fabio Baldato (Ita, Alessio) — +0:00 Min.
4. Paolo Bettini (Ita, Quick Step) — +0:00 Min.
5. Massimiliano Mori (Ita, Formaggi Pinzolo) — +0:00 Min.
KAT 1.2 (183 KM)

19. – 22. Februar „Giro Riviera Ligure Ponente" (Ita)
1. Danilo Di Luca (Ita, Saeco) — 13:26:27 Std.
2. Giuseppe Palumbo (Ita, De Nardi) — +0:10 Min.
3. Wladimir Belli (Ita, Lampre) — +0:14 Min.
4. Jamie Burrow (GBr, Amore & Vita) — +0:26 Min.
5. Peter Farazijn (Bel, Cofidis) — +0:27 Min.

Etappensieger: 1.ET/Ferrigato(Alessio) · 2.ET/Palumbo(De Nardi) · 3A.ET/Casper(FdJeux.com) · 3B.ET/Di Luca(Saeco) 4.ET/Balducci(Vini Caldirola)
KAT 2.3

19. – 23. Februar „Volta ao Algarve" (Portugal)
1. Claus Michael Möller (Dan, Milaneza) — 17:19:06 Std.
2. Victor-Hugo Peña (Col, US Postal) — +0:15 Min.
3. Pedro Cardoso (Por, Milaneza) — +0:34 Min.
4. David Bernabeu (Spa, Milaneza) — +0:38 Min.
5. Candido Barbosa (Por, Milaneza) — +0:39 Min.

Etappensieger: 1.ET/Edo(Milaneza) · 2.ET/Loddo(Lampre) 3.ET/Barbosa(La Pecol) · 4.ET/Möller(Milaneza) · 5.ET/Cardoso (Milaneza)
KAT 2.3

19. – 23. Februar „Tour of Rhodos" (Griechenland)
1. Bram Schmitz (Ned, Bankgirolotterij) — 14:08:10 Std.
2. Sebastian Lang (Ger, Gerolsteiner) — +0:03 Min.
3. Thomas Bruun Eriksen (Dan, CSC) — +0:03 Min.
4. Fred Rodriguez (USA, Vini Caldirola) — +0:03 Min.
5. Rudi Kemna (Ned, Bankgiroloterij) — +0:03 Min.

Etappensieger: PRO/Lang(Gerolsteiner) · 1.ET/Svorada(Lampre) 2.ET/Rodriguez(Vini Caldirola) · 3.ET/Bruun(CSC) · 4.ET/Kemna (Bankgiroloterij)
KAT 2.3

22. Februar „Tour du Haut Var" (Frankreich)
1. Sylvain Chavanel (Fra, Boulangére) — 4:46:25 Std.
2. Samuel Sanchez (Spa, Euskaltel) — +0:00 Min.
3. Andrej Kiwilew (Kzk, Cofidis) — +0:00 Min.
4. Stéphane Goubert (Fra, Jean Delatour) — +0:00 Min.
5. Paolo Bettini (Ita, Quick Step) — +0:24 Min.
KAT 1.2 (180 KM)

23. Februar „Haribo Classic" (Frankreich)
1. Jaan Kirsipuu (Est, AG2R) — 4:55:26 Std.
2. Lars Michaelsen (Dan, CSC) — +0:00 Min.
3. Max van Heeswijk (Ned, US Postal) — +0:00 Min.
4. Jean-Patrick Nazon (Fra, Jean Delatour) — +0:00 Min.
5. Damien Nazon (Fra, Boulangére) — +0:00 Min.
KAT 1.3 (196 KM)

23. Februar „Trofeo Luis Puig" (Spanien)
1. Alessandro Petacchi (Ita, Fassa Bortolo) — 4:14:29 Std.
2. Isaac Gálvez (Spa, Kelme) — +0:00 Min.
3. Alejandro Valverde (Spa, Kelme) — +0:00 Min.
4. Iván Herrero (Spa, Labarca 2) — +0:00 Min.
5. Iñigo Landaluze (Spa, Euskaltel) — +0:00 Min.
KAT 1.2 (176,4 KM)

25. Feb. - 01. März „Vuelta a Valencia" (Spanien)
1. Dario Frigo (Ita, Fassa Bortolo) — 11:34:01 Std.
2. David Bernabeu (Spa, Milaneza) — +0:15 Min.
3. Javier Pascual Llorente (Spa, Euskaltel) — +0:00 Min.
4. David Millar (GBr, Cofidis) — +0:24 Min.
5. Xavier Florencio (Spa, Once) — +0:36 Min.

Etappensieger: 1.EZF/Frigo(Fassa Bortolo) · 2.ET/Casero (Paternina) · 3.ET/Astarloa(Saeco) · 4.ET/Perdiguero(Domina Vacanze) · 5.ET/Petacchi (Fassa Bortolo)
KAT 2.3

2 0 0 3

TIRRENO – ADRIATICO · MAILAND – SAN REMO

MÄRZ

01. März „Omloop Het Volk" (Belgien)
1. Johan Museeuw (Bel, Quick Step) 5: 01:15 Std.
2. Max van Heeswijk (Ned, US Postal) +0:14 Min.
3. Paolo Bettini (Ita, Quick Step) +0:14 Min.
4. Frank Vandenbroucke (Bel, Quick Step) +1:33 Min.
5. Tom Boonen (Bel, Quick Step) +1:33 Min.
KAT 1.1 (200 KM)

01. März „GP Chiasso" (Schweiz)
1. Giuliano Figueras (Ita, Panaria) 4:06:48 Std.
2. Mirco Celestino (Ita, Saeco) +0:00 Min.
3. Giuseppe Palumbo (Ita, De Nardi) +0:00 Min.
4. Paolo Bossoni (Ita, Vini Caldirola) +0:00 Min.
5. Cédric Vasseur (Fra, Cofidis) +0:00 Min.
KAT 1.3 (165,7 KM)

02. März „GP Lugano" (Schweiz)
1. David Moncoutié (Fra, Cofidis) 4:25:23 Std.
2. Alexander Kolobnew (Rus, Domina Vacanze) +0:33 Min.
3. Rusland Grischenko (Ukr, Landbouwkrediet) +0:34 Min.
4. Kurt-Asle Arvesen (Nor, Fakta) +0:37 Min.
5. Jérôme Pineau (Fra, Boulangére) +0:37 Min.
KAT 1.3 (169,5 KM)

02. März „Classica Almeria" (Spanien)
1. Luciano Pagliarini (Bra, Lampre) 4:01:30 Std.
2. Massimo Strazzer (Ita, Phonak) +0:00 Min.
3. Alexej Markow (Rus, Lokomotiv) +0:00 Min.
4. Bram De Groot (Ned, Rabobank) +0:00 Min.
5. Marc Lotz (Ned, Rabobank) +0:00 Min.
KAT 1.3 (187 KM)

02. März „Kuurne-Bruxelles-Kuurne" (Belgien)
1. Roy Sentjens (Ned, Rabobank) 4:48:00 Std.
2. Leif Hoste (Bel, Lotto-Domo) +0:19 Min.
3. Volker Ordowksi (Ger, Gerolsteiner) +0:19 Min.
4. Davide Bramati (Ita, Quick Step) +0:19 Min.
5. Andy Flickinger (Fra, AG2R) +0:19 Min.
KAT 1.2 (190 KM)

05. März „Mémorial Samyn" (Belgien)
1. Stefan Van Dijck (Ned, Lotto-Domo) 4:16:00 Std.
2. Gert Vanderaerden (Bel, Palmans) +0:00 Min.
3. Jeroen Blijlevens (Ned, Bankgiroloterij) +0:00 Min.
4. Arkadius Wojtas (Pol, CCC Polsat) +0:00 Min.
5. Roy Sentjens (Ned, Rabobank) +0:00 Min.
KAT 1.3 (185 KM)

05. - 09. März „Vuelta Ciclista a Murcia" (Spanien)
1. Javier Pascual Llorente (Spa, Kelme) 15:58:18 Std.
2. Jan Hruska (Tch, Once) +0:17 Min.
3. Haimar Zubeldia (Spa, Once) +0:23 Min.
4. José Ivan Gutierrez (Spa, iBanesto.com) +0:40 Min.
5. Juan Carlos Dominguez (Spa, Phonak) +0:47 Min.
Etappensieger: 1.ET/Svorada(Lampre) · 2.ET/Llorente(Kelme) 3.ET/Zabel(Telekom) · 4.ET/Pena(US Postal) · 5.ET/Llorente(Kelme)
KAT 2.3

07. März „Giro di Reggio di Calabria" (Italien)
1. Aitor Gonzalez (Spa, Fassa Bortolo) 5:10:53 Std.
2. Filippo Pozzato (Ita, Fassa Bortolo) +0:01 Min.
3. Fabio Baldato (Ita, Alessio) +0:01 Min.
4. Paolo Bossoni (Ita, Vini Caldirola) +0:01 Min.
5. Uros Murn (Slo, Formaggi Pinzolo) +0:01 Min.
KAT 1.3 (194 KM)

07. - 09. März „Drei Tage von West-Flandern" (Bel)
1. Jaan Kirsipuu (Est, AG2R) 9:01:00 Std.
2. Jimmy Casper (Fra, Formaggi Pinzolo) +0:04 Min.
3. Lauri Aus (Est, Cofidis) +0:16 Min.
4. Bart Voskamp (Ned, Bankgiroloterij) +0:18 Min.
5. Servais Knaven (Ned, Quick Step) +0:22 Min.

Etappensieger: 1.EZF/Millar(Cofidis) · 2.ET/Casper(FdJeux.com) 3.ET/Kirsipuu(AG2R)
KAT 2.3

09. März "Trofeo Pantalica" (Italien)
1. Miguel Perdiguero (Spa, Domina Vacanze) 4:33:53 Std.
2. Enrico Cassani (Ita, Alessio) +0:00 Min.
3. Giuliano Figueras (Ita, Panaria) +0:00 Min.
4. Giuseppe Palumbo (Ita, De Nardi) +0:00 Min.
5. Wladimir Duma (Ukr, Landbouwkrediet) +0:00 Min.

Der Spanier Miguel Perdiguero gewann im Sprint einer kleinen 9-köpfigen Gruppe, die nach einem Massensturz übrig geblieben war, auf der Zielgeraden.
KAT 1.3 (174 KM)

09. – 16. März „Paris – Nizza" (Frankreich)
1. Alexander Winokurow (Kzk, Telekom) 23:30:04 Std.
2. Mikel Zarrabeitia (Spa, Once) +0:43 Min.
3. Davide Rebellin (Ita, Gerolsteiner) +0:54 Min.
4. Jörg Jaksche (Ger, Once) +0:55 Min.
5. Sylvain Chavanel (Fra, Boulangére) +1:24 Min.
6. David Bernabeu (Spa, Milaneza) +1:28 Min.
7. Claus Michael Möller (Den, Milaneza) +1:30 Min.
8. Wolodomir Gustow (Ukr, Fassa Bortolo) +1:41 Min.
9. Samuel Sanchez (Spa, Euskaltel) +1:48 Min.
10. Oscar Pereiro Sio (Spa, Phonak) +2:04 Min.

Bergwertung: Tyler Hamilton (USA, CSC)
Punktewertung: Laurent Brochard (Fra, AG2R)
Teamwertung: Once (Spa)
Bester Jungprofi: Sylvain Chavanel (Fra, Boulangére)
Kämpferwertung: Christophe Oriol (Fra, AG2R)

Etappensieger: PRO/Mattan(Cofidis) · 1.ET/Petacchi(Fassa Bortolo) · 2.ET/Rebellin(Gerolsteiner) · 3.ET/Rebellin(Gerolsteiner) 4.ET/Frigo(Fassa Bortolo) · 5.ET/Winokurow(Telekom) · 6.ET/Rodriguez(Once) · 7.ET/Bernabeu(Milaneza)
HC

11. März „Trofeo dell'Etna" (Italien)
1. Filippo Pozzato (Ita, Fassa Bortolo) 5:11:25 Std.
2. Biago Conte (Ita, Formaggi Pinzolo) +0:00 Min.
3. Mario Manzoni (Ita, Mercatone Uno) +0:00 Min.
4. Miguel Perdiguero (Spa, Domina Vacanze) +0:00 Min.
5. Enrico Cassani (Ita, Alessio) +0:00 Min.
KAT1.3 (199,4 KM)

11. – 15. März „Giro del Capo" (Südafrika)
1. David George (RSA, Barloworld) 12:56:16 Std.
2. Darren Lill (RSA, HSBC) +0:12 Min.
3. Jaco Odendaal (RSA, Barloworld) +0:43 Min.
4. Luke Roberts (Aus, Comnet-Senges) +0:58 Min.
5. Jonathan Dayus (GBr, Ringerike) +0:59 Min.

Etappensieger: 1.ET/Lill(HSBC) · 2.ET/Kessler(Microsoft) 3.ET/Roberts(Comnet-Senges) · 4.ET/Owtscharek(Lamonta) 5.ET/George(Barloworld)
KAT 2.5

13. – 19. März „Tirreno – Adriatico" (Italien)
1. Filippo Pozzato (Ita, Fassa Bortolo) 29:45:22 Std.
2. Danilo Di Luca (Ita, Saeco) +0:04 Min.
3. Ruggero Marzoli (Ita, Alessio) +0:12 Min.
4. Michael Boogerd (Ned, Rabobank) +0:13 Min.
5. Paolo Bettini (Ita, Quick Step) +0:21 Min.
Etappensieger: 1.ET/Cipollini(Domina Vacanze) · 2.ET/Pozzato (Fassa Bortolo) · 3.ET/Cipollini(Domina Vacanze) · 4.ET/Bettini (Quick Step) · 5.ET/Marzoli(Alessio) · 6.ET/Di Luca(Saeco) 7.ET/Freire(Rabobank)
2.HC

14. – 16. März „GP Erik Breukink" (Niederlande)
1. Erik Dekker (Ned, Rabobank) 11:57:25 Std.
2. Tomas Vaitkus (Lit, Landbouwkrediet) +0:02 Min.
3. Bernard Eisel (Aut, FdJeux.com) +0:06 Min.
4. Gerben Löwik (Ned, Bankgiroloterij) +0:09 Min.
5. Dave Bruylandts (Bel, Marlux) +0:15 Min.
Etappensieger: 1.ET/Casper(FdJeux.com) · 2.ET/Eisel(Fd-Jeux.com) · 3.ET/Roesems(Palmans)
KAT 2.3

19. März „Nokere Koerse" (Belgien)
1. Matthé Pronk (Ned, Bankgiroloterij) 4:24:00 Std.
2. Magnus Backstedt (Swe, Fakta) +0:00 Min.
3. Hendrik Van Dijck (Bel, Lotto-Domo) +0:00 Min.
4. Dave Bruylandts (Bel, Marlux) +0:00 Min.
5. Bert De Waele (Bel, Landbouwkrediet) +0:00 Min.
KAT 1.3 (193,2 KM)

20. – 23. „GP Mosqueteiros" (Portugal)
1. Candido Barbosa (Por, L.A. Pecol) 13:23:47 Std.
2. Alexej Markow (Rus, Lokomotiv) +0:02 Min.
3. Claus Michael Möller (Den, Milaneza) +0:11 Min.
4. Pawel Tonkow (Rus, CCC Polsat) +0:23 Min.
5. Orlando Rodriguez (Por, L.A. Pecol) +0:31 Min.
Etappensieger: 1.ET/Edo(Milaneza) · 2.ET/Fernandez(Colchon Relax) · 3.ET/Edo(Milaneza) · 4.ET/Möller(Milaneza)
KAT 2.3

MAILAND – SAN REMO

#	Fahrer	Team	Zeit	Pkt
1.	**Paolo Bettini** — Ita/Quick Step	297KM (44,031 km/h) QSD 6:44:43		100
2.	Mirco Celestino	SAE	+0:00.	70
3.	Luca Paolini	QSD	+0:02.	50
4.	Mario Cipollini	DVE	+0:11.	40
5.	Dario Pieri	SAE	+0:11.	36
6.	Erik Zabel	TEL	+0:11.	32
7.	Oscar Freire	RAB	+0:11.	28
8.	Jan Svorada	LAM	+0:11.	24
9.	Sergej Iwanow	ALS	+0:11.	20
10.	Guido Trentin	COF	+0:11.	16
11.	Gianluca Bortolami	VIN	+0:11.	15
12.	Bernhard Eisel	FDJ	+0:11.	14
13.	Markus Zberg	GST	+0:11.	13
14.	Baden Cooke	FDJ	+0:11.	12
15.	Graziano Gasparre	DNC	+0:11.	11
16.	Matthew Wilson	FLA	+0:11.	10
17.	Kim Kirchen	FAS	+0:11.	9
18.	Marc Lotz	RAB	+0:11.	8
19.	Beat Zberg	RAB	+0:11.	7
20.	Ruggero Marzoli	ALS	+0:11.	6
21.	Stuart O'Grady	C.A	+0:11.	5
22.	Mariano Piccoli	LAM	+0:11.	4
23.	Fabio Sacchi	SAE	+0:11.	3
24.	David Millar	COF	+0:11.	2
25.	Xavier Florencio	ONE	+0:11.	1

22. MÄRZ · WORLDCUP 2003 · ITA

23. März „Stausee-Rundfahrt" (Schweiz)
1. Uros Murn (Slo, Formaggi Pinzolo) 4:21:56 Std.
2. Martin Elmiger (Sui, Phonak) +0:00 Min.
3. Michailo Khailov (Ukr, Selle Italia) +0:00 Min.
4. Steve Zampieri (Sui, Vini Caldirola) +0:00 Min.
5. Fabrice Gougot (Fra, Phonak) +0:00 Min.
KAT 1.3 (188 KM)

23. März „GP Rudy Dhaenens" (Belgien)
1. Christophe Kern (Fra, Boulangére) 4:16:00 Std.
2. Anthony Geslin (Fra, Boulangére) +0:00 Min.
3. Stefan Van Dijck (Ned, Lotto-Domo) +0:03 Min.

ERGEBNISLISTEN

die Ergebnisse

SAISON

FLANDERN-RUN

...MÄRZ

4. Saulius Ruskys (Lit, Marlux) +0:03 Min.
5. Geran Bo Andresen (Dan, Fakta) +0:03 Min.
KAT 1.3 (188 KM)

23. März "Cholet-Pays De Loire" (Frankreich)
1. Christophe Mengin (Fra, FdJeux.com) 4:54:03 Std.
2. Franck Bouyer (Fra, Boulangére) +0:00 Min.
3. Laurent Lefèvre (Fra, Jean Delatour) +0:00 Min.
4. Kurt-Asle Arvesen (Nor, Fakta) +0:00 Min.
5. Peter Farazijn (Bel, Cofidis) +0:00 Min.
KAT 1.2 (202 KM)

24. – 28. März "Setmana Catalana" (Spanien)
1. Dario Frigo (Ita, Fassa Bortolo) 20:15:51 Std.
2. José Jufre (Spa, Colchon Relax) +0:09 Min.
3. David Latasa (Spa, Kelme) +0:13 Min.
4. Leonardo Piepoli (Ita, iBanesto.com) +0:13 Min.
5. Iban Mayo (Spa, Euskaltel) +0:23 Min.

Etappensieger: 1.ET/Zabel(Telekom) · **2.ET**/Zberg(Rabobank) · **3.ET**/Zanotti(Fassa Bortolo) · **4.ET**/Frigo(Fassa Bortolo) · **5.ET**/Zabel(Telekom)
KAT 2.1

26. März "Dwars Door Vlaanderen" (Belgien)
1. Robbie McEwen (Aus, Lotto-Domo) 4:59:00 Std.
2. Baden Cooke (Aus, FdJeux.com) +0:00 Min.
3. Max Van Heeswijk (Ned, US Postal) +0:00 Min.
4. Jo Planckaert (Bel, Cofidis) +0:00 Min.
5. Dave Bruylandts (Bel, Marlux) +0:00 Min.
KAT 1.2 (200 KM)

26. – 30. März "S.C.I. Coppi-Bartali" (Italien)
1. Mirko Celestino (Ita, Saeco) 20:59:01 Std.
2. Francesco Casagrande (Ita, Lampre) +0:05 Min.
3. Franco Pellizotti (Ita, Alessio) +0:13 Min.
4. Alexander Kolobnew (Rus, Domina Vacanze) +0:18 Min.
5. Jaroslaw Popowitsch (Ukr, Landbouwkrediet) +0:19 Min.

Etappensieger: 1A.ET/Svorada(Lampre) · **1B.MZF**/Lampre · **2.ET**/Kolobnew(Domina Vacanze) · **3.ET**/Quaranta(Saeco) · **4.ET**/Mazzanti(Panaria) · **5.ET**/Iwanow(Alessio)
KAT 2.3

29. + 30. März "Critérium Int." (Frankreich)
1. Laurent Brochard (Fra, AG2R) 7:09:40 Std.
2. Jens Voigt (Ger, Crédit Agricole) +0:22 Min.
3. David Moncoutié (Fra, Cofidis) +0:23 Min.
4. Andreas Klöden (Ger, Telekom) +0:24 Min.
5. Sylvain Chavanel (Fra, Boulangére) +0:28 Min.

Etappensieger: 1.ET/Nazon(Boulangére) · **2.ET**/Brochard(AG2R) · **3.EZF**/Voigt(Crédit Agricole)
KAT 2.1

29. März "GP E3 – Harelbeke" (Belgien)
1. Steven De Jongh (Ned, Rabobank) 4:33:00 Std.
2. Steffen Wesemann (Ger, Telekom) +0:00 Min.
3. Stijn Devolder (Bel, Vlaanderen) +0:00 Min.
4. Raivis Belowoschiks (Let, Marlux) +0:04 Min.
5. Frédéric Guesdon (Fra, FdJeux.com) +0:00 Min.
KAT 1.1 (208 KM)

30. März "Brabantse Pijl" (Belgien)
1. Michael Boogerd (Ned, Rabobank) 4:31:00 Std.
2. Oscar Freire Gomez (Spa, Rabobank) +0:09 Min.
3. Luca Paolini (Ita, Quick Step) +0:09 Min.
4. Dave Bruylandts (Bel, Marlux) +0:09 Min.
5. Romans Vainsteins (Lat, Vini Caldirola) +2:09 Min.
KAT 1.2 (198 KM)

APRIL

01. – 03. April "Driedaagse van De Panne" (Belgien)
1. Raivis Belowoschiks (Let, Marlux) 13:44:53 Std.
2. Gianluca Bortolami (Ita, Vini Caldirola) +0:01 Min.
3. Peter Van Petegem (Bel, Lotto-Domo) +0:13 Min.
4. Olaf Pollack (Ger, Gerolsteiner) +0:14 Min.
5. Wjatscheslaw Ekimow (Rus, US Postal) +0:17 Min.

Etappensieger: 1.ET/Bortolami(Vini Caldirola) · **2.ET**/Baldato(Alessio) · **3A.ET**/De Jongh(Rabobank) · **3B.EZF**/Belowoschiks(Marlux)
KAT 2.2

04. April "Route Adelie" (Frankreich)
1. Sébastien Joly (Fra, Jean Delatour) 4:34:38 Std.
2. Henk Vogels (Aus, Navigators) +0:02 Min.
3. Laurent Brochard (Fra, AG2R) +0:02 Min.
4. Cédric Vasseur (Fra, Cofidis) +0:02 Min.
5. Jens Voigt (Ger, Crédit Agricole) +0:02 Min.
KAT 1.3 (186 KM)

06. April "Ronde van Vlaanderen" (Belgien)
1. Peter Van Petegem (Bel, Lotto-Domo) 6:18:48 Std.
2. Frank Vandenbroucke (Bel, Quick Step) +0:02 Min.
3. Stuart O'Grady (Aus, Crédit Agricole) +0:19 Min.
4. Fabio Baldato (Ita, Alessio) +0:19 Min.
5. Nico Mattan (Bel, Cofidis) +0:19 Min.
KAT 1.5 (255 KM)

06. April "GP Miguel Indurain" (Spanien)
1. Matthias Kessler (Ger, Telekom) 5:02:05 Std.
2. David Etxebarria (Spa, Euskaltel) +0:00 Min.
3. Angel Vicioso (Spa, Once) +0:00 Min.
4. Alexander Moos (Sui, Phonak) +0:00 Min.
5. Davide Rebellin (Ita, Gerolsteiner) +0:00 Min.
KAT 1.2 (186 KM)

06. April "GP de la Ville de Rennes" (Frankreich)
1. Oleg Grischkine (Rus, Navigators) 4:12:33 Std.
2. Anoris Naudusz (Let, CCC Polsat) +0:00 Min.
3. Jeremy Hunt (GBr, MBK-Oktos) +0:00 Min.
4. Angelo Furlan (Ita, Alessio) +0:00 Min.
5. Aurélien Clerc (Sui, Quick Step) +0:00 Min.
KAT 1.3 (195 KM)

2 FLANDERN-RUNDFAHRT

1.	**Peter Van Petegem** **Bel/Lotto-Domo**	**255KM** **LOT**	**(40,232 km/h)** **6:18:48**	**100**
2.	Frank Vandenbroucke	QSD	+0:02.	70
3.	Stuart O'Grady	C.A	+0:19.	50
4.	Fabio Baldato	ALS	+0:19.	40
5.	Nico Mattan	COF	+0:19.	36
6.	Frédéric Guesdon	FDJ	+0:19.	32
7.	Sergej Iwanow	ALS	+0:19.	28
8.	Wjatscheslaw Ekimow	USP	+0:19.	24
9.	Michael Boogerd	RAB	+0:19.	20
10.	Dave Bruylandts	MAR	+0:19.	16
11.	Mirco Celestino	SAE	+0:19.	15
12.	Fabio Sacchi	SAE	+2:19.	14
13.	Salvatore Commesso	SAE	+2:19.	13
14.	Bernhard Eisel	FDJ	+2:19.	12
15.	Dario Pieri	SAE	+2:19.	11
16.	Michele Bartoli	PAN	+2:19.	10
17.	Marco Serpellini	LAM	+2:19.	9
18.	Romans Vainsteins	VIN	+2:31.	8
19.	Raivis Belowoschiks	MAR	+3:04.	7
20.	Stefano Zanini	SAE	+3:10.	6
21.	Guido Trenti	COF	+3:10.	5
22.	Fabien De Waele	LAN	+3:10.	4
23.	Enrico Cassani	ALS	+3:10.	3
24.	Gabriele Balducci	VIN	+3:10.	2
25.	Tom Boonen	QSD	+3:10.	1

6. APRIL · WORLDCUP 2003 · BEL

Weltcup Stand (2 Rennen): **1.**Van Petegem(LOT)100P · **2.**Bettini(QSD)100P · **3.**Celestino(SAE)85P · **4.**Vandenbroucke(QSD)70P · **5.**O'Grady(C.A)55P · **6.**Paolini(QSD)50P · **7.**Iwanow(ALS)48P · **8.**Pieri(SAE)47P · **9.**Baldato(ALS)40P · **10.**Cipollini(DVE)40P · **11.**Mattan(COF)36P · **12.**Guesdon(FDJ)32P · **13.**Zabel(TEL)32P · **14.**Freire(RAB)28P · **15.**Eisel(FDJ)26P · **16.**Ekimow(USP)24P · **17.**Svorada(LAM)24P · **18.**Trenti(COF)21P · **19.**Boogerd(RAB)20P · **20.**Sacchi(SAE)17P · **21.**Bruylandts(MAR)16P · **22.**Bortolami(VIN)15P · **23.**Commesso(SAE)13P · **24.**Zberg(GST)13P · **25.**Cooke(FDJ)12P

07. – 11. April "Vuelta Ciclista al Pais Vasco" (Spa)
1. Iban Mayo (Spa, Euskaltel) 18:59:23 Std.
2. Tyler Hamilton (USA, CSC) +0:12 Min.
3. Samuel Sánchez (Spa, Euskaltel) +0:23 Min.
4. Dario Frigo (Ita, Fassa Bortolo) +1:07 Min.
5. Alejandro Valverde (Spa, Kelme) +1:15 Min.

Etappensieger: 1.ET/Mayo(Euskaltel) · **2.ET**/Vicioso(Once) · **3.ET**/Valverde(Kelme) · **4.ET**/Pinotti(Lampre) · **5B.ET**/Mayo(Euskaltel) · **5B.EZF**/Mayo(Euskaltel)
HC

08. – 11. April "Circuit de la Sarthe" (Frankreich)
1. Carlos Da Cruz (Fra, FdJeux.com) 16:35:51 Std.
2. Alexej Siwakow (Rus, Bigmat) +0:56 Min.
3. Laurent Brochard (Fra, AG2R) +4:46 Min.
4. Michael Rogers (Aus, Quick Step) +5:11 Min.
5. Sylvain Chavanel (Fra, Boulangére) +5:45 Min.

Etappensieger: 1.ET/Da Cruz(FdJeux.com) · **2.ET**/Strazzer(Phonak) · **3A.ET**/Kriwtschow(Jean Delatour) · **3B.EZF**/Chavanel(Boulangére) · **4.ET**/Davis(Once)
KAT 2.3

09. April "Gent-Wevelgem" (Belgien)
1. Andreas Klier (Ger, Telekom) 4:29:00 Std.
2. Henk Vogels (Aus, Navigators) +0:00 Min.
3. Tom Boonen (Bel, Quick Step) +0:00 Min.
4. Alberto Ongarato (Ita, Domina Vacanze) +0:09 Min.
5. Servais Knaven (Ned, Quick Step) +0:18 Min.
6. Raivis Belowoschiks (Let, Marlux) +0:43 Min.
7. Johan Museeuw (Bel, Quick Step) +1:07 Min.
8. Roger Hammond (GBr, Palmans) +1:07 Min.
9. Max van Heeswijk (Ned, US Postal) +1:07 Min.
10. Matthew Hayman (Aus, Rabobank) +1:07 Min.
HC (204 KM)

10. April "GP Pino Cerami" (Belgien)
1. Bart Voskamp (Ned, Bankgiroloterij) 4:26:21 Std.
2. Stefano Casagrande (Ita, Alessio) +3:34 Min.
3. Gabriele Balducci (Ita, Vini Caldirola) +3:44 Min.
4. Cédric Vasseur (Fra, Cofidis) +3:44 Min.
5. Erik Zabel (Ger, Telekom) +3:44 Min.
KAT 1.3 (184,4 KM)

12. April "Ronde van Drenthe" (Niederlande)
1. Rudi Kemna (Ned, Bankgirolotterij) 5:06:11 Std.
2. Eric Baumann (Ger, Wiesenhof) +0:00 Min.
3. Ralf Grabsch (Ger, Wiesenhof) +0:00 Min.
4. Bjorn Leukemans (Bel, Palmans) +0:00 Min.
5. Igor Abakumow (Kzk, Van Hemert Groep) +0:00 Min.
KAT 1.3 (201 KM)

13. April "Clasica Primavera" (Spanien)
1. Alejandro Valverde (Spa, Kelme) 4:25:26 Std.
2. Samuel Sanchez (Spa, Euskaltel) +0:00 Min.
3. Nicki Sörensen (Dan, CSC) +0:00 Min.
4. Aitor Osa (Spa, iBanesto.com) +0:00 Min.
5. Leonardo Bertagnolli (Ita, Saeco) +0:15 Min.
KAT 1.3 (182,7 KM)

2003

AHRT · PARIS – ROUBAIX · AMSTEL GOLD RACE

13. April „Ronde van Noord-Holland" (Niederlande)
1. Jans Koerts (Ned, Bankgiroloterij) 4:33:20 Std.
2. Matthe Pronk (Ned, Bankgirolotterij) +0:00 Min.
3. Oleg Grischkine (Rus, Navigators) +0:27 Min.
4. Magnus Backstedt (Swe, Fakta) +0:27 Min.
5. Paul Van Schalen (Ned, Axa) +1:46 Min.
KAT 1.3 (200 KM)

3 PARIS – ROUBAIX
1. Peter Van Petegem 261KM (42,144 km/h)
Bel/Lotto-Domo (LOT) 6:11:35 100
2. Dario Pieri (SAE) +0:00. 70
3. Wjatscheslaw Ekimow (USP) +0:00. 50
4. Marc Wauters (RAB) +0:15. 40
5. Andrea Tafi (CSC) +0:36. 36
6. Romans Vainsteins (VIN) +0:36. 32
7. Servais Knaven (QSD) +0:36. 28
8. Daniele Nardello (TEL) +0:36. 24
9. Rolf Aldag (TEL) +0:36. 20
10. Sergej Iwanow (ALS) +1:08. 16
11. Fabio Baldato (ALS) +1:53. 15
12. Frédéric Guesdon (FDJ) +1:56. 14
13. Damien Nazon (BLB) +2:09. 13
14. Gianluca Bortolami (VIN) +2:09. 12
15. Erik Zabel (TEL) +2:09. 11
16. Nicolas Portal (A2R) +2:09. 10
17. Roger Hammond (PAL) +2:18. 9
18. Stuart O'Grady (C.A) +2:18. 8
19. Nico Mattan (COF) +2:18. 7
20. Marco Serpellini (LAM) +2:18. 6
21. Tristan Hoffman (CSC) +2:18. 5
22. Bernhard Eisel (FDJ) +2:28. 4
23. Max van Heeswijk (USP) +2:28. 3
24. Tom Boonen (QSD) +2:28. 2
25. Juan Antonio Flecha (BAN) +2:28. 1
13. APRIL · WORLDCUP 2003 · FRA

Weltcup Stand (3 Rennen):
1.Van Petegem(LOT)200P · **2.**Pieri(SAE)117P · **3.**Bettini(QSD) 100P · **4.**Celestino(SAE)85P · **5.**Ekimow(USP)74P · **6.**Vandenbroucke(QSD)70P · **7.**Iwanow(ALS)64P · **8.**O'Grady(C.A)63P **9.**Baldato(ALS)55P · **10.**Paolini(QSD)50P · **11.**Guesdon(FDJ) 46P · **12.**Mattan(COF)43P · **13.**Zabel(TEL)43P · **14.**Wauters (RAB)40P · **15.**Cipollini(DVE)40P · **16.**Vainsteins(VIN)40P **17.**Tafi(CSC)36P · **18.**Eisel(FDJ)30P · **19.**Knaven(QSD)28P **20.**Freire(RAB)28P · **21.**Bortolami(VIN)27P · **22.**Nardello(TEL) 24P · **23.**Svorada(LAM)24P · **24.**Trenti(COF)21P · **25.**Aldag (TEL)20P

16. – 20. April „Vuelta Ciclista a Aragón" (Spanien)
1. Leonardo Piepoli (Ita, iBanesto.com) 16:19:04 Std.
2. Gilberto Simoni (Ita, Saeco) +0:24 Min.
3. Manuel Beltran (Spa, US Postal) +0:26 Min.
4. José Jufré (Spa, Colchon Relax) +0:39 Min.
5. Carlos Garcia Quesada (Spa, Kelme) +0:48 Min.

Etappensieger: **1.ET**/Piepoli(iBanesto.com) · **2.ET**/Petacchi (Fassa Bortolo) · **3.ET**/Valverde(Kelme) · **4.ET**/Petacchi(Fassa Bortolo) · **5.ET**/Petacchi(Fassa Bortolo)
KAT 2.2

16. April „Schelde-Prijs Vlaanderen" (Belgien)
1. Ludovic Capelle (Bel, Landbouwkrediet) 4:40:00 Std.
2. Jaan Kirsipuu (Est, AG2R) +0:01 Min.
3. Steffen Radochla (Ger, Coast) +0:01 Min.
4. Servais Knaven (Ned, Quick Step) +0:01 Min.
5. Erik Zabel (Ger, Telekom) +0:03 Min.
KAT 1.1 (206 KM)

17. April "GP Denain" (Frankreich)
1. Bert Roesems (Bel, Palmans) 4:30:39 Std.
2. Enrico Poitschke (Ger, Wiesenhof) +0:00 Min.
3. Thomas Voeckler (Fra, Boulangére) +0:00 Min.
4. Pierre Bourquenoud (Sui, Jean Delatour) +0:07 Min.
5. Frédéric Guesdon (Fra, FdJeux.com) +0:18 Min.
KAT 1.3 (196 KM)

20. April „Tour de Vendée" (Frankreich)
1. Jaan Kirsipuu (Est, AG2R) 4:26:12 Std.
2. Carlos Da Cruz (Fra, FdJeux.com) +0:00 Min.
3. Jérôme Pineau (Fra, Boulangére) +0:00 Min.
4. Anthony Geslin (Fra, Boulangére) +0:00 Min.
5. Andy Flickinger (Fra, AG2R) +0:00 Min.
KAT 1.3 (194 KM)

4 AMSTEL GOLD RACE
1. Alexander Winokurow 250,7 KM (41,662 km/h)
Kaz/Telekom (TEL) 6:01:03 100
2. Michael Boogerd (RAB) +0:04. 70
3. Danilo Di Luca (SAE) +0:04. 50
4. Davide Rebellin (GST) +0:04. 40
5. Matthias Kessler (TEL) +0:04. 36
6. Francesco Casagrande (LAM) +0:06. 32
7. Michele Scarponi (DVE) +0:06. 28
8. Lance Armstrong (USP) +0:08. 24
9. Angel Vicioso (ONE) +0:12. 20
10. Igor Astarloa (SAE) +0:20. 16
11. Sergej Iwanow (ALS) +0:31. 15
12. Gianni Faresin (GST) +0:31. 14
13. Laurent Dufaux (ALS) +0:46. 13
14. Oscar Freire (RAB) +0:46. 12
15. Erik Zabel (TEL) +0:46. 11
16. Michele Bartoli (FAS) +0:46. 10
17. Luca Paolini (QSD) +0:46. 9
18. Javier Rodriguez (BAN) +0:46. 8
19. Frank Vandenbroucke (QSD) +0:46. 7
20. Mario Aerts (TEL) +0:46. 6
21. Dave Bruylandts (MAR) +0:46. 5
22. Ellis Rastelli (GST) +0:46. 4
23. Denis Lunghi (ALS) +0:46. 3
24. Raimondas Rumsas (LAM) +0:46. 2
25. Mirco Celestino (SAE) +0:46. 1
20. APRIL · WORLDCUP 2003 · HOL

Weltcup-Stand (4 Rennen): 1. Van Petegem(LOT)200P · **2.**Pieri (SAE)117P · **3.**Winokurow(TEL)100P · **4.**Bettini(QSD)100P · **5.** Boogerd(RAB)90P · **6.**Celestino(SAE)86P · **7.**Iwanow(ALS)79P **8.**Vandenbroucke(QSD)77P · **9.**Ekimow(USP)74P · **10.**O'Grady (C.A)63P · **11.**Paolini(QSD)59P · **12.**Baldato(ALS)55P · **13.**Zabel (TEL)54P · **14.**Di Luca(SAE)50P · **15.**Guesdon(FDJ)46P · **16.**Mattan (COF)43P · **17.**Rebellin(GST)40P · **18.**Freire(RAB)40P · **19.**Wauters (RAB)40P · **20.**Vainsteins(VIN)40P · **21.**Cipo(DVE)40P · **22.**Kessler (TEL)36P · **23.**Tafi(CSC)36P · **24.**Casa.(LAM)32P · **25.**Eisel(FDJ)30P

21. April „Rund um Köln" (Deutschland)
1. Jan Ullrich (Ger, Coast) 4:35:40 Std.
2. Danilo Hondo (Ger, Telekom) +1:52 Min.
3. Peter Wrolich (Aut, Gerolsteiner) +1:52 Min.
4. Bert Scheirlinckx (Bel, Flanders) +1:52 Min.
5. Steffen Radochla (Ger, Coast) +1:52 Min.
KAT 1.2 (202,3 KM)

21. April „Rund um Schönaich" (Deutschland)
1. Michael Haas (Optik Nosch, RSV Ebnet) 3:32:51 Std.
2. Lado Fumitsch (T-Mobile, Kirchheim-Teck) +0:01 Min.
3. Reto Matt (SG Rheinfelden) +0:04 Min.
4. Karl Platt (GFR Ludwigshafen) +0:08 Min.
5. Janusch Laule (Stuttgardia Stuttgart) +1:08 Min.
KAT 1.5 (153 KM)

22. April „Paris-Camembert" (Frankreich)
1. Laurent Brochard (Fra, AG2R) 4:35:29 Std.
2. Carlos Torrent (Spa, Costa de Almeria) +0:38 Min.
3. Nicolas Vogondy (Fra, FdJeux.com) +0:43 Min.
4. Sandy Casar (Fra, Alessio) +0:43 Min.
5. Franck Renier (Fra, Boulangére) +0:43 Min.
KAT 1.2 (200KM)

23. April „La Flèche Wallonne" (Belgien)
1. Igor Astarloa (Spa, Saeco) 4:39:17 Std.
2. Aitor Osa (Spa, iBanesto.com) +0:16 Min.
3. Alexander Schefer (Kzk, Saeco) +0:56 Min.
4. Unai Etxebarria (Ven, Euskaltel) +1:00 Min.
5. Alexander Kolobnew (Rus, Domina Vacanze) +1:06 Min.
6. Oscar Mason (Ita, Vini Caldirola) +1:08 Min.
7. Cristian Moreni (Ita, Alessio) +1:13 Min.
8. Angel Castresana (Spa, Once) +1:15 Min.
9. Christophe Moreau (Fra, Crédit Agricole) +1:19 Min.
10. Eddy Mazzoleni (Ita, Vini Caldirola) +1:19 Min.
HC (199 KM)

23. – 27. April „Niedersachsen-Rundfahrt" (Ger)
1. Nicolas Jalabert (Fra, CSC) 20:01:25 Std.
2. Tomas Konecny (Tch, Ed System) +0:05 Min.
3. Niels Scheunemann (Ned, Rabobank) +0:10 Min.
4. Michael Rich (Ger, Gerolsteiner) +0:18 Min.
5. Danilo Hondo (Ger, Telekom) +0:26 Min.

Etappensieger: 1A.EZF/Rich(Gerolsteiner) · **1B.ET**/Wilhelms (Coast) · **2.ET**/Scholz(Gerolsteiner) · **3.ET**/Ruskys(Marlux) **4.ET**/Konecny(Wiesenhof) · **5.ET**/Pollack(Gerolsteiner)
KAT 2.3

24. April „Veenendaal-Veenendaal" (Niederlande)
1. Leon Van Bon (Ned, Lotto-Domo) 4:34:14 Std.
2. Marc Wauters (Bel, Rabobank) +0:00 Min.
3. Robbie McEwen (Aus, Lotto-Domo) +0:12 Min.
4. Bram Schmitz (Ned, Bankgirolotterij) +0:12 Min.
5. Kurt-Asle Arvesen (Nor, Fakta) +0:12 Min.
KAT 1.2 (208 KM)

24. – 27. April „GP MR Cortez" (Portugal)
1. Francisco Perez (Spa, Milaneza) 11:12:31 Std.
2. Angel Edo (Spa, Milaneza) +0:04 Min.
3. Joan Horrach (Spa, Milaneza) +0:42 Min.
4. Hugo Sabido (Por, Barbot) +0:42 Min.
5. Pedro Cardoso (Por, Milaneza) +0:46 Min.
Etappensieger: 1.ET/Perez (Milaneza) · **2.ET**/Pinheiro 135 KM Ergeb. liegen nicht vor · **3.ET**/Edo(Milaneza) · **4.ET**/Edo(Milaneza)
KAT 2.3

24. – 27. April „Giro del Trentino" (Italien)
1. Gilberto Simoni (Ita, Saeco) 17:52:43 Std.
2. Stefano Garzelli (Ita, Vini Caldirola) +0:08 Min.
3. Tadej Waljawek (Slo, Fassa Bortolo) +0:24 Min.
4. Alessandro Bertagnolli (Ita, Saeco) +1:18 Min.
5. Graziano Gasparre (Ita, De Nardi) +1:50 Min.
Etappensieger: 1.ET/Garzelli(Vini Caldirola) · **2.ET**/Simoni(Saeco) **3.ET**/Aggiano(Formaggi Pinzolo) · **4.ET**/Gobbi(De Nardi)
KAT 2.2

25. – 27. April „Vuelta a la Rioja" (Spanien)
1. Félix Rafael Cardenas (Col, Orbitel) 8:22:56 Std.
2. Francisco Mancebo (Spa, iBanesto.com) +0:13 Min.
3. José Manuel Maestre (Spa, Colchon Relax) +0:39 Min.
4. Josep Jufre (Spa, Colchon Relax) +1:53 Min.
5. Constantino Zaballa (Spa, Kelme) +2:01 Min.
Etappensieger: 1.ET/Herrero(Euskaltel) · **2.ET**/Cardenas(Orbitel) · **3.EZF**/Hruska(Once)
KAT 2.3

ERGEBNISLISTEN

die Ergebnisse

SAISON

LÜTTICH–BASTOGN

...APRIL

26. April "Omloop Waase - Scheldeboorden" (Bel)
1. **Chris Peers (Bel, Cofidis)** 4:28:30 Std.
2. Niko Eeckhout (Bel, Lotto-Domo) +1:25 Min.
3. Stefan Van Dijk (Ned, Lotto-Domo) +1:27 Min.
4. James Van Landschoot (Bel, Vlaanderen) +1:27 Min.
5. Geert Omloop (Bel, Palmans) +1:27 Min.
KAT 1.3 (199 KM)

5 LÜTTICH-BASTOGNE-LÜTTICH

Pos.	Name	Team	Zeit	Pkt
1.	Tyler Hamilton 258KM (39,889 km/h) USA/CSC (CSC)		6:28:50.	100
2.	Iban Mayo	(EUS)	+0:12.	70
3.	Michael Boogerd	(RAB)	+0:14.	50
4.	Michele Scarponi	(DVE)	+0:21.	40
5.	Francesco Casagrande	(LAM)	+0:29.	36
6.	Samuel Sanchez	(EUS)	+0:29.	32
7.	Javier Pascual	(KEL)	+0:29.	28
8.	Danilo Di Luca	(SAE)	+0:29.	24
9.	Eddy Mazzoleni	(VIN)	+0:29.	20
10.	Ivan Basso	(FAS)	+0:29.	16
11.	Frank Vandenbroucke	(QSD)	+0:40.	15
12.	Oscar Pereiro	(PHO)	+0:40.	14
13.	Davide Rebellin	(GST)	+0:40.	13
14.	Gianni Faresin	(GST)	+0:40.	12
15.	Patrik Sinkewitz	(QSD)	+0:40.	11
16.	Andrea Noé	(ALS)	+0:40.	10
17.	Aitor Osa	(BAN)	+0:42.	9
18.	Matthias Kessler	(TEL)	+0:42.	8
19.	David Etxebarria	(EUS)	+0:45.	7
20.	Lance Armstrong	(USP)	+0:50.	6
21.	Mirko Celestino	(SAE)	+1:03.	5
22.	Michele Bartoli	(FAS)	+1:13.	4
23.	Walter Bénéteau	(BLB)	+1:13.	3
24.	Laurent Dufaux	(ALS)	+1:15.	2
25.	Angel Vicioso	(ONE)	+1:15.	1

27. APRIL · WORLDCUP 2003 · HOL

Weltcup-Gesamtstand (5 Rennen): 1.Van Petegem(LOT)200P · 2.Boogerd (RAB)140P · 3.Pieri (SAE)117P · 4.Hamilton(CSC)100P · 5.Winokurow(TEL)100P · 6.Bettini(QSD)100P 7.Vandenbroucke(QSD)92P · 8.Celestino(SAE)91P · 9.Iwanow(ALS)79P · 10.Di Luca(SAE)74P · 11.Ekimow(USP)74P · 12.Mayo (EUS)70P · 13.Scarponi(DVE)68P · 14.Casagrande(LAM)68P 15.O'Grady(C.A)63P · 16.Paolini(QSD)59P · 17.Baldato(ALS)55P · 18.Zabel(TEL)54P · 19.Rebellin(GST)53P · 20.Guesdon (FDJ)46P · 21.Kessler(TEL)44P · 22.Mattan(COF)43P · 23.Freire (RAB)40P · 24.Vainsteins(VIN)40 · 25.Wauters(RAB)40P

MAI

29. April – 03. Mai "Tour de Romandie" (Schweiz)
1. **Tyler Hamilton (USA, CSC)** 18:06:37 Std.
2. Laurent Dufaux (Sui, Alessio) +0:33 Min.
3. Francisco Perez (Spa, Milaneza) +0:38 Min.
4. Fabian Jeker (Sui, Milaneza) +0:54 Min.
5. Alexander Moos (Sui, Phonak) +0:59 Min.
6. Carlos Sastre (Spa, CSC) +1:45 Min.
7. Jaroslaw Popowitsch (Ukr, Landbouwkrediet) +1:48 Min.
8. David Moncoutié (Fra, Cofidis) +2:12 Min.
9. Roberto Laiseka (Spa, Euskaltel) +2:23 Min.
10. Inigo Chaurreau (Spa, AG2R) +2:23 Min.

Etappensieger: PRO/Cancellara(Fassa Bortolo) · **1.ET**/Bertoletti (Lampre) · **2.ET**/Kriwtschow(Jean Delatour) · **3.ET**/Dufaux (Alessio)/Perez(Milaneza)* · **4.ET**/Perez(Milaneza) · **5.EZF**/Hamilton(CSC) *Siehe Bericht „Tour de Romandie"
HC

01. Mai "Rund um den Henninger Turm" (Ger)
1. **Davide Rebellin (Ita, Gerolsteiner)** 5:19:17 Std.
2. Erik Zabel (Ger, Telekom) +0:04 Min.
3. Igor Astarloa (Spa, Saeco) +0:04 Min.
4. Oscar Freire (Spa, Rabobank) +0:04 Min.
5. Mirco Celestino (Ita, Saeco) +0:04 Min.
KAT 1.1 (208,3KM)

01. Mai "Giro dell'Appennino" (Italien)
1. **Gilberto Simoni (Ita, Saeco)** 4:54:48 Std.
2. Marius Sabaliauskas (Ltu, Saeco) +0:00 Min.
3. Pawel Tonkow (Rus, CCC Polsat) +1:37 Min.
4. Damiano Cunego (Ita, Saeco) +1:59 Min.
5. Luca Mazzanti (Ita, Panaria) +1:59 Min.
KAT 1.2 (200 KM)

01. Mai "GP de Villers-Cotterêts" (Frankreich)
1. **Julian Winn (GBr, Fakta)** 4:32:01 Std.
2. Emmanuel Magnien (Fra, Boulangére) +0:00 Min.
3. Jimmy Casper (Fra, FdJeux.com) +0:00 Min.
4. Sergej Kruschewski (Usb, MBK-Oktos) +0:00 Min.
5. Jairo Hernandez (Col, O5 Orbitel) +0:00 Min.
KAT 1.3 (192,3KM)

03. Mai "GP Midtbank" (Dänemark)
1. **Frank Hoj (Dan, Fakta)** 4:43:19 Std.
2. Jeremy Hunt (GBr, MBK-Oktos) +2:38 Min.
3. Magnus Backstedt (Swe, Fakta) +2:38 Min.
4. Bram Schmitz (Ned, Bankgiroloterij) +2:38 Min.
5. Staf Scheirlinckx (Bel, Iteamnova) +2:38 Min.
KAT 1.3 (195 KM)

07. – 11. Mai "Vier Tage von Dünkirchen" (Fra)
1. **Christophe Moreau (Fra, Crédit Agricole)** 20:26:05 Std.
2. Didier Rous (Fra, Boulangére) +0:29 Min.
3. Laurent Brochard (Fra, AG2R) +1:19 Min.
4. Patrice Halgand (Fra, Jean Delatour) +1:42 Min.
5. David Zabriskie (USA, US Postal) +2:29 Min.

Etappensieger: 1.ET/Finot(Cofidis) · **2.ET**/Michaelsen(CSC) · **3.ET**/Kirsipuu(AG2R) · **4.ET**/Moreau(Crédit Agricole) · **5.EZF**/Moreau(Crédit Agricole) · **6.ET**/Nazon(Jean Delatour)
KAT 2.1

03. Mai "GP Industria & Artigianato" (Italien)
1. **Juan Fuentes (Spa, Saeco)** 4:58:20 Std.
2. Gabriele Colombo (Ita, Domina Vacanze) +0:00 Min.
3. Fabiano Fontanelli (Ita, Mercatone Uno) +0:10 Min.
4. Luca Mazzanti (Ita, Panaria) +0:10 Min.
5. Francesco Casagrande (Ita, Lampre) +0:10 Min.
KAT 1.2 (200 KM)

04. Mai "GP KRKA" (Slowenien)
1. **Dean Podgornik (Slo, Perutnina Ptuj)** 3:52:40 Std.
2. Jürgen Van den Broeck (Bel, Quick Step 3) +0:00 Min.
3. Janez Brajkowitsch (Slo, Krka-Dolenjska) +0:00 Min.
4. Jure Golcer (Slo, Volksbank) +0:00 Min.
5. Jochen Summer (Aut, Volksbank) +0:05 Min.
KAT 1.3 (162 KM)

04. Mai "CSC Classic" (Dänemark)
1. **Jakob Piil (Dan, CSC)** 4:34:18 Std.
2. Scott Sunderland (Aus, Fakta) +0:00 Min.
3. Joergen Bo Petersen (Dan, Fakta) +0:01 Min.
4. Goran Jensen (Dan, Glud&Marstrand Horens) +0:02 Min.
5. Thomas Bruun Eriksen (Dan, CSC) +0:03 Min.
KAT 1.2 (195 KM)

04. Mai "Trophée des Grimpeurs" (Frankreich)
1. **Didier Rous (Fra, Boulangére)** 3:07:53 Std.
2. Marlon Perez (Col, O5 Orbitel) +1:35 Min.
3. Jérôme Pineau (Fra, Boulangére) +1:40 Min.
4. Ludovic Auger (Fra, Bigmat) +1:43 Min.
5. Nicolas Vogondy (Fra, FdJeux.com) +1:47 Min.
KAT 1.3 (133,9 KM)

04. Mai "Rund um den Flughafen Köln-Bonn" (Ger)
1. **Steffen Wesemann (Ger, Telekom)** 4:59:29 Std.
2. Gert Omloop (Bel, Palmans) +0:04 Min.
3. Maarten Dan Bakker (Ned, Rabobank) +0:04 Min.
4. Matthe Pronk (Ned, Rabobank) +0:04 Min.
5. Bekim Christensen (Dan, Coast) +1:12 Min.
KAT 1.3 (200 KM)

04. Mai "Giro di Toscana" (Italien)
1. **Rinaldo Nocentini (Ita, Formaggi Pinzolo)** 4:57:23 Std.
2. Massimo Giunti (Ita, Domina Vacanze) +0:03 Min.
3. Tadej Valjawek (Slo, Fassa Bortolo) +0:03 Min.
4. Daniele Bennati (Ita, Domina Vacanze) +0:27 Min.
5. Francesco Casagrande (Ita, Lampre) +0:27 Min.
KAT 1.3 (196 KM)

09. – 17. Mai "Friedensfahrt" (Tch, Pol, Ger)
1. **Steffen Wesemann (Ger, Telekom)** 39:21:43 Std.
2. Ondrej Sosenka (TCH, CCC Polsat) +0:49 Min.
3. Tomas Konecny (TCH, Ed System) +6:29 Min.
4. Jakob Piil (Dan, CSC) +7:21 Min.
5. Enrico Poitschke (Ger, Wiesenhof) +7:30 Min.
Etappensieger: 1.ET/Hondo(Telekom) · **2.ET**/Hondo(Telekom) · **3.ET**/Wesemann(Telekom) · **4.ET**/Sosenka(CCC Polsat) · **5.ET**/Eriksen(CSC) · **6.ET**/Molleta(Mercatone Uno) · **7.ET**/Huzarski(Mroz) · **8.ET**/Konecny(Ed System) · **9.ET**/Degano(Mercatone Uno)
KAT 2.2

2 0 0 3

LÜTTICH · TOUR DE ROMANDIE · GIRO D'ITALIA

10. Mai – 01. Juni „Giro d'Italia" (Italien)
Schlussklassement nach 21 Etappen:
1. **Gilberto Simoni (Ita, Saeco)** **89:32:09 Std.**
2. Stefano Garzelli (Ita, Vini Caldirola) +7:06 Min.
3. Jaroslaw Popowitsch (Ukr, Landbouwkrediet) +7:11 Min.
4. Andrea Noé (Ita, Alessio) +9:24 Min.
5. Georg Totschnig (Aut, Gerolsteiner) +9:42 Min.
6. Raimondas Rumsas (Ltu, Lampre) +9:50 Min.
7. Dario Frigo (Ita, Fassa Bortolo) +10:50 Min.
8. Sergej Gontschar (Ukr, De Nardi) +14:14 Min.
9. Franco Pellizotti (Ita, Alessio) +14:26 Min.
10. Eddy Mazzoleni (Ita, Vini Caldirola) +19:21 Min.
11. Wladimir Belli (Ita, Lampre) +19:41 Min.
12. Darius Baranowski (Pol, CCC-Polsat) +22:54 Min.
13. Sandy Casar (Fra, FdJeux.com) +24:50 Min.
14. Marco Pantani (Ita, Mercatone Uno) +26:15 Min.
15. Massimo Codol (Ita, Mercatone Uno) +28:17 Min.
16. Michele Scarponi (Ita, Domina Vacanze) +29:24 Min.
17. Gianni Faresin (Ita, Gerolsteiner) +34:47 Min.
18. Adolfo Garcia Quesada (Spa, Kelme) +41:21 Min.
19. Aitor Gonzalez (Spa, Fassa Bortolo) +41:29 Min.
20. Paolo Lanfranchi (Ita, Panaria) +43:57 Min.
21. Marco Velo (Ita, Fassa Bortolo) +45:36 Min.
22. Marzio Bruseghin (Ita, Fassa Bortolo) +46:11 Min.
23. Scott Sunderland (Aus, Fakta) +50:22 Min.
24. Sylvester Szmyd (Pol, Mercatone Uno) +51:36 Min.
25. Leonardo Bertagnolli (Ita, Saeco) +54:02 Min.

26.Caucchioli+54:29Min. · 27.Gutierez+55:45Min. · 28.Figueras+56:52Min. · 29.Kirchen+57:23Min. · 30.Jimenez+59:28Min. 31.Brozyna+1:03:36Std. · 32.Gasparre+1:04:21Std. · 33.Romanik+1:04:41Std. · 34.Cunego+1:04:44Std. · 35.Gonzalez+1:05:36Std. · 36.Zampieri+1:06:05Std. · 37.Castelblanco+1:07:59Std. · 38.Lunghi+1:09:56Std. · 39.Cataluna+1:11:08Std. · 40.Micholijewitsch+1:11:18Std. · 41.Trampusch+1:14:00Std. · 42.Duma+1:14:15Std. · 43.Clavero+1:14:44Std. · 44.Errandonea+1:15:41Std. · 45.Gasperoni+1:20:49Std. · 46.Muñoz+1:20:52Std. · 47.Spezialetti+1:21:28Std. · 48.Sabaliauskas+1:23:49Std. · 49.Chmielewski+1:37:10Std. · 50.Adjewen+1:37:14Std. · 51.Wegelius+1:39:00Std. · 52.Baliani+1:39:15 Std. · 53.Moerenhout+1:41:09Std. · 54.Hamburger+1:42:25Std. · 55.Tonti+1:42:27Std. · 56.Conti+1:45:50Std. 57.Zanotti+1:50:22Std. · 58.Bileka+1:50:46Std. · 59.Barbero+1:54:26Std. · 60.Nocentini+1:54:49Std. · 61.Da Cruz+1:55:51Std. · 62.Cheula+1:57:26Std. · 63.Colombo+2:01:31Std. 64.Eisel +2:02:02Std. · 65.Hardter+2:06:02Std. · 66.Illiano+2:07:57Std. · 67.Pietropolli+2:09:14Std. · 68.Massi+2:11:24Std. · 69.Stremersch+2:12:00Std. · 70.Lombardi+2:13:58Std. 71.Backstedt+2:16:03Std. · 72.Bernucci+2:16:26Std. · 73.Frattini+2:17:02Std. · 74.Gobbi+2:18:29Std. · 75.Pozzi+2:19:56Std. · 76.Baldato+2:21:26Std. · 77.Mesa+2:21:44Std. · 78.Tonetti+2:22.48Std. · 79.Gerosa+2:30:34Std. · 80.Manzoni+2:30:41Std. · 81.Fornaciari+2:32:18Std. · 82.Winn+2:32:22Std. · 83.Andriotto+2:32:50Std. · 84.Scirea+2:33:28 Std. · 85.Marin+2:35:34Std. · 86.Quinziato+2:37:00Std. · 87.Martinez+2:37:59Std. · 88.Bertoletti+2:38:34Std. · 89.Svorada+2:44:46Std. · 90.Giordani+2:48:07Std. · 91.Fontanelli+2:49:28Std. 92.Joergensen+2:52:16Std. · 93.Valls+2:52:43 Std. · 94.Verstrepen+2:56:31Std. · 95.De Angeli+3:00:49 Std. · 96.Secchiari+3:03:56Std. · 97.Scamardella+3:04:15Std.

Bergwertung:
1. **Fredy Gonzalez (Col, Selle Italia)** **100 Punkte**
2. Gilberto Simoni (Ita, Saeco) 78 Punkte
3. Constantino Zaballa Gutierez (Spa, Kelme) 65 Punkte
4. Stefano Garzelli (Ita, Vini Caldirola) 36 Punkte
5. Dario Frigo (Ita, Fassa Bortolo) 29 Punkte

Punktewertung:
1. **Gilberto Simoni (Ita, Saeco)** **154 Punkte**
2. Stefano Garzelli (Ita, Vini Caldirola) 154 Punkte
3. Jan Svorada (Tch, Lampre) 137 Punkte
4. Magnus Backstedt (Swe, Fakta) 119 Punkte
5. Eddy Mazzoleni (Ita, Vini Caldirola) 91 Punkte

Intergiro-Wertung:
1. **Magnus Backstedt (Swe, Fakta)** **50:20:37 Std.**
2. Jan Svorada (Tch, Lampre) +2:02 Min.
3. Constantino Zaballa Gutierez (Spa, Kelme) +2:26 Min.
4. Fortunato Baliani (Ita, Formaggi Pinzolo) +3:06 Min.
5. Aitor Gonzalez Jimenez (Spa, Fassa Bortolo) +3:09 Min.

Teamwertung:
1. **Lampre** **269:37:37 Std.**
2. Saeco +1:08 Min.
3. Alessio +5:46 Min.
4. Fassa Bortolo +18:39 Min.
5. Vini Caldirola +20:54 Min.

Etappensieger:

10. Mai 1.ET „Lecce – Lecce" 201 km
1. Alessandro Petacchi (Ita, Fassa Bortolo) 5:16:03 Std.
2. Mario Cipollini (Ita, Domina Vacanze) +0:00 Min.
3. Angelo Furlan (Ita, Alessio) +0:00 Min.

11. Mai 2.ET „Copernico – Matera" 177 km
1. Fabio Baldato (Ita, Alessio) 4:46:57 Std.
2. Gabriele Colombo (Ita, Domina Vacanze) +0:00 Min.
3. Giuliano Figueras (Ita, Panaria) +0:00 Min.

12. Mai 3.ET „Policoro – Terme Liugiane" 140 km
1. Stefano Garzelli (Ita, Vini Caldirola) 3:34:38 Std.
2. Francesco Casagrande (Ita, Lampre) +0:00 Min.
3. Alessandro Petacchi (Ita, Fassa Bortolo) +0:00 Min.

13. Mai 4.ET „Terme Luigiane-Vibo Valentia" 170 km
1. Robbie McEwen (Aus, Lotto-Domo) 4:00:25 Std.
2. Alessandro Petacchi (Ita, Fassa Bortolo) +0:00 Min.
3. Bernhard Eisel (Aut, FdJeux.com) +0:00 Min.

14. Mai 5.ET „Messina – Catania" 176 km
1. Alessandro Petacchi (Ita, Fassa Bortolo) 4:54:43 Std.
2. Mario Cipollini (Ita, Domina Vacanze) +0:00 Min.
3. Bernhard Eisel (Aut, FdJeux.com) +0:00 Min.

16. Mai 6.ET „Maddaloni – Avezzano" 222 km
1. Alessandro Petacchi (Ita, Fassa Bortolo) 5:11:52 Std.
2. Isaac Galvez (Spa, Kelme) +0:00 Min.
3. Jan Svorada (Tch, Lampre) +0:00 Min.

17. Mai 7.ET „Avezzano – Terminillo" 144 km
1. Stefano Garzelli (Ita, Vini Caldirola) 3:55:19 Std.
2. Gilberto Simoni (Ita, Saeco) +0:00 Min.
3. Andrea Noé (Ita, Alessio) +0:02 Min.

18. Mai 8.ET „Rieti – Arezzo" 214 km
1. Mario Cipollini (Ita, Domina Vacanze) 5:29:46 Std.
2. Robbie McEwen (Aus, Lotto-Domo) +0:00 Min.
3. Alessandro Petacchi (Ita, Fassa Bortolo) +0:00 Min.

19. Mai 9.ET „Arezzo – Montecatini" 160 km
1. Mario Cipollini (Ita, Domina Vacanze) 3:41:58 Std.
2. Robbie McEwen (Aus, Lotto-Domo) +0:00 Min.
3. Alessandro Petacchi (Ita, Fassa Bortolo) +0:00 Min.

20. Mai 10.ET „Montecatini – Faenza" 212 km
1. Kurt-Asle Arvesen (Nor, Fakta) 5:34:23 Std.
2. Paolo Tiralongo (Ita, Panaria) +0:01 Min.
3. Gilberto Simoni (Ita, Saeco) +0:01 Min.

21. Mai 11.ET „Faenza – San Donà di Piave" 226 km
1. Robbie McEwen (Aus, Lotto-Domo) 5:44:13 Std.
2. Alessandro Petacchi (Ita, Fassa Bortolo) +0:00 Min.
3. Crescenzo D'Amore (Ita, Tenax) +0:00 Min.

22. Mai 12.ET „San Donà – Monte Zoncolan" 188 km
1. Gilberto Simoni (Ita, Saeco) 5:10:30 Std.
2. Stefano Garzelli (Ita, Vini Caldirola) +0:34 Min.
3. Francesco Casagrande (Ita, Lampre) +0:39 Min.

23. Mai 13.ET „Pordenone – Marostica" 149 km
1. Alessandro Petacchi (Ita, Fassa Bortolo) 3:38:58 Std.
2. Daniele Bennati (Ita, Domina Vacanze) +0:00 Min.
3. Stefano Garzelli (Ita, Vini Caldirola) +0:00 Min.

24. Mai 14.ET „Marostica – Alpe Pampeago" 162 km
1. Gilberto Simoni (Ita, Saeco) 4:46:43 Std.
2. Stefano Garzelli (Ita, Vini Caldirola) +0:35 Min.
3. Raimondas Rumsas (Lit, Lampre) +0:36 Min.

25. Mai 15.ET „Merano – Bolzano" EZF 42,5 km
1. Aitor Gonzalez (Spa, Fassa Bortolo) 54:33 Min.
2. Magnus Backstedt (Swe, Fakta) +0:50 Min.
3. Sergej Gontschar (Ukr, De Nardi) +1:21 Min.

26. Mai 16.ET „Arco Trento – Pavia" 207 km
1. Alessandro Petacchi (Ita, Fassa Bortolo) 4:39:34 Std.
2. Jimmy Casper (Fra, FdJeux.com) +0:00 Min.
3. Jan Svorada (Tch, Lampre) +0:00 Min.

28. Mai 17.ET „Salice Terme – Asti" 117 km
1. Alessandro Petacchi (Ita, Fassa Bortolo) 2:39:47 Std.
2. Jan Svorada (Tch, Lampre) +0:00 Min.
3. Giovanni Lombardi (Ita, Domina Vacanze) +0:00 Min.

29. Mai 18.ET „Santuorio Vico – Chianale" 174 km
1. Dario Frigo (Ita, Fassa Bortolo) 5:23:43 Std.
2. Gilberto Simoni (Ita, Saeco) +0:10 Min.
3. Georg Totschnig (Aut, Gerolsteiner) +2:38 Min.

30. Mai 19.ET „Canelli – Cascata Toce" 239 km
1. Gilberto Simoni (Ita, Saeco) 6:20:05 Std.
2. Dario Frigo (Ita, Fassa Bortolo) +0:03 Min.
3. Eddy Mazzoleni (Ita, Vini Caldirola) +0:03 Min.

31. Mai 20.ET „Canobio – Cantù" 133 km
1. Giovanni Lombardi (Ita, Domina Vacanze) 3:05:30 Std.
2. Eddy Mazzoleni (Ita, Vini Caldirola) +0:00 Min.
3. Giuliano Figueras (Ita, Panaria) +0:00 Min.

01. Juni 21.ET „Idroscalo – Mailand" EZF 33 km
1. Sergej Gontschar (Ukr, De Nardi) 38:04 Min.
2. Marzio Bruseghin (Ita, Fassa Bortolo) +0:19 Min.
3. Aitor Gonzalez (Spa, Fassa Bortolo) +0:20 Min.

SAISON
die Ergebnisse

DAUPHINÉ LIBERÉ

...MAI

10. + 11. Mai „Clasica Int. a Alcobendas" (Spanien)
1. **Joseba Beloki (Spa, Once)** **5:01:33 Std.**
2. Juan Carlos Dominguez (Spa, Phonak) +0:06 Min.
3. Santiago Botero (Col, Telekom) +0:09 Min.
4. José Garrido (Spa, Costa de Almeria) +0:12 Min.
5. Pedro Diaz Lobato (Spa, Costa de Almeria) +0:22 Min.

Etappensieger: **1.ET**/Usow(Phonak) · **2.ET**/Garrido(Jazztel) **3.EZF**/Beloki (Once)

KAT 2.3

13. – 17. Mai. „Vuelta Ciclista Asturias" (Spanien)
1. **Fabian Jeker (Sui, Milaneza)** **20:45:08 Std.**
2. Juan Miguel Mercado (Spa, iBanesto.com) +0:27 Min.
3. Hernán Buenahora (Col, Labarca 2) +0:46 Min.
4. Santiago Botero (Col, Telekom) +1:25 Min.
5. David Arroyo (Spa, Once) +1:33 Min.

Etappensieger: **1.ET**/Maestre(Colchon Relax) · **2.ET**/Fagnini (Telekom) · **3.ET**/Valdés(Costa de Almeria) · **4.ET**/Jeker (Milaneza) · **5.ET**/Edo(Milaneza)*

*5.ET/Samuel Sanchez(Spa, Euskaltel) überquerte als erster die Ziellinie, wurde aber wegen gefährlichen Sprintens nach einem Protest von Milaneza deklassiert.

KAT 2.2

16. - 18. Mai „Tour de Picardie" (Frankreich)
1. **David Millar (GBr, Cofidis)** **10:18:20 Std.**
2. Juan Carlos Dominguez (Spa, Phonak) +0:02 Min.
3. Bradley McGee (Aus, FdJeux.com) +0:09 Min.
4. Robert Hunter (RSA, Rabobank) +0:10 Min.
5. Michael Rogers (Aus, Quick Step) +0:11 Min.

Etappensieger: **1.ET**/Clerc(Quick Step) · **2.ET**/Hunt(MBK-Oktos) **3.ET**/Van Dijk(Lotto-Domo) · **4.ET**/Dominguez(Phonak)

KAT 2.2

18. Mai „Schynberg-Rundfahrt" (Schweiz)
1. **Renzo Mazzoleni (Ita, Marcandina)** **4:22:34 Std.**
2. Dave Bruylandts (Bel, Marlux) +0:00 Min.
3. Daniel Schnider (Sui, Phonak) +0:00 Min.
4. Andrej Misurow (Kzk) +0:06 Min.
5. Dimitri Konischew (Rus, Marlux) +0:10 Min.

KAT 1.3 (180 KM)

18. Mai „Subida Naranco" (Spanien)
1. **Leonardo Piepoli (Spa, iBanesto.com)** **3:59:16 Std.**
2. Francisco Mancebo (Spa, iBanesto.com) +0:07 Min.
3. Alberto Lopez de Munain (Spa, Euskaltel) +0:11 Min.
4. Félix Cardenas (Col, Labarca 2) +0:13 Min.
5. Samuel Sanchez (Spa, Euskaltel) +0:14 Min.

KAT 1.3 (162 KM)

20. – 24. Mai „Vuelta a Castilla y Leon" (Spanien)
1. **Francisco Mancebo (Spa, iBanesto.com)** **17:22:17 Std.**
2. Denis Menschow (Rus, iBanesto.com) +0:00 Min.
3. Alex Zülle (Sui, Phonak) +0:27 Min.
4. Alberto Contador (Spa, Once) +0:42 Min.
5. David Arroyo (Spa, Once) +0:42 Min.

Etappensieger.: **1.ET**/Hushovd(Crédit Agricole) · **2.MZF**/iBanesto.com · **3.ET**/ Perdiguero(Domina Vacanze) · **4.ET**/Cárdenas (Labarca 2) · **5.ET**/Brochard(AG2R)

KAT 2.3

21. – 25. Mai „Bayern-Rundfahrt" (Deutschland)
1. **Michael Rich (Ger, Gerolsteiner)** **21:08:08 Std.**
2. Patrik Sinkewitz (Ger, Quick Step) +0:30 Min.
3. Thomas Liese (Ger, Coast) +0:34 Min.
4. Olaf Pollack (Ger, Gerolsteiner) +0:41 Min.
5. Jens Voigt (Ger, Crédit Agricole) +0:52 Min.

Etappensieger: **1.ET**/Liese(Coast) · **2.ET**/Rich(Gerolsteiner) **3.ET**/Strazzer(Phonak) · **4.ET**/Zabel(Telekom) · **5.ET**/Lefèvre (Jean Delatour) · **6.ET**/Coenen(Marlux)

KAT 2.3

21. - 25. Mai „Tour de Belgique" (Belgien)
1. **Michael Rogers (Aus, Quick Step)** **20:00:42 Std.**
2. Bart Voskamp (Ned, Bankgiroloterij) +0:25 Min.
3. Robert Bartko (Ger, Rabobank) +0:30 Min.
4. Axel Merckx (Bel, Lotto-Domo) +0:31 Min.
5. Dave Bruylandts (Bel, Marlux) +0:32 Min.

Etappensieger: **1.ET**/Steels(Landbouwkrediet) · **2.ET**/Koerts (Bankgiroloterij) · **3.ET**/Boonen(Quick Step) · **4.EZF**/Cancellara (Fassa Bortolo) · **5.ET**/Bruylandts(Marlux)

KAT 2.3

23. Mai „Baltic Open" (Estland)
1. **Arnaud Coyot (Fra, Cofidis)** **4:18:28 Std.**
2. Médéric Clain (Fra, Cofidis) +0:14 Min.
3. Lauri Aus (Est, AG2R) +0:14 Min.

KAT 1.3 (180 KM)

24. Mai „GP Tartu" (Estland)
1. **Jaan Kirsipuu (Est, AG2R)** **4:29:46 Std.**
2. Janek Tombak (Est, Cofidis) +0:00 Min.
3. Kazimierz Stafiej (Pol, Mroz) +0:00 Min.
4. Zbigniew Piatek (Pol, Mroz) +0:00 Min.
5. Arvis Piziks (Lit, Mixed Team) +0:00 Min.

KAT 1.3 (200 KM)

28. Mai – 01. Juni „Volta ao Alentejo" (Portugal)
1. **Andrej Zintschenkow (Rus, L.A. Pecol)** **16:35:20 Std.**
2. Paulo Ferreira (Por, Cantanhede) +0:29 Min.
3. Hugo Sabido (Por, Barbot) +0:32 Min.
4. Vitor Gamito (Por, Cantanhede) +0:36 Min.
5. Unai Yus (Spa, Cantanhede) +0:41 Min.

Etappensieger: **1.ET**/Seigneur(Jean Delatour) · **2.ET**/Zintchenko (LA-Pecol) · **3.ET**/Nazon(Jean Delatour) · **4A.ET**/Gamito(Cantanhede) · **4B.ET**/Seigneur(Jean Delatour) · **5.ET**/Nazon(Jean Delatour)

KAT 2.3

29. Mai – 01. Juni „Tour de Luxembourg" (Lux)
1. **Thomas Voeckler (Fra, Boulangére)** **16:10:40 Std.**
2. Piotr Wadecki (Pol, Quick Step) +0:30 Min.
3. David Cañada (Spa, Quick Step) +0:45 Min.
4. Robert Bartko (Ger, Rabobank) +0:47 Min.
5. Benoît Joachim (Lux, US Postal) +0:53 Min.

Etappensieger: **1.ET**/Voeckler(Boulangére) · **2.ET**/Loda(Fassa Bartolo) · **3.ET**/Voeckler(Boulangére) · **4.EZF**/Bartko(Rabobank) **5.ET**/Iwanow(Fassa Bortolo)

KAT 2.2

31. Mai „Rund um die Hainleite" (Deutschland)
1. **Enrico Poitschke (Ger, Wiesenhof)** **4:22:12 Std.**
2. René Haselbacher (Aut, Gerolsteiner) +0:00 Min.
3. Jens Heppner (Ger, Wiesenhof) +0:00 Min.
4. Erik Zabel (Ger, Telekom) +0:19 Min.
5. Richard Faltus (Tch, Ed System) +0:19 Min.

KAT 1.1

31. Mai „A Travers le Morbihan" (Frankreich)
1. **Nicolas Vogondy (Fra, FdJeux.com)** **4:27:26 Std.**
2. Sylvain Chavanel (Fra, Boulangére) +0:01 Min.
3. Andy Flickinger (Fra, AG2R) +0:14 Min.
4. Fabrice Salanson (Fra, Boulangére) +1:21 Min.
5. Jérôme Pineau (Fra, Boulangére) +2:42 Min.

KAT 1.3 (176,5 KM)

JUNI

01. Juni „Tro Bro Léon" (Frankreich)
1. **Samuel Dumoulin (Fra, Jean Delatour)** **4:42:48 Std.**
2. Philippe Gilbert (Bel, FdJeux.com) +0:00 Min.
3. Didier Rous (Fra, Boulangére) +0:14 Min.
4. Stuart O'Grady (Aus, Crédit Agricole) +1:31 Min.
5. Nico Mattan (Bel, Cofidis) +1:33 Min.

KAT 1.3 (187,9 KM)

03. – 09. Juni „Deutschland-Rundfahrt" (Ger)
1. **Michael Rogers (Aus, Quick Step)** **28:49:58 Std.**
2. José Azevedo (Por, Once) +1:19 Min.
3. Alexander Winokurow (Kzk, Telekom) +1:52 Min.
4. Jörg Jaksche (Ger, Once) +1:54 Min.
5. Jan Ullrich (Ger, Bianchi) +2:01 Min.

Etappensieger: **1.ET**/Zabel(Telekom) · **2.ET**/Löwik(Bankgiroloterij) **3.ET**/van Bon(Lotto-Domo) · **4.ET**/Quaranta(Saeco) · **5.ET**/Azevedo (Once) · **6.EZF**/Rogers(Quick Step) · **7.ET**/Pollack(Gerolsteiner)

KAT 2.2

03. – 08. Juni „Bicicleta Vasca" (Spanien)
1. **José Pecharromán (Spa, Paternina)** **19:06:56 Min.**
2. Joseba Beloki (Spa, Once) +1:01 Min.
3. Francesco Casagrande (Ita, Lampre) +1:22 Min.
4. Haimar Zubeldia (Spa, Euskaltel) +1:23 Min.
5. Roberto Laiseka (Spa, Euskaltel) +2:31 Min.

Etappensieger: **1.ET**/Etxebarria(Euskaltel) · **2.ET**/Pecharroman (Costa de Almeria) · **3.ET**/Pecharroman(Costa de Almeria) · **4A.ET**/ Francesco Casagrande(Ita, Lampre) · **4B.EZF**/Pecharroman(Costa de Almeria) · **5.ET**/Beloki(Once)

KAT 2.1

07. Juni „Classique des Alpes" (Frankreich)
1. **Francisco Mancebo (Spa, iBanesto.com)** **4:54:49 Std.**
2. Benoît Salmon (Fra, Phonak) +1:17 Min.
3. David Millar (GBr, Cofidis) +1:41 Min.
4. Patrice Halgand (Fra, Jean Delatour) +1:53 Min.
5. Laurent Dufaux (Sui, Alessio) +1:53 Min.

KAT 1.1 (174 KM)

08. – 15. Juni „Dauphiné Libéré" (Frankreich)
1. **Lance Armstrong (USA, US Postal)** **29:31:53 Std.**
2. Iban Mayo (Spa, Euskaltel) +1:12 Min.
3. David Millar (GBr, Cofidis) +2:47 Min.
4. Francisco Mancebo (Spa, iBanesto.com) +4:35 Min.
5. Christophe Moreau (Fra, Crédit Agricole) +4:59 Min.

Etappensieger: **PRO**/Mayo(Euskaltel) · **1.ET**/Stojanow(BigMat) **2.ET**/Hushovd(Crédit Agricole) · **3.ET**/Armstrong(US Postal) · **4.ET**/ Mayo(Euskaltel) · **5.ET**/Lefèvre(Jean Delatour) · **6.ET**/Mercado (iBanesto.com) · **7.ET**/Vasseur(Cofidis)

HC

09. – 15. Juni „Österreich-Rundfahrt" (Österreich)
1. **Gerrit Glomser (Aut, Saeco)** **27:17:33 Std.**
2. Jure Golcer (Slo, Volksbank) +0:42 Min.
3. Hans Peter Obwaller (Aut, Merida) +1:08 Min.
4. Valter Bonca (Slo, KRKA) +1:21 Min.
5. Leonardo Bertagnolli (Ita, Saeco) +1:33 Min.

Etappensieger: **1.ET**/Radochla(Bianchi) · **2.ET**/Glomser(Saeco) **3.ET**/Glomser(Saeco) · **4.ET**/Sijmens(Vlaanderen) · **5.ET**/Carrara(De Nardi) · **6.ET**/Sijmens(Vlaanderen) · **7.ET**/Steels(Landbouwkrediet)

KAT 2.3

14. + 15. Juni „Dt. Meisterschaften im Einzelzeitfahren"
1. **Michael Rich (Gerolsteiner)** **45:46:56 Std.**
2. Uwe Peschel (Gerolsteiner) +0:21:79 Min.
3. Sebastian Lang (Gerolsteiner) +1:12:65 Min.
4. Jens Voigt (Crédit Agricole) +1:21:93 Min.
5. Bert Grabsch (Phonak) +1:41:81 Min.

(40 KM)

2003

TOUR DE SUISSE · NATIONALE MEISTERSCHAFTEN

15. Juni „GP Kanton Aargau" (Sui)
1. **Martin Elmiger (Sui, Phonak)** **5:00:18 Std.**
2. Paolo Bettini (Ita, Quick Step) +0:00 Min.
3. Sergej Iwanow (Rus, Fassa Bortolo) +0:00 Min.
4. Michael Skelde (Dan, Fakta) +0:00 Min.
5. Steffen Wesemann (Ger, Telekom) +0:00 Min.
KAT 1.1 (196 KM)

16. – 22. Juni „Vuelta Ciclista a Catalunya" (Spanien)
1. **José Pecharroman (Spa, Paternina)** **22:15:13 Std.**
2. Roberto Heras (Spa, US Postal) +0:43 Min.
3. Koldo Gil (Spa, Once) +3:46 Min.
4. Rafael Casero (Spa, Costa de Almeria) +4:02 Min.
5. Ivan Basso (Ita, Fassa Bortolo) +4:29 Min.

Etappensieger: **1.MZF**/Once · **2.ET**/de Groot(Rabobank) · **3.ET**/Kintana(Labarca 2) · **4.ET**/Manzano(Kelme) · **5.ET**/Freire(Rabobank) · **6.ET**/Pecharroman(Paternina) · **7.ET**/Vicioso(Once)
HC

16. – 25. Juni „Tour de Suisse" (Schweiz)
1. **Alexander Winokurow (Kzk, Telekom)** **36:38:58 Std.**
2. Giuseppe Guerini (Ita, Telekom) +1:14 Min.
3. Oscar Pereiro (Spa, Phonak) +1:28 Min.
4. Kim Kirchen (Lux, Fassa Bortolo) +1:46 Min.
5. Tadej Valjawek (Slo, Fassa Bortolo) +1:55 Min.
6. Alexander Moos (Sui, Phonak) +2:10 Min.
7. Jan Ullrich (Ger, Bianchi) +2:27 Min.
8. Sven Montgomery (Sui, Fassa Bortolo) +2:29 Min.
9. Ondrej Sosenka (Tch, CCC Polsat) +4:14 Min.
10. Tomas Brozyna (Pol, CCC Polsat) +6:17 Min.
Etappensieger: **PRO**/Cancellara(Fassa Bortolo) · **1.ET**/Winokurow(Telekom) · **2.ET**/McEwen(Lotto-Domo) · **3.ET**/Casagrande(Lampre) · **4.ET**/Casar(FdJeux.com) · **5.ET**/Casagrande(Lampre) · **6.ET**/Pereiro(Phonak) · **7.ET**/Jakowlew(Telekom) · **8.ET**/McGee(FdJeux.com) · **9.ET**/Cooke(FdJeux.com)
HC

21. Juni „GP Carnago" (Italien)
1. **Michele Gobbi (Ita, De Nardi)** **4:16:30 Std.**
2. Dave Bruylandts (Bel, Marlux) +0:00 Min.
3. Timothy Jones (Aus, Domina Vacanze) +0:22 Min.
4. Ivan Fanelli (Ita, Amore & Vita) +1:15 Min.
5. Alessandro Vanotti (Ita, De Nardi) +1:15 Min.
KAT 1.5 (170 KM)

21. – 24. Juni „Route du Sud" (Frankreich)
1. **Michael Rogers (Aus, Quick Step)** **13:38:02 Std.**
2. Pietro Cauccholi (Ita, Alessio) +1:03 Min.
3. Nicolas Vogondy (Fra, FdJeux.com) +1:46 Min.
4. David Moncoutié (Fra, Cofidis) +2:04 Min.
5. Alexander Botscharow (Rus, AG2R) +4:58 Min.
Etappensieger: **1.ET**/Tombak(Cofidis) · **2.ET**/Turpin(AG2R) · **3.EZF**/Rogers(Quick Step) · **4.ET**/Moncoutié(Cofidis)
KAT 2.3

29. Juni „Nationale Meisterschaften in Europa"
Deutschland (Spalt) **175 KM**
1. **Erik Zabel (Telekom)** **4:49:41 Std.**
2. Patrik Sinkewitz (Quick Step) +1:49 Min.
3. Fabian Wegmann (Gerolsteiner) +2:19 Min.
4. Stephan Schreck (Telekom) +2:48 Min.
5. Jörg Ludewig (Saeco) +3:39 Min.

Österreich (Judendorf) **175 KM**
1. **Georg Totschnig (Gerolsteiner)** **4:17:08 Std.**
2. René Haselbacher (Gerolsteiner) +0:00 Min.
3. Andreas Matzbacher (U23) +0:17 Min.
4. Christian Pfannberger (Volksbank) +0:17 Min.
5. Bernhard Kohl (Rabobank) +0:18 Min.

Frankreich (Plumelec) **222,4 KM**
1. **Didier Rous (Boulangére)** **5:31:16 Std.**
2. Richard Virenque (Quick Step) +0:33 Min.
3. Patrice Halgand (Jean Delatour) +0:58 Min.
4. Benoît Salmon (Phonak) +1:00 Min.
5. Andy Flickinger (AG2R) +1:04 Min.

Italien (Pesaro) **241 KM**
1. **Paolo Bettini (Quick Step)** **6:06:35 Std.**
2. Filippo Pozzato (Fassa Bortolo) +0:00 Min.
3. Salvatore Commesso (Saeco) +0:00 Min.
4. Matteo Carrara (De Nardi) +0:00 Min.
5. Franco Pellizotti (Alessio) +0:00 Min.

Belgien (Vilvorde) **248 KM**
1. **Geert Omloop (Palmans)** **5:44:11 Std.**
2. Jurgen Van Goolen (Quick Step) +0:00 Min.
3. Sven Vanthourenhout (Quick Step) +0:05 Min.
4. Kurt Van der Slagmolen (Vlaanderen) +0:05 Min.
5. Hans De Clercq (Lotto-Domo) +0:05 Min.

Spanien (Alcobendas) **217 KM**
1. **Rubén Plaza (iBanesto.com)** **4:47:12 Std.**
2. Rafael Casero (Paternina) +0:00 Min.
3. Benjamín Noval (Colchon Relax) +0:00 Min.
4. Jon del Rio (Alfus) +0:19 Min.
5. Francisco Mancebo (iBanesto.com) +0:19 Min.

Niederlande (Rotterdam) **216 KM**
1. **Rudi Kemna (Bankgiroloterij)** **4:40:34 Std.**
2. Stefan Van Dijk (Lotto-Domo) +0:00 Min.
3. Max Van Heeswijk (US Postal) +0:00 Min.
4. Jeroen Blijlevens (Bankgiroloterij) +0:00 Min.
5. Marvin ven der Pluijm +0:00 Min.

Schweiz (Ruggell) **188,8 KM**
1. **Daniel Schnider (Phonak)** **4:42:35 Std.**
2. Roger Beuchat (Phonak) +0:51 Min.
3. Niki Aebersold (Phonak) +1:02 Min.

Dänemark (Nibe) **219,5 KM**
1. **Nicki Soerensen (CSC)** **4:37:30 Std.**
2. Allan Johansen (Fakta) +0:47 Min.
3. Bo Hamburger (Formaggi Pinzolo) +0:47 Min.
4. Lars Michaelsen (CSC) +0:47 Min.
5. Frank Hoj (Fakta) +2:09 Min.

Russland (Oufa) **205 KM**
1. **Alexander Bajenow (Sestroretsk)** **4:46:50 Std.**
2. Dmitri Dementiew (Russia Pool Bici Club) +0:01 Min.
3. Oleg Joukow (Moskow City sports) +0:13 Min.
4. Wladislaw Borissow +0:15 Min.
5. Boris Tschpilewski (St. Petersburg) +0:15 Min.

Baltische Meisterschaften **180 KM**
1. **Janek Tombak (Cofidis)** **4:16:48 Std.**
2. Lauri Aus (AG2R) +0:02 Min.
3. Erki Pütsep (AG2R) +0:05 Min.

Tschechien (Tvrdosin, Slo) **211KM**
1. **Lubor Tesar (Ed System)** **4:58:12 Std.**
2. Ondrej Fadrny (De Nardi) +0:02 Min.
3. Adam Homolka (Hervis Copyright) +0:04 Min.

Slowakei (Tvrdosin, Slo) **211 KM**
1. **Martin Riska (Podbrezova)** **4:58:16 Std.**
2. Robert Glowniak +0:00 Min.
3. Roman Bronis (CK ZK Podbrezova) +0:20 Min.

Polen (Gorzow Wielkopolski) **231 KM**
1. **Piotr Przydzial (CCC - Polsat)** **5:21:37 Std.**
2. Zbigniew Piatek (Mroz) +0:00 Min.
3. Grzegorz Kwiatkowski (Ambra Weltour 3) +0:01 Min.
4. Daniel Tschaikowski (Servisco-Koop) +0:24 Min.
5. Cezary Zamana (Mroz) +0:24 Min.

Portugal (Santa Maria da Feira) **190 KM**
1. **Pedro Soeiro (Carvahelhos)** **5:02:03 Std.**
2. Nuno Ribeiro (L.A. Pecol) +0:03 Min.
3. Paulo Ferreira (Cantanhede) +0:17 Min.
4. Joaquim Sampaio (Carvahelhos) +0:17 Min.
5. Pedro Cardoso (Milaneza) +0:43 Min.

die Ergebnisse

SAISON
HEW CYCLASSICS

...JULI

05. – 27. Juli „Tour de France"
Schlussklassement nach 20 Etappen:

1.	Lance Armstrong (USA, US Postal)	83:41:12 Std.
2.	Jan Ullrich (Ger, Bianchi)	+1:01 Min.
3.	Alexander Winokurow (Kzk, Telekom)	+4:14 Min.
4.	Tyler Hamilton (USA, CSC)	+6:17 Min.
5.	Haimar Zubeldia (Spa, Euskaltel)	+6:51 Min.
6.	Iban Mayo (Spa, Euskaltel)	+7:06 Min.
7.	Ivan Basso (Ita, Fassa Bortolo)	+10:12 Min.
8.	Christophe Moreau (Fra, Crédit Agricole)	+12:28 Min.
9.	Carlos Sastre (Spa, CSC)	+18:49 Min.
10.	Francisco Mancebo (Spa, iBanesto.com)	+19:15 Min.
11.	Denis Menschow (Rus, iBanesto.com)	+19:44 Min.
12.	Georg Totschnig (Aut, Gerolsteiner)	+21:32 Min.
13.	Peter Luttenberger (Aut, CSC)	+22:16 Min.
14.	Manuel Beltran (Spa, US Postal)	+23:03 Min.
15.	Massimiliano Lelli (Ita, Cofidis)	+24:00 Min.
16.	Richard Virenque (Fra, Quick Step)	+25:31 Min.
17.	Jörg Jaksche (Ger, Once)	+27:22 Min.
18.	Roberto Laiseka (Spa, Euskaltel)	+29:15 Min.
19.	José Luis Rubiera (Spa, US Postal)	+29:37 Min.
20.	Didier Rous (Fra, Boulangére)	+30:14 Min.
21.	Laurent Dufaux (Sui, Alessio)	+33:17 Min.
22.	David Plaza (Spa, Bianchi)	+45:55 Min.
23.	Félix G. Casas (Spa, Bianchi)	+47:07 Min.
24.	Alexander Botscharow (Rus, AG2R)	+49:47 Min.
25.	Daniele Nardello (Ita, Telekom)	+53:14 Min.

26. Azevedo+54:31Min. · **27.**Llorente+57:00Min. · **28.**Niermann+1:00:32Std. · **29.**Astarloza+1:02:13Std. · **30.**Chaurreau+1:03:35Std. · **31.**Goubert+1:05:38Std. · **32.**Boogerd+1:07:55Std. · **33.**Brochard+1:09:35Std. · **34.**Heras+1:14:17Std. · **35.**Guerini+1:16:43Std. · **36.**Mercado+1:22:32Std. · **37.**Chavanel+1:25:01Std. · **38.**Ludewig+1:25:13Std. · **39.**Flickinger+1:28:53Std. · **40.**Halgand+1:30:42Std. · **41.**Gutierrez+1:35:51Std. · **42.**Rogers+1:37:28Std. · **43.**Moncoutié+1:38:49Std. · **44.**Sörensen+1:39:54Std. · **45.**Blaudzun+1:41:09Std. · **46.**Parra+1:44:01Std. · **47.**Hincapie+1:44:11 Std. · **48.**Bettini+1:45:09Std. · **49.**Kessler+1:45:17Std. · **50.**Miholjewitsch+1:45:59Std. · **51.**Zandio+1:48:53Std. · **52.**Brandt+1:50:33Std. · **53.**Petrow+1:52:03Std. · **54.**Peron+1:53:45Std. · **55.**Millar+1:54:38Std. · **56.**Cañada+1:58:01Std. · **57.**Casero+1:58:32Std. · **58.**Pradera+1:59:37Std. · **59.**Bénéteau+2:00:09 Std. · **60.**Sacchi+2:00:56Std. · **61.**Boelts+2:01:38Std. · **62.**Van de Wouwer+2:02:01 Std. · **63.**Trentin+2:02:02Std. · **64.**Glomser+2:02:11Std. · **65.**Lefèvre+2:03:39Std. · **66.**Bruseghin +2:06:00Std. · **67.**Lastras+2:06:30Std. · **68.**Serrano+2:07:26 Std. · **69.**Paolini+2:10:30 Std. · **70.**Garmendia+2:10:41Std. · **71.**Pineau+2:11:33Std. · **72.**Nozal+2:12:14Std. · **73.**Latasa+2:12:58Std. · **74.**Noe+2:17:58Std. · **75.**Pellizotti+2:20:52Std. · **76.**Ekimow+2:21:53Std. · **77.**Landis+2:25:19Std. · **78.**Fritsch +2:26:58Std. · **79.**Cioni+2:31:37Std. · **80.**Artetxe+2:34:10Std. · **81.**Commesso+2:34:47Std. · **82.**Portal+2:35:04Std. · **83.**Andrle +2:35:17Std. · **84.**Simoni+2:35:47Std. · **85.**Kriwtschow+2:36:01 Std. · **86.**Baguet+2:37:20Std. · **87.**Zampieri+2:40:28Std. · **88.**Peña+2:40:49 Std. · **89.**Aerts+2:40:50Std. · **90.**O'Grady +2:41:24Std. · **91.**Turpin+2:43:44Std. · **92.**M.Zberg+2:47:07 Std. · **93.**Da Cruz +2:47:54Std. · **94.**Aldag+2:48:34Std. · **95.** Renier+2:48:54 Std. · **96.**Freire +2:51:18Std. · **97.**Vasseur+2:51:58Std. · **98.** De Munain +2:52:45Std. · **99.**De Groot +2:56:35Std. · **100.**Karpets+2:57:09Std. · **101.**Landaluze+3:02:37Std. · **102.**Padrnos+3:05:34Std. · **103.**Guidi+3:06:23Std. · **104.**Flecha+3:09:07Std. · **105.**Clain+3:09:22Std. · **106.**Jalabert+3:11:36Std. · **107.**Zabel+3:11:39Std. · **108.**Bodrogi+3:12:20Std. · **109.**Poilvet+3:14:11Std. · **110.**Mengin+3:14:47Std. · **111.**Casar+3:19:43Std. · **112.**Fornaciari+3:20:14Std. · **113.**Piil+3:20:57Std. · **114.**Geslin+3:21:01Std. · **115.**Wauters+3:21:43Std. · **116.**Vainsteins+3:23:43Std. · **117.**Vogondy+3:25:22Std. · **118.**Hushovd+3:25:33Std. · **119.**Voeckler+3:28:18Std. · **120.**Christensen+3:28:23Std. · **121.**Oriol+3:29:35Std. · **122.**Galdeano+3:32:37Std. · **123.**Knaven+3:33:45Std. · **124.**Gaumont+3:34:57Std. · **125.**Acosta+3:35:10Std. · **126.**Bramati+3:36:10 Std. · **127.**Cuesta+3:37:12Std. · **128.**Moerenhout+3:38:38Std. · **129.**Nazon+3:39:58Std. · **130.**Hary+3:40:55Std. · **131.**Edaleine+3:45:18Std. · **132.**Van Bon+3:51:56Std. · **133.**McGee+3:52:49Std. · **134.**Bossoni+3:54:39Std. · **135.**Nazon+3:56:38 Std. · **136.**Liese+3:56:49Std. · **137.**Finot+3:57:53Std. · **138.**Hinault+4:00:26Std. · **139.**Muñoz+4:03:40Std. · **140.**Cooke+4:04:10Std. · **141.**Dumoulin+4:04:59Std. · **142.**Usano+4:05:46Std. · **143.**McEwen+4:13:28Std. · **144.**Andriotto+4:14:48Std. · **145.**Becke+4:26:08 Std. · **146.**Bertolini+4:27:59Std. · **147.** De Clercq+4:48:35Std.

Punktewertung:

1.	Baden Cooke (Aus, FdJeux.com)	216 Punkte
2.	Robbie McEwen (Aus, Lotto-Domo)	214 Punkte
3.	Erik Zabel (Ger, Telekom)	188 Punkte
4.	Thor Hushovd (Nor, Crédit Agricole)	173 Punkte
5.	Luca Paolini (Ita, Quick Step)	156 Punkte

Bergwertung:

1.	Richard Virenque (Fra, Quick Step)	324 Punkte
2.	Laurent Dufaux (Sui, Alessio)	187 Punkte
3.	Lance Armstrong (USA, US Postal)	168 Punkte
4.	Christophe Moreau (Fra, Crédit Agricole)	137 Punkte
5.	Juan Miguel Mercado (Spa, iBanesto.com)	136 Punkte

Nachwuchswertung:

1.	Denis Menschow (Rus, iBanesto.com)	84:00:56 Std.
2.	Mikel Astarloza (Spa, AG2R)	+42:29 Min.
3.	Juan M. Mercado (Spa, iBanesto.com)	+1:02:48 Std.
4.	Sylvain Chavanel (Fra, Boulangére)	+1:05:17 Std.
5.	Andy Flickinger (Fra, AG2R)	+1:09:09 Std.

Teamwertung:

1.	CSC	248:18:18 Std.
2.	iBanesto.com	+21:46
3.	Euskaltel	+44:59
4.	US Postal	+45:53
5.	Bianchi	+1:12:40

Kämpferwertung (Aggressivster Fahrer):
Alexander Winokurow (Kzk, Telekom)

Jubiläumswertung:
Gewertet werden die sechs Etappenorte der ersten Tour de France (Lyon, Marseille, Toulouse, Bordeaux, Nantes, Paris)

1.	Stuart O'Grady (Aus, Crédit Agricole)	82 Punkte
2.	Thor Hushovd (Nor, Crédit Agricole)	86 Punkte
3.	Fabrizio Guidi (Ita, Bianchi)	103 Punkte

Etappensieger:

05. Juli PROLOG „Paris" EZF — 6,5 KM
1.	Bradley McGee (Aus, FdJeux.com)	7:26 Min.
2.	David Millar (GBr, Cofidis)	+0:00 Min.
3.	Haimar Zubeldia (Spa, Euskaltel)	+0:02 Min.

06. Juli 1.ET „St. Denis, Montgeron – Meaux" 168 km
1.	Alessandro Petacchi (Ita, Fassa Bortolo)	3:44:33 Std.
2.	Robbie McEwen (Aus, Lotto-Domo)	+0:00 Min.
3.	Erik Zabel (Ger, Telekom)	+0:00 Min.

07. Juli 2.ET „La Ferté-sous-Jouarre – Sedan" 204,5 km
1.	Baden Cooke (Aus, FdJeux.com)	5:06:33 Std.
2.	Jean-Patrick Nazon (Fra, Jean Delatour)	+0:00 Min.
3.	Jaan Kirsipuu (Est, AG2R)	+0:00 Min.

08. Juli 3.ET „Charleville-Mézieres – St.Dizier" 167,5 km
1.	Alessandro Petacchi (Ita, Fassa Bortolo)	3:27:39 Std.
2.	Romans Vainsteins (Let, Vini Caldirola)	+0:00 Min.
3.	Oscar Freire (Spa, Rabobank)	+0:00 Min.

09. Juli 4.ET „Joinville – Saint-Dizier" MZF 69 km
1.	US Postal (USA)	1:18:27 Std.
2.	Once (Spa)	+0:30 Min.
3.	Bianchi (Ger)	+0:43 Min.

10. Juli 5.ET „Troyes – Nevers" 196,5 km
1.	Alessandro Petacchi (Ita, Fassa Bortolo)	4:09:47 Std.
2.	Jaan Kirsipuu (Est, AG2R)	+0:00 Min.
3.	Baden Cooke (Aus, FdJeux.com)	+0:00 Min.

11. Juli 6.ET „Nevers – Lyon" 230 km
1.	Alessandro Petacchi (Ita, Fassa Bortolo)	5:08:35 Std.
2.	Baden Cooke (Aus, FdJeux.com)	+0:00 Min.
3.	Fabrizio Guidi (Ita, Bianchi)	+0:00 Min.

12. Juli 7.ET „Lyon – Morzine" 230,5 km
1.	Richard Virenque (Fra, Quick Step)	6:06:03 Std.
2.	Rolf Aldag (Ger, Telekom)	+2:29 Min.
3.	Sylvain Chavanel (Fra, Boulangére)	+3:45 Min.

13. Juli 8.ET „Sallanches – L'Alpe d'Huez" 219 km
1.	Iban Mayo (Spa, Euskaltel)	5:57:30 Std.
2.	Alexander Winokurow (Kzk, Telekom)	+1:45 Min.
3.	Lance Armstrong (USA, US Postal)	+2:12 Min.

14. Juli 9.ET „Bourg-d'Oisans – Gap" 184,5 km
1.	Alexander Winokurow (Kzk, Telekom)	5:02:00 Std.
2.	Paolo Bettini (Ita, Quick Step)	+0:36 Min.
3.	Iban Mayo (Spa, Euskaltel)	+0:36 Min.

15. Juli 10.ET „Gap – Marseille" 220,5 km
1.	Jakob Piil (Dan, CSC)	5:09:33 Std.
2.	Fabio Sacchi (Ita, Saeco)	+0:00 Min.
3.	Bram De Groot (Ned, Rabobank)	+0:49 Min.

17. Juli 11.ET „Narbonne – Toulouse" 153,5 km
1.	Juan Antonio Flecha (Spa, iBanesto.com)	3:29:33 Std.
2.	Bram De Groot (Ned, Rabobank)	+0:04 Min.
3.	Isidro Nozal (Spa, Once)	+0:04 Min.

18. Juli 12.ET „Gaillac – Cap'Découverte" EZF 47 KM
1.	Jan Ullrich (Ger, Bianchi)	58:32 Std.
2.	Lance Armstrong (USA, US Postal)	+1:36 Min.
3.	Alexander Winokurow (Kzk, Telekom)	+2:06 Min.

19. Juli 13.ET „Toulouse – Ax-Bonascre" 197,5 km
1.	Carlos Sastre (Spa, CSC)	5:16:08 Std.
2.	Jan Ullrich (Ger, Bianchi)	+1:01 Min.
3.	Haimar Zubeldia (Spa, Euskaltel)	+1:03 Min.

20. Juli 14.ET „St. Girons – Loudenvielle" 191,5 km
1.	Gilberto Simoni (Ita, Saeco)	5:31:52 Std.
2.	Laurent Dufaux (Sui, Alessio)	+0:00 Min.
3.	Richard Virenque (Fra, Quick Step)	+0:00 Min.

21. Juli 15.ET „Bag.-de-Bigorre – L. Ardiden" 159,5 km
1.	Lance Armstrong (USA, US Postal)	4:29:26 Std.
2.	Iban Mayo (Spa, Euskaltel)	+0:40 Min.
3.	Jan Ullrich (Ger, Bianchi)	+0:40 Min.

23. Juli 16.ET „Pau – Bayonne" 197,5 km
1.	Tyler Hamilton (USA, CSC)	4:59:41 Std.
2.	Erik Zabel (Ger, Telekom)	+1:55 Min.
3.	Jurij Kriwtschow (Ukr, Jean Delatour)	+1:55 Min.

24. Juli 17.ET „Dax – Bordeaux" 181 km
1.	Servais Knaven (Ned, Quick Step)	3:54:23 Std.
2.	Paolo Bossoni (Ita, Vini Caldirola)	+0:17 Min.
3.	Christophe Mengin (Fra, FdJeux.com)	+0:17 Min.

25. Juli 18.ET „Bordeaux – St.-Maixent-l'Ecole" 203,5 km
1.	Pablo Lastras (Spa, iBanesto.com)	4:03:18 Std.
2.	Carlos Da Cruz (Fra, FdJeux.com)	+0:00 Min.
3.	Daniele Nardello (Ita, Telekom)	+0:00 Min.

26. Juli 19.ET „Pornic – Nantes" EZF 49 km
1.	David Millar (GBr, Cofidis)	54:05 Min.
2.	Tyler Hamilton (USA, CSC)	+0:09 Min.
3.	Lance Armstrong (USA, US Postal)	+0:14 Min.

27. Juli 20.ET „Ville d'Avray – Paris" 152 km
1.	Jean-Patrick Nazon (Fra, Jean Delatour)	3:38:49 Std.
2.	Baden Cooke (Aus, FdJeux.com)	+0:00 Min.
3.	Robbie McEwen (Aus, Lotto-Domo)	+0:00 Min.

06. Juli „Trofeo Matteotti" (Italien)
1.	Filippo Pozzato (Ita, Fassa Bortolo)	4:37:07 Std.
2.	Alessandro Spezialetti (Ita, Saeco)	+0:02 Min.
3.	Claudio Bartoli (Ita, Panaria)	+0:38 Min.
4.	Michele Bartoli (Ita, Fassa Bortolo)	+1:05 Min.
5.	Matteo Carrara (Ita, De Nardi)	+1:05 Min.

KAT 1.2 (188 KM)

2 0 0 3

TOUR DE FRANCE · CLASICA SAN SEBASTIAN

AUGUST

06. Juli „Tour de Doubs" (Frankreich)
1. Bert De Waele (Bel, Landbouwkrediet) 4:32:47 Std.
2. Janek Tombak (Est, Cofidis) +0:06 Min.
3. Frédéric Bessy (Fra, Cofidis) +0:20 Min.
4. Anthony Charteau (Fra, Boulangére) +0:20 Min.
5. Ryan Cox (RSA, Barlowworld) +0:22 Min.
KAT 1.3 (197 KM)

09. – 13. Juli „Troféu Joaquim Agostinho" (Portugal)
1. Fabian Jeker (Sui, Milaneza) 17:35:59 Std.
2. Lander Euba (Spa, Euskaltel) +0:09 Min.
3. Alejandro Valverde (Spa, Kelme) +0:12 Min.
4. Pedro Arreitunandia (Spa, Carvahelhos) +0:55 Min.
5. Joan Horrach (Spa, Milaneza) +0:58 Min.
Etappensieger: 1.ET/Euba(Euskaltel) · 2.ET/Horrach(Milaneza)
3.ET/Jeker(Milaneza) · 4.A.ET/Valverde(Kelme) · 4B.EZF/Jeker
(Milaneza) · 5.ET/Valverde(Kelme) KAT 2.3

19. Juli „GP Rio Saliceto" (Italien)
1. Fabian Wegmann (Ger, Gerolsteiner) 4:24:05 Std.
2. Gilles Bouvard (Fra, Jean Delatour) +0:00 Min.
3. Oscar Pozzi (Ita, Tenax) +0:18 Min.
4. Daniele Contrini (Ita, Gerolsteiner) +0:18 Min.
5. Rafael Nuritdinov (Usb, De Nardi) +0:31 Min.
KAT 1.3 (174 KM)

20. Juli „Nobil Rubinetterie" (Italien)
1. Andrea Ferrigato (Ita, Alessio) 3:46:07 Std.
2. Joseba Albizu (Spa, Mercatone Uno) +0:00 Min.
3. Massimiliano Mori (Ita, Formaggi Pinzolo) +0:00 Min.
4. Alberto Ongarato (Ita, Domina Vacanze) +0:06 Min.
5. Sergej Matwejew (Ukr, Panaria) +0:08 Min.
KAT 1.3

23. – 27. Juli „Sachsen-Tour" (Deutschland)
1. Fabian Wegmann (Ger, Gerolsteiner) 20:36:33 Std.
2. Frank Hoj (Dan, Fakta) +0:05 Min.
3. Daniel Schnider (Sui, Phonak) +0:25 Min.
4. Lars Wackernagel (Ger, Wiesenhof) +0:39 Min.
5. Ronny Scholz (Ger, Gerolsteiner) +0:50 Min.

Etappensieger: PRO/Lochowski(Wiesenhof) · 1.ET/Contrini
(Gerolsteiner) · 2.ET/Wegmann(Gerolsteiner) · 3.ET/Camenzind
(Phonak) · 5.ET/Wesemann(Telekom)
KAT 2.3

25. Juli „Clasica Ordizia" (Spanien)
1. Alejandro Valverde (Spa, Kelme) 3:49:02 Std.
2. Toni Colom (Spa, Colchon Relax) +0:00 Min.
3. Gorka Gerrikagoitia (Spa, Euskaltel) +0:00 Min.
4. Eladio Jimenez (Spa, iBanesto.com) +0:00 Min.
5. Jon Bru (Spa, LA Pecol) +0:49 Min.
KAT 1.2 (160 KM)

28. Juli – 01. August „T. d. l. Région Wallonne" (Bel)
1. Julian Dean (Nzl, CSC) 21:23:36 Std.
2. Michele Bartoli (Ita, Fassa Bortolo) +0:00 Min.
3. Jaroslaw Popowitsch (Ukr, Landbouwkrediet) +0:12 Min.
4. Kim Kirchen (Lux, Fassa Bortolo) +0:14 Min.
5. Jurgen Van Goolen (Bel, Quick Step) +0:18 Min.
Etappensieger: 1.ET/Eeckhout(Lotto-Domo) · 2.ET/Berges(AG2R)
3.ET/Bartoli(Fassa Bortolo) · 4.ET/Dean(CSC) · 5.ET/Dean(CSC)
KAT 2.3

31. Juli „Circuito de Getxo Memorial R. Otxoa" (Spa)
1. Roberto Lozano (Spa, Kelme) 4:07:38 Std.
2. Martin Elmiger (Sui, Phonak) +0:00 Min.
3. Constantino Zaballa (Spa, Kelme) +0:00 Min.
4. Vicente Reynes (Spa, LA Pecol) +0:00 Min.
5. José Luis Arrieta (Spa, iBanesto.com) +0:00 Min.
KAT 1.3 (185,5 KM)

02. August „Paarzeitfahren in Karlsruhe" (Ger)
1. M. Rich/ S. Lang (Ger/Ger, Gerolsteiner) 1:24:14 Std.
2. T. Schmidt/ G. Totschnig (Ger/Aut, GST) +1:13 Min.
3. A. Winokurow/ B. Julich (Kzk/USA, Telekom) +1:57 Min.
4. J. Voigt/ Ch. Moreau (Ger/Fra, C.A) +2:27 Min.
5. R. Bertogliati/ M. Quinizato (Sui/Ita, Lampre) +2:59 Min.
KAT 1.2 (72 KM)

6 HEW CYCLASSICS HAMBURG

1. Paolo Bettini (Ita/ Quick Step) (QSD) 253,2 KM (42,396 km/h) 5:58:20 Std. 100

2.	Davide Rebellin	(GST)	+0:00.	70
3.	Jan Ullrich	(BIA)	+0:00.	50
4.	Igor Astarloa	(SAE)	+0:00.	40
5.	Mirco Celestino	(SAE)	+0:00.	36
6.	Erik Zabel	(TEL)	+0:03.	32
7.	Fabio Baldato	(ALS)	+0:03.	28
8.	Giovanni Lombardi	(DVE)	+0:03.	24
9.	Stefano Zanini	(SAE)	+0:03.	20
10.	Andrea Ferrigato	(ALS)	+0:03.	16
11.	Marko Zanotti	(FAS)	+0:03.	15
12.	Carlos Da Cruz	(FDJ)	+0:03.	14
13.	Luca Paolini	(QSD)	+0:03.	13
14.	Steven de Jongh	(RAB)	+0:03.	12
15.	Stuart O'Grady	(C.A)	+0:03.	11
16.	Andy Flickinger	(A2R)	+0:03.	10
17.	Gabriele Missaglia	(LAM)	+0:03.	9
18.	René Haselbacher	(GST)	+0:03.	8
19.	Julian Dean	(CSC)	+0:03.	7
20.	Magnus Backstedt	(FAK)	+0:03.	6
21.	Stefan Kupfernagel	(PHO)	+0:03.	5
22.	Franck Renier	(BLB)	+0:03.	4
23.	Peter Van Petegem	(LOT)	+0:03.	3
24.	Michael Skelde	(FAK)	+0:03.	2
25.	Mathew Hayman	(RAB)	+0:03.	1

03. AUGUST · WORLDCUP 2003 · GER

Weltcup-Stand (6 Rennen): 1.Van Petegem(LOT)203P · 2.Bettini(QSD)200P · 3.Boogerd(RAB)140P · 4.Celestino(SAE)127P · 5.Rebellin(GST)123P · 6.Pieri(SAE)117P · 7.Winokurow(TEL)100P · 8.Vandenbroucke(QSD)92P · 9.Zabel(TEL)86P · 10.Baldato(ALS)83P · 11.Iwanow(FAS)79P · 12.Di Luca(SAE)74P · 13.Ekimow(USP)74P · 14.O'Grady(C.A)74P · 15.Paolini(QSD)72P · 16.Scarponi(DVE)68P · 17.Casagrande(LAM)68P · 18.Astarloa(SAE)56P · 19.Ullrich(BIA)50P · 20.Guesdon(FDJ)46P · 21.Kessler(TEL)44P · 22.Mattan(COF)43P · 23.Wauters(RAB)40P · 24.Cipollini(DVE)40P · 25.Vainsteins(VIN)40P

03. August „Polynormande" (Frankreich)
1. Jérôme Pineau (Fra, Boulangére) 4:02:46 Std.
2. Mickaël Pichon (Fra, FdJeux.com) +0:05 Min.
3. Walter Bénéteau (Fra, Boulangére) +1:03 Min.
4. Gilles Bouvard (Fra, Jean Delatour) +1:03 Min.
5. Anthony Geslin (Fra, Boulangére) +1:03 Min.
KAT 1.3 (161 KM)

06. – 10. August „Regio-Tour Int." (Ger, Fra)
1. Wolodimir Gustow (Ukr, Fassa Bortolo) 19:42:33 Std.
2. Ronny Scholz (Ger, Gerolsteiner) +0:02 Min.
3. Cristian Moreni (Ita, Alessio) +0:03 Min.
4. Eladio Jimenez (Spa, iBanesto.com) +0:17 Min.
5. José Ivan Gutierrez (Spa, iBanesto.com) +0:26 Min.

Etappensieger: 1.ET/Moreni(Alessio) · 2A.ET/Zanotti(Fassa Bortolo) · 2B.EZF/Scholz(Gerolsteiner) · 3.ET/Gavazzi(Saeco) · 4.ET/Duma(Landbouwkrediet) · 5.ET/Plaza(iBanesto.com)
KAT 2.3

06. August „GP di Camaiore" (Italien)
1. Marco Serpellini (Ita, Lampre) 4:37:31 Std.
2. Danilo Di Luca (Ita, Saeco) +0:03 Min.
3. Luca Mazzanti (Ita, Panaria) +0:04 Min.
4. Gianluca Tonetti (Ita, Tenax) +0:05 Min.
5. Paolo Bettini (Ita, Quick Step) +0:22 Min.
KAT 1.2 (193 KM)

06. – 17. August „Volta ao Portugal" (Portugal)
1. Nuno Ribeiro (Por, LA Pecol) 41:29:59 Std.
2. Claus Moller (Dan, Milaneza) +1:34 Min.
3. Rui Lavarinhas (Por, Milaneza) +2:18 Min.
4. Nelson Vitorino (Por, Porta da Ravessa) +5:10 Min.
5. David Blanco (Spa, Porta da Ravessa) +5:52 Min.

Etappensieger: 1.ET/Barbosa(LA Pecol) · 2.ET/Benito(Antarte) · 3.ET/Fernandez(ASC) · 4.ET/Barbosa(LA Pecol) · 5.ET/Ribeiro(LA Pecol) · 6.ET/Gamito(Cantanhede) · 7.ET/Barbosa(LA Pecol) · 8.ET/Barbosa(LA Pecol) · 9.ET/Arreitunandia(Carvalhelhos) · 10.ET/Edo(Milaneza) · 11.EZF/Moller(Milaneza)
KAT 2.2

7 CLASICA SAN SEBASTIAN

1. Paolo Bettini (Ita/Quick Step) (QSD) 227KM (39,510 km/h) 5:44:42 Std. 100

2.	Ivan Basso	(FAS)	+0:00.	70
3.	Danilo Di Luca	(SAE)	+0:20.	50
4.	Francesco Casagrande	(LAM)	+0:20.	40
5.	Andrea Noé	(ALS)	+0:23.	36
6.	Gorka Arrien	(EUS)	+0:33.	32
7.	Davide Rebellin	(GST)	+0:33.	28
8.	Michael Boogerd	(RAB)	+0:34.	24
9.	Michael Rasmussen	(RAB)	+0:37.	20
10.	Paolo Valoti	(DVE)	+1:53.	16
11.	Igor Astarloa	(SAE)	+1:54.	15
12.	Stefano Garzelli	(VIN)	+1:54.	14
13.	Richard Virenque	(QSD)	+1:54.	13
14.	Mirco Celestino	(SAE)	+1:54.	12
15.	George Hincapie	(USP)	+1:54.	11
16.	Luca Paolini	(QSD)	+1:54.	10
17.	Miguel A. Perdiguero	(DVE)	+1:54.	9
18.	Beat Zberg	(RAB)	+1:54.	8
19.	Marco Serpellini	(LAM)	+1:54.	7
20.	Ludovic Turpin	(A2R)	+1:54.	6
21.	Patrik Sinkewitz	(QSD)	+1:54.	5
22.	Isidro Nozal Vega	(ONE)	+1:54.	4
23.	David De La Fuente	(VIN)	+1:54.	3
24.	Rik Verbrugghe	(LOT)	+1:54.	2
25.	Unai Etxebarria Arana	(EUS)	+1:54.	1

9. AUGUST · WORLDCUP 2003 · GER

Weltcup-Stand (7 Rennen): 1.Bettini(QSD)300P · 2.Van Petegem(LOT)203P · 3.Boogerd(RAB)164P · 4.Rebellin(GST)151P · 5.Celestino(SAE)138P · 6.Di Luca(SAE)124P · 7.Pieri(SAE)117P · 8.Casagrande(LAM)108P · 9.Winokurow(TEL)100P · 10.Zabel(TEL)86P · 11.Basso(FAS)86P · 12.Vandenbroucke(QSD)85P · 13.Baldato(ALS)83P · 14.O'Grady(C.A)74P · 15.Ekimow(USP)74P · 16.Paolini(QSD)73P · 17.Astarloa(SAE)71P · 18.Scarponi(DVE)68P · 19.Iwanow(FAS)64P · 20.Ullrich(BIA)50P · 21.Guesdon(FDJ)46P · 22.Noe(ALS)46P · 23.Kessler(TEL)44P · 24.Mattan(COF)43P · 25.Wauters(RAB)40P

10. August „Subida Urkiola" (Spanien)
1. Leonardo Piepoli (Ita, iBanesto.com) 3:53:59 Std.
2. Dave Bruylandts (Bel, Marlux) +0:07 Min.
3. Haimar Zubeldia (Spa, Euskaltel) +0:39 Min.
4. Mauricio Ardila (Col, Marlux) +0:54 Min.
5. Gorka González (Spa, Euskaltel) +1:00 Min.
KAT 1.3 (160,5 KM)

die Ergebnisse

SAISON MEISTERSCHAFT VON

....AUGUST

10. August „Sparkassen Giro in Bochum" (Ger)
1. Rolf Aldag (Ger, Telekom) 4:08:07 Std.
2. Rene Jorgensen (Dan, Fakta) +0:09 Min.
3. Lubor Tesar (TCH, Ed System) +0:14 Min.
4. Erik Zabel (Ger, Telekom) +0:47 Min.
5. Jan Ullrich (Ger, Bianchi) +0:47 Min.

KAT 1.3 (177,6 KM)

11. – 15. August „Vuelta a Burgos" (Spanien)
1. Pablo Lastras (Spa, iBanesto) 15:35:49 Std.
2. Oscar Pereiro (Spa, Phonak) +0:10 Min.
3. Carlos Quesada (Spa, Kelme) +1:32 Min.
4. Giampaolo Cheula (Ita, Vini Caldirola) +1:48 Min.
5. Iker Flores (Spa, Euskaltel) +2:35 Min.

Etappensieger: **1.ET**/Quesada(Kelme) · **2.ET**/Acosta(Banesto) **3.ET**/Bruylandts(Marlux) · **4.ET**/Millar(Cofidis) · **5.ET**/Gonzalez (Euskaltel)

KAT 2.1

12. August „Giorni Marchigiana" (Italien)
1. Michele Gobbi (Ita, De Nardi) 4:53:00 Std.
2. Antonio Buccero (Ita, Saeco) +0:02 Min.
3. Eddy Serri (Ita, Mercatone Uno) +0:02 Min.
4. Andrea Moletta (Ita, Mercatone Uno) +0:02 Min.
5. Lorenzo Bernucci (Ita, Landbouwkrediet) +0:02 Min.

KAT 1.3 (195 KM)

12. – 15. August „Tour de l'Ain" (Frankreich)
1. Axel Merckx (Bel, Lotto-Domo) 14:04:16 Std.
2. Samuel Dumoulin (Fra, Jean Delatour) +0:53 Min.
3. Jérôme Pineau (Fra, Boulangére) +1:03 Min.
4. Ludovic Turpin (Fra, AG2R) +1:05 Min.
5. Richard Virenque (Fra, Quick Step) +2:01 Min.

Etappensieger: **1.ET**/Pineau(Boulangére) · **2.ET**/Hary(Boulangére) **3.ET**/Turpin(AG2R) · **4.ET**/Heeswijk(US Postal)

KAT 2.3

12. – 16. August „Post Danmark Rundt" (Dänemark)
1. Sebastian Lang (Ger, Gerolsteiner) 19:48:00 Std.
2. Jurgen Van Goolen (Bel, Quick Step) +0:02 Min.
3. Laurent Brochard (Fra, AG2R) +0:19 Min.
4. Bart Voskamp (Ned, Bankgiroloterij) +0:23 Min.
5. Mark Scanlon (Irl, AG2R) +0:29 Min.

Etappensieger: **1.ET**/Scanlon(AG2R) · **2.ET**/Mitlushenko(Landbouwkrediet) · **3.ET**/Museeuw(Quick Step) · **4.ET**/Koerts(Bankgiroloterij) · **5.EZF**/Vaitkus(Landbouwkredief) · **6.ET**/Kirsipuu(AG2R)

KAT 2.2

13. August „Trofeo Fred Mengoni Ancona" (Italien)
1. Alessio Geretti (Ita, Saeco) 4:43:00 Std.
2. Bo Hamburger (Dan, Formaggi Pinzolo) +1:42 Min.
3. Fortunato Baliani (Ita, Formaggi Pinzolo) +2:46 Min.
4. Michele Scarponi (Ita, Domina Vacanze) +2:55 Min.
5. Cristian Gasperoni (Ita, Domina Vacanze) +3:02 Min.

KAT 1.5 (183 KM)

17. August „Memorial Henryka Lasaka" (Polen)
1. Cezary Zamana (Pol, Mroz) 4:43:18 Std.
2. Robert Radosch (Pol, Servisco-Koop) +0:00 Min.
3. Lubor Tesar (Tch, Ed System) +0:00 Min.
4. Zbigniew Piatek (Pol, Mroz) +0:00 Min.
5. Martin Riska (Svk) +1:30 Min.

KAT 1.3 (195 KM)

17. August „Dwars door Gendringen" (Niederlande)
1. Alessandro Petacchi (Ita, Fassa Bortolo) 4:24:07 Std.
2. Eric Baumann (Ger, Wiesenhof) +0:00 Min.
3. Geert Omloop (Bel, Palmans) +0:00 Min.
4. Stefan Kupfernagel (Ger, Phonak) +0:00 Min.
5. Thorwald Veneberg (Ned, Rabobank) +0:00 Min.

KAT 1.3 (197 KM)

17. August „GP Llodio" (Spanien)
1. Joan Fuentes (Spa, Saeco) 4:09:23 Std.
2. Carlos Garcia Quesada (Spa, Kelme) +0:09 Min.
3. Koldo Gil (Spa, Once) +0:13 Min.
4. Mauricio Ardila (Col, Marlux) +0:31 Min.
5. Dave Bruylandts (Bel, Marlux) +0:33 Min.

KAT 1.3 (177 KM)

8 MEISTERSCHAFT VON ZÜRICH

1. Daniele Nardello Ita/Telekom (TEL) 236,6KM (39.932 km/h) 5:55:30 Std. 100

Pos	Fahrer	Team	Zeit	Pkt
2.	Jan Ullrich	(BIA)	+0:06.	70
3.	Paolo Bettini	(QSD)	+0:11.	50
4.	Michael Boogerd	(RAB)	+0:11.	40
5.	Davide Rebellin	(GST)	+0:11.	36
6.	Javier Rodriguez	(BAN)	+0:11.	32
7.	Oscar Camenzind	(PHO)	+0:11.	28
8.	David Moncoutié	(COF)	+0:11.	24
9.	Michele Scarponi	(DVE)	+0:11.	20
10.	Cristian Moreni	(ALS)	+0:11.	16
11.	Francesco Casagrande	(LAM)	+0:11.	15
12.	Eladio Jimenez	(BAN)	+0:11.	14
13.	Patrik Sinkewitz	(QSD)	+0:11.	13
14.	Danilo Di Luca	(SAE)	+0:11.	12
15.	Didier Rous	(BLB)	+0:11.	11
16.	Richard Virenque	(QSD)	+0:11.	10
17.	Ivan Basso	(FAS)	+0:11.	9
18.	Michael Rasmussen	(RAB)	+0:17.	8
19.	Beat Zberg	(RAB)	+1:09.	7
20.	Rik Verbrugghe	(LOT)	+1:09.	6
21.	Axel Merckx	(LOT)	+1:12.	5
22.	Christophe Brandt	(LOT)	+1:18.	4
23.	Massimiliano Lelli	(COF)	+1:18.	3
24.	Juan Antonio Flecha	(BAN)	+1:18.	2
25.	Laurent Dufaux	(ALS)	+1:18.	1

17. AUGUST · WORLDCUP 2003 · SUI

Weltcup-Stand (8 Rennen): **1.**Bettini(QSD)350P · **2.**Boogerd (RAB)204P · **3.**Van Petegem(LOT)203P · **4.**Rebellin(GST) 187P · **5.**Celestino(SAE)139P · **6.**Di Luca(SAE)136P · **7.**Nardello(TEL)124P · **8.**Casagrande(LAM)123P · **9.**Pieri(SAE) 117P · **10.**Winokurow(TEL)100P · **11.**Basso(FAS)95P · **12.**Vandenbroucke(QSD)92P · **13.**Scarponi(DVE)88P · **14.**Zabel (TEL)86P · **15.**Baldato(ALS)83P · **16.**Paolini(QSD)82P · **17.**Iwanow(FAS)79P · **18.**Ekimow(USP)74P · **19.**O'Grady(C.A)74P

19. August „GP Stad Zottegem-Dr. Tistaert Prijs" (Bel)
1. Geert Omloop (Bel, Palmans) 3:50:00 Std.
2. Karsten Kroon (Ned, Rabobank) +0:00 Min.
3. Wim Vansevenant (Bel, Lotto-Domo) +0:04 Min.
4. Gorik Gardeyn (Bel, Lotto-Domo) +0:31 Min.
5. Bjornar Vestol (Nor, Fakta) +0:31 Min.

KAT 1.3 (173 KM)

19. August „Tre Valli Varesine" (Italien)
1. Danilo Di Luca (Ita, Saeco) 4:54:27 Std.
2. Andrea Ferrigato (Ita, Alessio) +0:00 Min.
3. Markus Zberg (Sui, Gerolsteiner) +0:00 Min.
4. Oscar Camenzind (Sui, Phonak) +0:00 Min.
5. Luca Mazzanti (Ita, Panaria) +0:00 Min.

KAT 1.1 (193 KM)

19. – 22. August „Tour du Limousin" (Frankreich)
1. Massimiliano Lelli (Ita, Cofidis) 17:28:30 Std.
2. Laurent Lefèvre (Fra, Jean Delatour) +0:02 Min.
3. Thor Hushovd (Nor, Crédit Agricole) +0:47 Min.
4. Dimitri Fofonow (Kzk, Cofidis) +0:47 Min.
5. Médéric Clain (Fra, Cofidis) +0:47 Min.

Etappensieger: **1.ET**/Rous(Boulangére) · **2.ET**/Vasseur(Cofidis) **3.ET**/Vogondy(FdJeux.com) · **4.ET**/Eisel(Aut, FdJeux.com)

KAT 2.3

19. – 23. August „ENECO Ronde van Nederland"
1. Wjatscheslaw Ekimow (Rus, US Postal) 20:41:48 Std.
2. Bradley McGee (Aus, FdJeux.com) +0:25 Min.
3. Sergej Gontschar (Ukr, De Nardi) +0:34 Min.
4. Fabian Cancellara (Sui, Fassa Bortolo) +0:37 Min.
5. Xavier Florencio (Spa, Once) +0:44 Min.

Etappensieger: **1.ET**/Petacchi(Fassa Bortolo) · **2.ET**/Petacchi (Fassa Bortolo) · **3.ET**/Zabel(Telekom) · **4.ET**/Ekimow(US Postal) **5.ET**/Reinerink(Bankgiroloterij) · **6.ET**/McGee(FdJeux.com)

20. August „Coppa Agostoni" (Italien)
1. Francesco Casagrande (Ita, Lampre) 4:56:22 Std.
2. Cristian Moreni (Ita, Alessio) +1:27 Min.
3. Oscar Mason (Ita, Vini Caldirola) +1:27 Min.
4. Massimo Giunti (Ita, Domina Vacanze) +1:27 Min.
5. Marcel Strauss (Sui, Gerolsteiner) +1:27 Min.

KAT 1.2 (199 KM)

22. August „Groningen-Münster" (Niederlande)
1. Robert Forster (Ger, Gerolsteiner) 4:44:39 Std.
2. Olaf Pollack (Ger, Gerolsteiner) +0:00 Min.
3. Jonas Owtscharek (Ger, Lamonta) +0:00 Min.
4. Danilo Hondo (Ger, Telekom) +0:00 Min.
5. Eric Baumann (Ger, Wiesenhof) +0:00 Min.

KAT 1.3 (205,9 KM)

22. August „Coppa Bernochi" (Italien)
1. Sergio Barbero (Ita, Lampre) 4:49:11 Std.
2. Massimo Giunti (Ita, Domina Vacanze) +0:00 Min.
3. Sergej Matwejew (Ukr, Panaria) +0:00 Min.
4. Ruslan Iwanow (Mol, Alessio) +0:00 Min.
5. Sergej Adwejew (Ukr, Landbouwkrediet) +0:00 Min.

KAT 1.3 (199 KM)

24. August „GP Schwarzwald" (Deutschland)
1. Thorsten Hiekmann (Ger, Telekom) 4:56:54 Std.
2. Björn Glasner (Ger, Lamonta) +0:00 Min.
3. Leonardo Bertagnolli (Ita, Saeco) +0:00 Min.
4. Christian Werner (Ger, Telekom) +0:00 Min.
5. Jure Golcer (Slo, Volksbank) + 4:57 Min.

KAT 1.3 (191,9 KM)

24. August „GP Ouest France - Plouay" (Frankreich)
1. Andy Flickinger (Fra, AG2R) 4:34:22 Std.
2. Anthony Geslin (Fra, Boulangére) +0:00 Min.
3. Nicolas Jalabert (Fra, CSC) +0:00 Min.
4. Christophe Mengin (Fra, FdJeux.com) +0:00 Min.
5. Kurt-Asle Arvesen (Nor, Fakta) +0:00 Min.

KAT 1.1 (198 KM)

24. August „Giro del Veneto" (Italien)
1. Cristian Moreni (Ita, Alessio) 4:56:56 Std.
2. Michele Bartoli (Ita, Fassa Bortolo) +0:00 Min.
3. Danilo Di Luca (Ita, Saeco) +0:00 Min.
4. Oscar Camenzind (Sui, Phonak) +0:00 Min.
5. Massimiliano Gentili (Ita, Domina Vacanze) +0:00 Min.

KAT 1.1 (199,7 KM)

25. August „Clasica Ciclista los Puertos" (Spanien)
1. Denis Menschow (Rus, iBanesto.com) 3:38:17 Std.
2. Marcos Serrano (Spa, Once) +0:00 Min.
3. Pedro Arreitunandia (Spa, Carvahelhos) +0:00 Min.
4. Hector Guerra (Spa, Colchon Relax) +0:00 Min.
5. Antonio Colon (Spa, Colchon Relax) +0:00 Min.

KAT 1.3 (146 KM)

2003

ZÜRICH · HESSEN-RUNDFAHRT · VUELTA A ESPAÑA

SEPTEMBER

26. August „Druivenkoers Overijse" (Belgium)
1. Matthé Pronk (Ned, Bankgiroloterij) 4:51:00 Std.
2. Bert Hiemstra (Ned, Bankgiroloterij) +0:00 Min.
3. Christophe Brandt (Bel, Lotto-Domo) +0:20 Min.
4. Cédric Vasseur (Fra, Cofidis) +0:28 Min.
5. Dave Bruylandts (Bel, Marlux) +0:28 Min.
KAT 1.3 (235 KM)

26.–29. August „T. d. Poitou Charentes e. d. l. Vienne" (Fra)
1. Jens Voigt (Ger, Crédit Agricole) 15:10:55 Std.
2. Sylvain Chavanel (Fra, Boulangère) +0:16 Min.
3. Jorgen Bo Petersen (Dan, Fakta) +0:34 Min.
4. Laurent Brochard (Fra, AG2R) +0:44 Min.
5. Bradley Wiggins (GBr, FdJeux.com) +0:46 Min.

Etappensieger: 1.ET/Mitlushenko (Landbouwkrediet) · 2.ET/Sassone (Cofidis) · 3.ET/Kirsipuu (AG2R) · 4.ET/Voigt (Crédit Agricole) · 5.ET/Kroon (Rabobank)
KAT 2.3

28. August „Trofeo Melinda" (Italien)
1. Francesco Casagrande (Ita, Lampre) 5:02:00 Std.
2. Davide Rebellin (Ita, Gerolsteiner) +0:00 Min.
3. Danilo Di Luca (Ita, Saeco) +0:00 Min.
4. Sergej Gontschar (Ukr, De Nardi) +0:00 Min.
5. Mirco Celestino (Ita, Saeco) +0:00 Min.
KAT 1.2 (194 KM)

30. August „Tour Beneden-Maas" (Niederlande)
1. Jans Koerts (Ned, Bankgiroloterij) 4:22:27 Std.
2. Erik Dekker (Ned, Rabobank) +0:00 Min.
3. Gerben Löwik (Ned, Bankgiroloterij) +1:43 Min.
4. Rik Reinerink (Ned, Bankgiroloterij) +1:43 Min.
5. De Weert (Bel, Rabobank) +1:43 Min.
KAT 1.3 (194 KM)

30. August „Giro del Friuli" (Italien)
1. Joseba A. Lizaso (Spa, Mercatone Uno) 5:03:05 Std.
2. Leonardo Scarselli (Ita, Selle Italia) +0:00 Min.
3. Sergio Barbero (Ita, Lampre) +0:05 Min.
4. Luca Mazzanti (Ita, Panaria) +0:05 Min.
5. Gianni Faresin (Ita, Gerolsteiner) +0:05 Min.
KAT 1.3 (197,5 KM)

31. August „Boucles de l'Aulne" (Frankreich)
1. Walter Bénéteau (Fra, Boulangère) 4:09:30 Std.
2. Sandy Casar (Fra, FdJ.com) +0:03 Min.
3. Manu L'Hoir (Bel, Marlux) +0:32 Min.
4. Patrice Halgand (Fra, Jean Delatour) +0:41 Min.
5. Michael Skelde (Dan, Fakta) +0:41 Min.
KAT 1.3 (181,5 KM)

31. August „GP Eddy Merckx" (Belgien)
1. U. Peschel/M. Rich (Ger/Ger, Gerolsteiner) 1:30:38 Std.
2. M. Rogers/L. Bodrogi (Aus/Hun-Quick Step) +0:07 Min.
3. P. Van Petegem/L. Hoste (Bel/Bel, Lotto-Domo) +0:14 Min.
4. J. Voigt/Ch. Moreau (Ger/Fra,-Crédit Agricole) +0:22 Min.
5. B. McGee/B. Cooke (Aus/Aus, FdJeux.com) +0:28 Min.
KAT 1.2 (64,8 KM)

31. August „Nürnberger Altstadt-Rennen" (Ger)
1. Kai Hundertmarck (Ger, Telekom) 3:58:02 Std.
2. Robert Förster (Ger, Gerolsteiner) +0:33 Min.
3. Jochen Summer (Aut, Volksbank) +0:33 Min.
4. Rafael Nuritdinow (Usb, De Nardi) +0:33 Min.
5. Jan Ullrich (Ger, Bianchi) +0:33 Min.
KAT 1.3 (194 KM)

02. September „Schaal Sels" (Belgien)
1. Steven De Jongh (PB, Rabobank) 4:16:43 Std.
2. Geert Verheyen (Bel, Marlux) +0:07 Min.
3. Youri Metlushenko (Ukr, Landbouwkrediet) +0:07 Min.
4. David Harrigan (Aus, Down Under) +0:07 Min.
5. René Weissinger (Ger, Vermarc) +0:07 Min.
KAT 1.3 (193 KM)

03. – 07. September „Int. Hessen Rundfahrt" (Ger)
1. Cédric Vasseur (Fra, Cofidis) 22:35:16 Std.
2. Maryan Hary (Fra, Boulangère) +0:03 Min.
3. Axel Merckx (Bel, Lotto-Domo) +0:07 Min.
4. Sylvain Chavanel (Fra, Boulangère) +0:37 Min.
5. Frédéric Gabriel (Fra, MBK-Oktos) +0:39 Min.

Etappensieger: 1.ET/Vasseur (Cofidis) · 2.ET/Michaelsen (CSC) 3.ET/Hundertmarck (Telekom) · 4.ET/Teutenberg (Bianchi) 5.ET/Nardello (Telekom)
KAT 2.3

4. – 13. September „Tour de l'Avenir" (Frankreich)
1. Egoi Martinez (Spa, Euskaltel) 35:29:38 Std.
2. Radoslav Rogina (Cro, Perutnina Ptuj) +2:02 Min.
3. Samuel Dumoulin (Fra, Jean Delatour) +3:36 Min.
4. Philippe Gilbert (Bel, FdJeux.com) +4:18 Min.
5. Pierrick Fedrigo (Fra, Crédit Agricole) +4:29 Min.

Etappensieger: 1.ET/Wiggins (FdJeux.com) · 2.ET/S.Chavanel (Boulangère) · 3.ET/S.Chavanel (Boulangère) · 4.ET/Dumoulin (Jean Delatour) · 5.ET/Kriwtschow (Jean Delatour) · 6.ET/Fedrigo (Crédit Agricole) · 7.ET/Edaleine (Jean Delatour) · 8.ET/Voeckler (Boulangère) · 9.ET/Gilbert (FdJeux.com) · 10.ET/Dumoulin (Jean Delatour)
KAT 2.5

06. – 28. September „Vuelta a Espana" (Spanien)
Schlussklassement nach 21 Etappen:
1. Roberto Heras (Spa, US Postal) 69:31:52 Std.
2. Isidro Nozal (Spa, Once) +0:28 Min.
3. Alejandro Valverde (Spa, Kelme) + 2:25 Min.
4. Igor Gonzalez De Galdeano (Spa, Once) +3:27 Min.
5. Francisco Mancebo (Spa, iBanesto.com) +4:47 Min.
6. Manuel Beltran (Spa, US Postal) +5:51 Min.
7. Michael Rasmussen (Den, Rabobank) +5:56 Min.
8. Felix Cardenas (Col, Labarca 2) +6:33 Min.
9. Unai Osa (Spa, iBanesto.com) +6:51 Min.
10. Luis Perez (Spa, Cofidis) +7:56 Min.
11. Santos Gonzalez (Spa, Domina Vacanze) +9:08 Min.
12. Oscar Sevilla (Spa, Kelme) +9:52 Min.
13. Michele Scarponi (Ita, Domina Vacanze) +10:13 Min.
14. Marcos Serrano (Spa, Once) +12:51 Min.
15. Félix Garcia Casas (Spa, Bianchi) +14:18 Min.
16. Txema Del Olmo (Spa, Milaneza) +14:38 Min.
17. Oscar Pereiro (Spa, Phonak) +17:05 Min.
18. Iker Flores (Spa, Euskaltel) +18:31 Min.
19. Guido Trentin (Ita, Cofidis) +29:34 Min.
20. José Jufre (Spa, Colchon Relax) +33:30 Min.
21. Dario Frigo (Ita, Fassa Bortolo) +40:19 Min.
22. Iñigo Cuesta (Spa, Cofidis) +41:18 Min.
23. Leonardo Piepoli (Ita, iBanesto.com) +46:45 Min.
24. Manuel Calvente (Spa, CSC) +47:54 Min.
25. Aitor Osa (Spa, iBanesto.com) +49:39 Min.

26.Rodriguez+56:51Min. · 27.Werner+1:00:48Std. · 28.Horrach +1:02:00Std. · 29.Etxebarria+1:04:47Std. · 30.Zaballa+1:06 :52Std. · 31.Martinez+1:07:29Std. · 32.Atienza+1:09:41Std. · 33.Möller+1:10:24Std. · 34.Gutierrez+1:11:09Std. · 35.Sastre +1:12:21Std. · 36.Perdiguero+1:13:44Std. · 37.Pospjejew +1:17:42Std. · 38.Gonzalez+1:18:28Std. · 39.Amorim+1:19 :54 Std. · 40.Cardoso+1:30:39Std. · 41.Torrent+1:35:10Std. · 42.Van Goolen+1:37:32Std. · 43.Rebollo+1:41:57Std. · 44. Perez+1:45:58Std. · 45.Noval+1:47:13Std. · 46.Latasa+1:49 :39Std. · 47.Lopez+1:50:59Std. · 48.Jimenez+1:54:06Std. 49.Moreni+1:54:56Std. · 50.Lunghi+1:55:10Std. · 51.Aerts +2:00:48Std. · 52.Vila+2:00:53Std. · 53.Cañada+2:01:00 Std. · 54.Etxebarria+2:01:29Std. · 55.Lastras+2:01:48Std. · 56.Mercado+2:01:59Std. · 57.Ferrio+2:03:57Std. · 58.Leipheimer+2:04:12Std. · 59.Lara+2:08:29Std. · 60.Laiseka +2:08:55Std. · 61.Blanco+2:09:40Std. · 62.Luttenberger +2:09:42Std. · 63.Martinez+2:10:21Std. · 64.Gustow+2:10:37 Std. · 65.Jeker+2:12:02Std. · 66.Van De Wouwer+2:12:58 Std. · 67.Vicioso+2:13:44Std. · 68.Silva+2:13:56Std. · 69. Garate+2:14:41Std. · 70.Edo+2:15:18Std. · 71.Navas+2:16 :30Std. · 72.Zabel+2:19:28Std. · 73.Sinkewitz+2:21:36Std. · 74.Quesada+2:22:18Std. · 75.Hiekmann+2:24:32Std. · 76. Landis+2:25:01Std. · 77.Zberg+2:29:30Std. · 78.Barry+2:30 :26Std. · 79.Lombardi+2:31:10Std. · 80.Rubiera+2:33:26Std. 81.Joachim+2:34:04Std. · 82.Guidi+2:34:56 Std. · 83.De Los Angeles+2:37:34Std. · 84.Golbano+2:38 :46Std. · 85.Fernandez +2:39:38Std. · 86.Casero+2:39:44Std. · 87.Sörensen +2:40:33Std. · 88.Grabsch+2:40:40Std. · 89.Burgos+2:41 :50Std. · 90.Lopeboselli+2:43:13Std. · 91.Isasi+2:47:02Std. · 92.Boonen+2:47:06Std. · 93.Lopez+2:47:13Std. · 94.Tankink +2:47:41Std. · 95.Julich+2:47:48 Std. · 96.Cerezo+2:47:55 Std. · 97.Tauler+2:49:45Std. · 98.Arrizabalaga+2:50:04Std. 99.Piccoli+2:52:37Std. · 100.Kroon+2:52:41Std. · 101.Schreck +2:54:35Std. · 102.Millar+2:55:06Std. · 103.Iwanow+2:55 :19Std. · 104.Schweda+2:55:57Std. · 105.Fofonow+2:56:34 Std. · 106.Arrieta+3:00:22Std. · 107.Cheula+3:02:14Std. 108.Acosta+3:02:58Std. · 109.Laguna+3:03:31Std. · 110. Wesemann+3:04:28Std. · 111.Calvo+3:05:11Std. · 112.Bertolini+3:05:46Std. · 113.Cabello+3:08:42Std. · 114.Engels +3:08:55Std. · 115.Otero+3:11:24Std. · 116.Rodriguez+3:12 :42Std. · 117.Diaz Lobato+3:15:26Std. · 118.Simeoni+3:16:54 Std. · 119.Pradera+3:16:59Std. · 120.Petacchi+3:18:22Std. 121.Fuentes+3:18:54 Std. · 122.Garmendia+3:19:03Std. 123.Hruska+3:19:33Std. · 124.Horrillo+3:20:22Std. · 125. Righi+3:21:28Std. · 126.Masciarelli+3:22:33Std. · 127.White +3:22:38Std. · 128.Calcagni+3:23:31 Std. · 129.Jaksche +3:24:13 Std. · 130.Herrero+3:24:33Std. · 131.Mondini+3:28 :24Std. · 132.Barroso+3:28:57Std. · 133.Zucconi+3:29:05 Std. · 134.Tosatto+3:30:06Std. · 135.Casagranda+3:30:51 Std. · 136.Christensen+3:31:00Std. · 137.Hayman+3:31:55Std. 138.Mutsaars+3:33:12Std. · 139.Van Heeswijk+3:33:15Std. 140.Sironi+3:33:27Std. · 141.Boven+3:35:42Std. · 142.Rund +3:35:43Std. · 143.Bertoleffi+3:36:44Std. · 144.Aebersold +3:38:58Std. · 145.Usow+3:38:59Std. · 146.De Jongh+3:39 :16Std. · 147.Pugaci+3:40:03Std. · 148.Pepoli+3:40:11Std. 149.Bruun+3:44:56Std. · 150.Furlan+3:47:30Std. · 151.Vinale +3:48:16Std. · 152.Sandstod+3:50:06Std. · 153.Trenti+3:50 :07Std. · 154.Bertogliati+3:50:29Std. · 155.Nieto+3:51:51Std. 156. De La Fuente+3:53:23Std. · 157.Bayarri+3:55:35Std. 158.Gutierrez+3:57:44 Std. · 159.Maestre+4:26:12Std.

Punktewertung:
1. Erik Zabel (Ger, Telekom) 181 Punkte
2. Alejandro Valverde (Spa, Kelme) 161 Punkte
3. Alessandro Petacchi (Ita, Fassa Bortolo) 160 Punkte
4. Felix Cardenas (Col, Labarca 2) 123 Punkte
5. Michael Rasmussen (Den, Rabobank) 99 Punkte

Bergwertung:
1. Felix Cardenas (Col, Labarca 2) 204 Punkte
2. Aitor Osa (Spa, iBanesto.com) 112 Punkte
3. Joan Horrach (Spa, Milaneza) 101 Punkte
4. Alejandro Valverde (Spa, Kelme) 100 Punkte
5. Luis Perez (Spa, Cofidis) 72 Punkte

Teamwertung:
1. iBanesto.com (Spa) 208:43:05 Std.
2. Once (Spa) +1:03 Min.
3. Kelme (Spa) +17:07 Min.
4. Cofidis (Fra) +30:22 Min.
5. Milaneza (Por) +37:38 Min.

SAISON
die Ergebnisse

RHEINLAND-PFAL

.... SEPTEMBER

06. Sept. PROLOG „Gijon – Gijon" MZF   28 km
1. Once (Spa)   32:01 Min.
2. US Postal (USA)   +0:10 Min.
3. iBanesto.com (Spa)   +0:24 Min.

07. Sept. 2.ET „Gijon – Cangas de Onis"   148 km
1. Luis Perez (Spa, Cofidis)   3:27:32 Std.
2. Carlos Sastre (Spa, CSC)   +0:00 Min.
3. Alejandro Valverde (Spa, Kelme)   +0:14 Min.

08. Sept. 3.ET „Cangas de Onis–Santander" 154,3 km
1. Alessandro Petacchi (Ita, Fassa Bortolo) 3:24:13 Std.
2. Erik Zabel (Ger, Telekom)   +0:00 Min.
3. Tom Boonen (Bel, Quick Step)   +0:00 Min.

09. Sept. 4.ET „Santander – Burgos"   151 km
1. Unai Etxebarria (Ven, Euskaltel)   3:26:51 Std.
2. David Etxebarria (Spa, Euskaltel)   +0:44 Min.
3. Felix Cardenas (Col, Labarca 2)   +0:59 Min.

10. Sept. 5.ET „Soria – Zaragoza"   166,7 km
1. Alessandro Petacchi (Ita, Fassa Bortolo) 3:19:26 Std.
2. Angel Edo (Spa, Milaneza)   +0:00 Min.
3. Julian Dean (NZL, CSC)   +0:02 Min.

11. Sept. 6.ET „Zaragoza – Zaragoza" EZF   43,8 km
1. Isidro Nozal (Spa, Once)   53:34 Min.
2. David Millar (GBr, Cofidis)   +1:20 Min.
3. Jan Hruska (Tch, Once)   +1:26 Min.

12. Sept. 7.ET „Huesca – Cauterets (Fra)"   190 km
1. Michael Rasmussen (Den, Rabobank)   5:01:14 Std.
2. Felix Cardenas (Col, Labarca 2)   +0:55 Min.
3. Manuel Beltran (Spa, US Postal)   +0:59 Min.

13. Sept. 8.ET „Cauterets – Plá de Beret"   166 km
1. Joaquin Rodriguez (Spa, Once)   4:45:40 Std.
2. Aitor Osa (Spa, iBanesto.com)   +0:00 Min.
3. Constantino Zaballa (Spa, Kelme)   +0:51 Min.

14. Sept. 9.ET „Vielha – Envalira (Andorra)" 174,8 km
1. Alejandro Valverde (Spa, Kelme)   4:48:36 Std.
2. Dario Frigo (Ita, Fassa Bortolo)   +0:01 Min.
3. Unai Osa (Spa, iBanesto.com)   +0:03 Min.

15. Sept. 10.ET „Andorra – Sabadell"   194 km
1. Erik Zabel (Ger, Telekom)   4:10:51 Std.
2. Alessandro Petacchi (Ita, Fassa Bortolo) +0:00 Min.
3. Fabrizio Guidi (Ita, Bianchi)   +0:00 Min.

17. Sept. 11.ET „Utiel – Cuenca"   162 km
1. Erik Zabel (Ger, Telekom)   3:14:59 Std.
2. Tom Boonen (Bel, Quick Step)   +0:00 Min.
3. Angel Edo (Spa, Milaneza)   +0:00 Min.

18. Sept. 12.ET „Cuenca – Albacete"   168,8 km
1. Alessandro Petacchi (Ita, Fassa Bortolo) 3:41:49 Std.
2. Erik Zabel (Ger, Telekom)   +0:00 Min.
3. Fred Rodriguez (USA, Vini Caldirola)   +0:00 Min.

19. Sept. 13.ET „Albacete – Albacete" EZF   53,3 km
1. Isidro Nozal (Spa, Once)   1:02:03 Std.
2. David Millar (GBr, Cofidis)   +0:13 Min.
3. Sergej Iwanow (Rus, Fassa Bortolo)   +0:40 Min.

20. Sept. 14.ET „Albacete – Valdepeñas"   167,4 km
1. Alessandro Petacchi (Ita, Fassa Bortolo) 3:43:16 Std.
2. Fred Rodriguez (USA, Vini Caldirola)   +0:00 Min.
3. Erik Zabel (Ger, Telekom)   +0:00 Min.

21. Sept. 15.ET „Valdepeñas–S. d. l. Pandera" 172,1 km
1. Alejandro Valverde (Spa, Kelme)   4:20:39 Std.
2. Felix Cardenas (Col, Labarca 2)   +0:00 Min.
3. Roberto Heras (Spa, US Postal)   +0:02 Min.

23. Sept. 16.ET „Jaen – Sierra Nevada"   162 km
1. Felix Cardenas (Col, Labarca 2)   4:09:35 Std.
2. Juan Miguel Mercado (Spa, iBanesto.com) +0:05 Min.
3. Oscar Sevilla (Spa, Kelme)   +0:18 Min.

24. Sept. 17.ET „Granada – Cordoba"   188,4 km
1. David Millar (GBr, Cofidis)   3:58:02 Std.
2. Alberto Martinez (Spa, Euskaltel)   +0:36 Min.
3. Oscar Sevilla (Spa, Kelme)   +0:36 Min.

25. Sept. 18.ET „Las Rozas – Las Rozas"   143,8 km
1. Pedro Lobato (Spa, Costa de Almeria)   3:07:47 Std.
2. Constantino Zaballa (Spa, Kelme)   +0:44 Min.
3. José Luis Arrieta (Spa, iBanesto.com)   +0:44 Min.

26. Sept. 19.ET „Alcobendas–Collado Villalba" 164 km
1. Filippo Simeoni (Ita, Domina Vacanze)   3:51:18 Std.
2. Claus Möller (Den, Milaneza)   +0:00 Min.
3. Miguel Perdiguero (Spa, Domina Vacanze) +0:16 Min.

27. Sept. 20.ET „S.Lorenzo-Alt. d. Abantos" BZF 11,2 km
1. Roberto Heras (Spa, US Postal)   25:08 Min.
2. Alejandro Valverde (Spa, Kelme)   +0:14 Min.
3. Felix Cardenas (Col, Labarca 2)   +0:14 Min.

28. Sept. 21.ET „Madrid – Madrid"   145,8 km
1. Alessandro Petacchi (Ita, Fassa Bortolo) 3:51:19 Std.
2. Erik Zabel (Ger, Telekom)   +0:00 Min.
3. Fred Rodriguez (USA, Vini Caldirola)   +0:00 Min.

06. September „Coppa Placci"   (Italien)
1. **Danilo Di Luca (Ita, Saeco)**   **4:58:32 Std.**
2. Davide Rebellin (Ita, Gerolsteiner)   +0:00 Min.
3. Oscar Camenzind (Swi, Phonak)   +0:00 Min.
4. Markus Zberg (Swi, Gerolsteiner)   +0:00 Min.
5. Francesco Casagrande (Ita, Lampre)   +0:00 Min.
KAT 1.1 (199,9 KM)

06. Sept. „Delta Ronde van Midden–Zeeland" (Ned)
1. **Stefan Van Dijck (Ned, Lotto-Domo)** **4:14:29 Std.**
2. Geert Omloop (Bel, Palmans)   +0:00 Min.
3. Frederic Guesdon (Fra, FdJeux.com)   +0:00 Min.
4. Lazlo Bodrogi (Hun, Quick Step)   +0:00 Min.
5. Maarten Den Bakker (Ned, Rabobank)   +0:02 Min.
KAT 1.2 (199 KM)

07. September „GP Jef Scherens Leuven" (Belgien)
1. **Thor Hushovd (Nor, Crédit Agricole)** **4:06:00 Std.**
2. Roger Hammond (GBr, Palmans)   +0:00 Min.
3. Nico Eeckhout (Bel, Lotto-Domo)   +0:00 Min.
4. Ludovic Capelle (Bel, Landbouwkrediet) +0:00 Min.
5. Michael Skelde (Den, Fakta)   +0:00 Min.
KAT 1.3 (183 KM)

07. September „Giro di Romagna"   (Italien)
1. **Fabio Sacchi (Ita, Saeco)**   **5:07:50 Std.**
2. Eddy Serri (Ita, Mercatone Uno)   +0:10 Min.
3. Eddy Ratti (Ita, Lampre)   +0:12 Min.
4. Daniele Contrini (Ita, Gerolsteiner)   +0:50 Min.
5. Roger Beuchat (Swi, Phonak)   +0:50 Min.
KAT 1.2 (196 KM)

08. – 14. September „Tour of Poland"   (Polen)
1. **Cezary Zamana (Pol, Nvidia Mróz)**   **29:46:11 Std.**
2. Andrea Noé (Ita, Alessio)   +1:12 Min.
3. Dave Bruylandts (Bel, Marlux)   +1:46 Min.
4. Laurent Brochard (Fra, AG2R)   +1:51 Min.
5. Marek Rutkiewitsch (Pol, Cofidis)   +2:00 Min.
Etappensieger: 1.ET/Cadamuro (De Nardi) · 2.ET/Baldato (Alessio) · 3.ET/Bennati (Domina Vacanze) · 4.ET/Hinault (Crédit Agricole) · 5.ET/Marzoli (Alessio) · 6.ET/Zamana (Nvidia Mróz) · 7.ET/Roulston (Cofidis) · 8.ET/Contador (Once)
KAT 2.2

10. – 14. Sept. „Brandenburg-Rundfahrt" (Deutschland)
1. **Jean Nuttli (Swi, Volksbank)**   **18:11:05 Std.**
2. Luke Roberts (Aus, ComNet-Senges)   +0:16 Min.
3. Martin Müller (Ger, Wiesenhof)   +0:20 Min.
4. Timo Scholz (Ger, Wiesenhof)   +0:22 Min.
5. Paul Manning (GBr, Britische National Team) +0:27 Min.

Etappensieger: 1A.ET/Schulze (Vermarc) · 1B.ET/Nuttli (Volksbank) · 2.ET/Schulze (Vermarc) · 3.ET/Obst (Wiesenhof) · 4.ET/Retschke (Vermarc) · 5.ET/Schulze (Vermarc)
KAT 2.5

10. – 14. Sept. „Ster Elektrotoer"   (Niederlande)
1. **Gerben Löwik (Ned, Bankgiroloterij)** **18:01:42 Std.**
2. Niels Scheuneman (Ned, Rabobank 3)   +0:48 Min.
3. Rik Reinerink (Ned, Bankgiroloterij)   +1:32 Min.
4. Sergej Klimow (Rus, Lokomotiv)   +2:00 Min.
5. Bram Schmitz (Ned, Bankgiroloterij)   +3:59 Min.

Etappensieger: 1.ET/Dekker (Rabobank) · 2.ET/Serri (Mercatone Uno) · 3.ET/Dekker (Rabobank) · 4.ET/Solari (Mercatone Uno) · 5.ET/Degano (Mercatone Uno)
KAT 2.3

13. September „Paris – Bruxelles"   (Belgien)
1. **Kim Kirchen (Lux, Fassa Bortolo)**   **5:19:00 Std.**
2. Laszlo Bodrogi (Hun, Quick Step)   +0:01 Min.
3. Maryan Hary (Fra, Boulangère)   +0:04 Min.
4. Franck Renier (Fra, Boulangère)   +0:09 Min.
5. Tony Bracke (Bel, Landbouwkrediet)   +0:09 Min.
KAT 1.2 (223 KM)

14. September „GP Fourmies"   (Frankreich)
1. **Baden Cooke (Aus, FdJeux.com)**   **4:36:23 Std.**
2. Daniele Nardello (Ita, Telekom)   +0:00 Min.
3. Fabian Wegmann (Ger, Gerolsteiner)   +0:00 Min.
4. Robbie McEwen (Aus, Lotto-Domo)   +0:03 Min.
5. Frank Hoj (Den, Fakta)   +0:03 Min.
KAT 1.1 (200 KM)

14. September „GP San Francisco"   (USA)
1. **Chris Horner (USA, Saturn)**   **4:24:33 Std.**
2. Mark McCormack (USA, Saturn)   +0:49 Min.
3. Wjatscheslaw Ekimow (Rus, US Postal)   +1:02 Min.
4. Danilo Hondo (Ger, Telekom)   +1:04 Min.
5. Uros Murn (Slo, Formaggi Pinzolo)   +1:04 Min.
KAT 1.3 (173 KM)

17. September „GP Wallonie"   (Belgien)
1. **Dave Bruylandts (Bel, Marlux)**   **4:36:56 Std.**
2. Marek Rutkiewitsch (Pol, Cofidis)   +0:02 Min.
3. Mickael Pichon (Fra, FdJeux.com)   +0:02 Min.
4. Frédéric Bessy (Fra, Cofidis)   +0:10 Min.
5. Christophe Rinero (Fra, MBK-Oktos)   +0:23 Min.
KAT 1.2 (196 KM)

17. – 21. Sept. „Rheinland–Pfalz Rundfahrt" (Ger)
1. **Daniele Nardello (Ita, Telekom)**   **21:52:54 Std.**
2. Fabian Wegmann (Ger, Gerolsteiner)   +0:05 Min.
3. Axel Merckx (Bel, Lotto-Domo)   +0:08 Min.
4. Michael Boogerd (Ned, Rabobank)   +0:13 Min.
5. Björn Glasner (Ger, Lamonta)   +0:17 Min.

Etappensieger: 1.ET/Förster (Gerolsteiner) · 2.ET/Nardello (Telekom) · 3.ET/Van Impe (Lotto-Domo) · 4.ET/Moerenhout (Lotto-Domo) · 5.ET/Haselbacher (Gerolsteiner)
KAT 2.3

19. Sept. „Kampioenschap Van Vlaanderen" (Belgien)
1. **Baden Cooke (Aus, FdJeux.com)**   **4:02:00 Std.**
2. Jans Koerts (Ned, Bankgiroloterij)   +0:00 Min.
3. Robert Sassone (Fra, Cofidis)   +0:00 Min.
4. Aart Vierhouten (Ned, Lotto-Domo)   +0:00 Min.
5. Gorik Gardeyn (Bel, Lotto-Domo)   +0:00 Min.
KAT 1.3 (182 KM)

21. September „GP des Nations"   (Frankreich)
1. **Michael Rich (Ger, Gerolsteiner)**   **1:31:01 Std.**
2. Bert Roesems (Bel, Palmans)   +0:01 Min.
3. Sergej Gontschar (Ukr, De Nardi)   +0:53 Min.
4. Uwe Peschel (Ger, Gerolsteiner)   +0:58 Min.
5. Lazlo Bodrogi (Hun, Quick Step)   +1:06 Min.
KAT 1.1 (70 KM)

21. September „GP Isbergues"   (Frankreich)
1. **Jans Koerts (Ned, Bankgiroloterij)** **4:37:33 Std.**
2. Franck Renier (Fra, Boulangère)   +0:00 Min.

2003

UNDFAHRT · PARIS – TOURS · WM IN HAMILTON

3. Cédric Vasseur (Fra, Cofidis) +0:00 Min.
4. Aart Vierhouten (Ned, Lotto-Domo) +0:00 Min.
5. Frédéric Guesdon (Fra, FdJeux.com) +0:00 Min.
KAT 1.2 (204 KM)

21. Sept. „GP Industria & Commercio di Prato" (Ita)
1. **David Rebellin (Ita, Gerolsteiner) 4:41:46 Std.**
2. Bo Hamburger (Den, Formaggi Pinzolo) +0:00 Min.
3. Oskar Camenzind (Swi, Phonak) +0:00 Min.
4. Massimo Giunti (Ita, Domina Vacanze) +0:00 Min.
5. Francesco Casagrande (Ita, Lampre) +0:00 Min.
KAT 1.2 (200 KM)

25. September „Coppa Sabatini" (Italien)
1. **Paolo Bossoni (Ita, Vini Caldirola) 4:59:21 Std.**
2. Luca Paolini (Ita, Quick Step) +0:00 Min.
3. Mirco Celestino (Ita, Saeco) +0:00 Min.
4. Alexander Kolobnew (Rus, Domina Vacanze) +0:00 Min.
5. Gorazd Stangelj (Slo, Fassa Bortolo) +0:00 Min.
KAT 1.2 (197,7 KM)

25. – 28. September „Circuit Franco–Belge" (Belgien)
1. **Gerben Löwik (Ned, Bankgiroloterij) 16:39:48 Std.**
2. Nico Mattan (Bel, Cofidis) +0:24 Min.
3. Dave Bruylandts (Bel, Marlux) +0:34 Min.
4. Rik Reinerink (Ned, Bankgiroloterij) +0:40 Min.
5. Ludovic Capelle (Bel, Landbouwkrediet) +0:57 Min.
Etappensieger: 1.ET/Löwik(Bankgiroloterij) · **2.ET**/Dean(CSC)
3.ET/McEwen(Lotto-Domo) · **4.ET**/Verheyen(Marlux)
KAT 2.3

26. – 28. September „Paris–Corrèze" (Frankreich)
1. **Cédric Vasseur (Fra, Cofidis) 12:22:30 Std.**
2. Christophe Rinero (Fra, MBK-Oktos) +0:20 Min.
3. Rik Verbrugghe (Bel, Lotto-Domo) +2:45 Min.
4. Patrice Halgand (Fra, Jean Delatour) +3:14 Min.
5. Christophe Agnolutto (Fra, AG2R) +3:14 Min.
Etappensieger: 1.ET/Kirsipuu(AG2R) · **2.ET**/Vasseur(Cofidis)
3.ET/Fritsch(FdJeux.com)
KAT 2.3

27. September „Giro dell'Emilia" (Italien)
1. **José Ivan Gutierrez (Spa, iBanesto.com) 4:57:00 Std.**
2. Alexander Kolobnew (Rus, Domina Vacanze) +0:00 Min.
3. Davide Rebellin (Ita, Gerolsteiner) +0:00 Min.
4. Danilo Di Luca (Ita, Saeco) +0:00 Min.
5. Francesco Casagrande (Ita, Lampre) +0:00 Min.
KAT 1.1 (196,6 KM)

28. September „Duo Normand" (Frankreich)
1. **J. Nuttli/Ph. Schnider (Swi/Swi, Volksbank) 1:09:37 Std.**
2. N. Lelarge/B. Levecot (Fra/Fra, UV Aube) +0:25 Min.
3. E. Wacker/A. Botchkarew (Ger/Kaz, Vermarc) +0:31 Min.
4. C. Bouquet/D. Lelay (Fra/Fra, VC Roubaix) +0:44 Min.
5. D. Murawjew/W. De Vocht (Kaz/Bel, QSD) +1:09 Min.
KAT 1.5 (54,3 KM)

28. September „GP Beghelli" (Italien)
1. **Luca Paolini (Ita, Quick Step) 4:21:46 Std.**
2. Martin Elmiger (Swi, Phonak) +0:00 Min.
3. Luca Mazzanti (Ita, Ceramiche Panaria) +0:00 Min.
4. Sergej Gontschar (Ukr, De Nardi) +0:00 Min.
5. Oscar Freire Gomez (Spa, Rabobank) +0:05 Min.
KAT 1.2 (200 KM)

OKTOBER

30. Sept. – 03. Okt. „Giro d. Provincia d. Lucca" (Ita)
1. **Oscar Freire Gomez (Spa, Rabobank) 17:32:13 Std.**
2. Pietro Caucchioli (Ita, Alessio) +0:08 Min.
3. José Gutierrez (Spa, iBanesto.com) +0:14 Min.
4. Michele Bartoli (Ita, Fassa Bortolo) +0:14 Min.
5. Frank Schleck (Lux, CSC) +0:18 Min.
Etappensieger: 1.ET/Freire(Rabobank) · **2.ET**/Freire(Rabobank)
3.ET/Caucchioli(Alessio) · **4.ET**/Vainsteins(Vini Caldirola)
KAT 2.3

02. Oktober „Paris – Bourges" (Frankreich)
1. **Jens Voigt (Ger, Crédit Agricole) 4:24:33 Std.**
2. Florent Brard (Fra, Marlux) +0:00 Min.
3. Nicolas Fritsch (Fra, FdJeux.com) +0:00 Min.
4. Geert Verheyen (Bel, Marlux) +0:46 Min.
5. Sylvain Chavanel (Fra, Boulangère) +0:46 Min.
KAT 1.2 (192 KM)

03. Oktober „Luk – Cup Bühl" (Deutschland)
1. **Matthias Kessler (Ger, Telekom) 4:29:41 Std.**
2. Davide Rebellin (Ita, Gerolsteiner) +0:00 Min.
3. Félix Garcia Casas (Spa, Bianchi) +0:00 Min.
4. Markus Zberg (Swi, Gerolsteiner) +0:29 Min.
5. David Moncoutié (Fra, Cofidis) +0:29 Min.
KAT 1.3 (192 KM)

9 PARIS – TOURS

1.	**Erik Zabel**		257,5 km	47,550 km/h
	Ger/Telekom	**TEL**	**5:24:55 Std.**	**100**
2.	Alessandro Petacchi	FAS	+0:00 Min.	70
3.	Stuart O'Grady	C.A	+0:00 Min.	50
4.	Baden Cooke	FDJ	+0:00 Min.	40
5.	Franck Renier	BLB	+0:00 Min.	36
6.	Julian Dean	CSC	+0:00 Min.	32
7.	Stefano Zanini	SAE	+0:00 Min.	28
8.	Luca Paolini	QSD	+0:00 Min.	24
9.	Fred Rodriguez	VIN	+0:00 Min.	20
10.	Peter Van Petegem	LOT	+0:00 Min.	16
11.	Paolo Bettini	QSD	+0:00 Min.	15
12.	Markus Zberg	GST	+0:00 Min.	14
13.	Alessandro Bertolini	ALS	+0:00 Min.	13
14.	Giovanni Lombardi	DVE	+0:00 Min.	12
15.	Ludovic Capelle	LAN	+0:00 Min.	11
16.	Gabriele Missaglia	LAM	+0:00 Min.	10
17.	Aart Vierhouten	LOT	+0:00 Min.	9
18.	Robbie McEwen	LOT	+0:00 Min.	8
19.	Steffen Radochla	BIA	+0:00 Min.	7
20.	Sébastien Hinault	C.A	+0:00 Min.	6
21.	José Ivan Gutierrez	BAN	+0:00 Min.	5
22.	Danilo Di Luca	SAE	+0:00 Min.	4
23.	Fabio Baldato	ALS	+0:00 Min.	3
24.	Alexander Usow	PHO	+0:00 Min.	2
25.	Andy Flickinger	A2R	+0:00 Min.	1

05. OKTOBER · WORLDCUP 2003 · FRA

Weltcupstand (9 Rennen): 1. Bettini(QSD)365P · **2.**Van Petegem(LOT)219P · **3.**Boogerd(RAB)204P · **4.**Rebellin(GST)187P **5.**Zabel(TEL)186P · **6.**Di Luca(SAE)140P · **7.**Celestino(SAE)139P **8.**Nardello(TEL)124P · **9.**O'Grady(C.A)124P · **10.**Casagrande (LAM)123P · **11.**Pieri(SAE)117P · **12.**Paolini(QSD)106P · **13.**Winokurow(TEL)100P · **14.**Vandenbroucke(QSD)92P · **15.**Scarponi(DVE)88P · **16.**Baldato(ALS)86P · **17.**Iwanow(FAS)79P **18.**Ekimow(USP)74P · **19.**Astarloa(SAE)71P · **20.**Llorente (KEL)68P · **21.**Zanini(SAE)54P · **22.**Noe(ALS)46P · **23.**Kessler(TEL)44P · **24.**Mattan(COF)43P · **25.**Wauters(RAB)40P

05. Okt. „Memorial G. Ciudad de Armilla" (Spanien)
1. **Pedro Lobato (Spa, Costa de Almeria) 3:09:39 Std.**
2. Francisco Mancebo (Spa, iBanesto.com) +0:00 Min.
3. David Navas Chica (Spa, Colchon Relax) +0:06 Min.
4. Francisco Cabello Luque (Spa, Kelme) +0:11 Min.
5. Egoi Martinez De Esteban (Spa, Euskaltel) +0:11 Min.
KAT 1.3 (145 KM)

05. Oktober „Wieler Revue" (Belgien)
1. **Kristof Dezutter (Palmans) 4:21:47 Std.**
2. Marvin van der Pluijm (Bert Story Piels) +0:00 Min.
3. Serge Pauwels (Palmans) +0:03 Min.
4. Juliën Smink (Van Hemert Groep) +0:10 Min.
5. Jeroen Boelen (Van Hemert Groep) +0:11 Min.
KAT 1.3 (186,5 KM)

07. – 12. Okt. „Straßen-WM, Hamilton" (Kanada)
Einzelzeitfahren 41.3 KM
1. **David Millar (Great Britain) 51:17 Min.**
2. Michael Rogers (Australia) +1:25 Min.
3. Uwe Peschel (Germany) +1:25 Min.
4. Michael Rich (Germany) +1:35 Min.
5. Isidro Nozal Vega (Spain) +1:39 Min.

Straßenrennen 260.4 KM
1. **Igor Astarloa (Spain) 6:30:19 Std.**
2. Alejandro Valverde (Spain) +0:05 Min.
3. Peter Van Petegem (Belgium) +0:05 Min.
4. Paolo Bettini (Italy) +0:05 Min.
5. Michael Boogerd (Netherlands) +0:06 Min.
WM

15. Oktober „Milano – Torino" (Italien)
1. **Mirco Celestino (Ita, Saeco) 4:56:52 Std.**
2. Davide Rebellin (Ita, Gerolsteiner) +0:00 Min.
3. Miguel Perdiguero (Spa, Domina Vacanze) +0:00 Min.
4. Pablo Lastras Garcia (Spa, iBanesto.com) +0:00 Min.
5. Gerrit Glomser (Aut, Saeco) +0:00
KAT 1.1 (198 KM)

16. Oktober „Giro del Piemonte" (Italien)
1. **Alessandro Bertolini (Ita, Alessio) +4:35:29 Std.**
2. Thomas Liese (Ger, Bianchi) +0:01 Min.
3. Angelo Lopeboselli (Ita, Cofidis) +0:49 Min.
4. Julian Dean (NZI, CSC) +1:41 Min.
5. Matteo Tosatto (Ita, Fassa Bortolo) +1:41 Min.
KAT 1.1 (189 KM)

139

September/Oktober 2003 Rennergebnisse

die Ergebnisse

SAISON — WORLDCUP-ENDST

OKTOBER

18. Oktober · WORLDCUP 2003 · ITA
LOMBARDEI-RUNDFAHRT

Pos.	Fahrer	Team	Zeit	Pkt.
1.	Michele Bartoli (Ita/Fassa Bortolo) — 249 km, 38,184 km/h	FAS	6:29:41 Std.	100
2.	Angelo Lopeboselli	COF	+0:02 Min.	70
3.	Dario Frigo	FAS	+1:35 Min.	50
4.	Beat Zberg	RAB	+1:47 Min.	40
5.	Miguel Martin	DVE	+1:47 Min.	36
6.	Cédric Vasseur	COF	+1:47 Min.	32
7.	Sergej Gontschar	DNC	+1:47 Min.	28
8.	Patrik Sinkewitz	QSD	+1:47 Min.	24
9.	Guido Trentin	COF	+1:47 Min.	20
10.	Michael Boogerd	RAB	+1:47 Min.	16
11.	Peter Luttenberger	CSC	+1:47 Min.	15
12.	Aitor Garmendia	BIA	+1:47 Min.	14
13.	Leonardo Piepoli	BAN	+1:47 Min.	13
14.	Félix Garcia Casas	BIA	+1:47 Min.	12
15.	Matthias Kessler	TEL	+1:58 Min.	11
16.	Angel Vicioso Arcos	ONE	+1:58 Min.	10
17.	Frank Schleck	CSC	+1:58 Min.	9
18.	Juan Flecha	BAN	+1:58 Min.	8
19.	David Moncoutié	COF	+1:58 Min.	7
20.	Andrea Peron	CSC	+1:58 Min.	6
21.	Marcos A. Serrano	ONE	+1:58 Min.	5
22.	Carlos Sastre	CSC	+1:58 Min.	4
23.	Alessandro Bertolini	ALS	+3:08 Min.	3
24.	Markus Zberg	GST	+3:08 Min.	2
25.	Gerrit Glomser	SAE	+3:08 Min.	1

Weltcup–Endstand (10 Rennen):
1. Paolo Bettini (Ita, Quick Step) — 365 Punkte
2. Michael Boogerd (Ned, Rabobank) — 220 Punkte
3. Peter Van Petegem (Bel, Lotto-Domo) — 219 Punkte
4. Davide Rebellin (Ita, Gerolsteiner) — 187 Punkte
5. Erik Zabel (Ger, Telekom) — 186 Punkte
6. Danilo Di Luca (Ita, Saeco) — 140 Punkte
7. Mirco Celestino (Ita, Saeco) — 139 Punkte
8. Daniele Nardello (Ita, Telekom) — 124 Punkte
9. Michele Bartoli (Ita, Fassa Bortolo) — 124 Punkte
10. Francesco Casagrande (Ita, Lampre) — 123 Punkte
11. Luca Paolini (Ita, Quick Step) — 106 Punkte
12. Frank Vandenbroucke (Bel, Quick Step) — 92 Punkte
13. Michele Scarponi (Ita, Domina Vacanze) — 88 Punkte
14. Sergej Iwanow (Rus, Fassa Bortolo) — 79 Punkte
15. Wjatscheslaw Ekimow (Rus, US Postal) — 74 Punkte
16. Igor Astarloa (Spa, Saeco) — 71 Punkte
17. Javier P. Rodriguez (Spa, iBanesto.com) — 68 Punkte
18. Beat Zberg (Swi, Rabobank) — 62 Punkte
19. Matthias Kessler (Ger, Telekom) — 55 Punkte
20. Stefano Zanini (Ita, Saeco) — 54 Punkte
21. Andrea Noé (Ita, Alessio) — 46 Punkte
22. Miguel Martin (Spa, Domina Vacanze) — 45 Punkte
23. Nico Mattan (Bel, Cofidis) — 43 Punkte
24. Marc Wauters (Bel, Rabobank) — 40 Punkte
25. Romans Vainsteins (Let, Vini Caldirola) — 40 Punkte

Teamwertung:
1. Saeco (Ita) — 79 Punkte
2. Quick Step (Ita) — 72 Punkte
3. Alessio (Ita) — 47 Punkte
4. Rabobank (Ned) — 47 Punkte
5. Fassa Bortolo (Ita) — 45 Punkte
6. Telekom (Ger) — 30 Punkte
7. Lotto-Domo (Bel) — 26 Punkte
8. Cofidis (Fra) — 23 Punkte
9. Gerolsteiner (Ger) — 21 Punkte
10. Lampre (Ita) — 19 Punkte
11. Domina Vacanze (Ita) — 16 Punkte
12. iBanesto.com (Spa) — 14 Punkte
13. Phonak (Swi) — 12 Punkte
14. CSC (Den) — 12 Punkte
15. AG2R (Fra) — 9 Punkte

19. Oktober „Chrono des Herbiers" (Frankreich)
1. Michael Rich (Ger, Gerolsteiner) — 1:00:23 Std.
2. Bert Roesems (Bel, Palmans-Collstrop) — +0:32 Min.
3. Uwe Peschel (Ger, Gerolsteiner) — +1:07 Min.
4. Sebastian Lang (Ger, Gerolsteiner) — +1:12 Min.
5. Eddy Seigneur (Fra, Jean Delatour) — +1:22 Min.

KAT 1.3 (48,2 KM)

19. Oktober UCI Weltrangliste
1. Paolo Bettini (Ita, Quick Step) — 2267 Punkte
2. Erik Zabel (Ger, Telekom) — 2088 Punkte
3. Alessandro Petacchi (Ita, Fassa Bortolo) — 1989 Punkte
4. Gilberto Simoni (Ita, Saeco) — 1715 Punkte
5. Davide Rebellin (Ita, Gerolsteiner) — 1656 Punkte
6. Alexander Winokurow (Kaz, Telekom) — 1640 Punkte
7. Alejandro Valverde (Spa, Kelme) — 1611 Punkte
8. Lance Armstrong (Usa, US Postal) — 1521 Punkte
9. Michael Boogerd (Ned, Rabobank) — 1441 Punkte
10. Iban Mayo (Spa, Euskaltel) — 1425 Punkte
11. Tyler Hamilton (USA, CSC) — 1363 Punkte
12. Danilo di Luca (Ita, Saeco) — 1344 Punkte
13. Francesco Casagrande (Ita, Lampre) — 1322 Punkte
14. Dario Frigo (Ita, Fassa Bortolo) — 1265 Punkte
15. Jan Ullrich (Ger, Bianchi) — 1258 Punkte
16. Mirko Celestino (Ita, Saeco) — 1183 Punkte
17. Isidro Nozal (Spa, Once) — 1150 Punkte
18. Peter Van Petegem (Bel, Lotto-Domo) — 1123 Punkte
19. Francisco Mancebo (Spa, iBanesto.com) — 1121 Punkte
20. David Millar (GBr, Cofidis) — 1092 Punkte
21. Baden Cooke (Aus, FdJeux.com) — 1065 Punkte
22. Stefano Garzelli (Ita, Vini Caldirola) — 1019 Punkte
23. Igor Astarloa (Spa, Saeco) — 999 Punkte
24. Roberto Heras (Spa, US Postal) — 963 Punkte
25. Laurent Brochard (Fra, AG2R) — 961 Punkte
26. Luca Paolini (Ita, Quick Step) — 929 Punkte
27. Michelle Bartoli (Ita, Fassa Bortolo) — 919 Punkte
28. Sergej Gontschar (Ukr, De Nardi) — 916 Punkte
29. Robbie McEwen (Aus, Lotto-Domo) — 911 Punkte
30. Jaan Kirsipuu (Est, AG2R) — 879 Punkte
31. Oscar Freire (Spa, Rabobank) — 850 Punkte
32. Andrea Noé (Ita, Alessio) — 846 Punkte
33. Micheal Rogers (Aus, Quick Step) — 836 Punkte
34. Daniele Nardello (Ita, Telekom) — 820 Punkte
35. Dave Bruylandts (Bel, Marlux) — 813 Punkte

36. Chavanel(BLB)786P · 37. Moreau(C.A)777P · 38. Popowitsch(LAN)773P · 39. Basso(FAS)769P · 40. Vasseur(COF)767P · 41. Cardenas(L2C)763P · 42. Voigt(C.A)763P · 43. O'Grady(C.A)720P · 44. Pozzato(FAS)719P · 45. Dean(CSC)706P · 46. Ekimow(USP)693P · 47. Piepoli(BAN)686P · 48. Rich(GST)683P · 49. Rasmussen(RAB)671P · 50. Rous(BLB)667P · 51. Vicioso(ONE)661P · 52. Moncoutie(COF)642P · 53. Baldato(ALS)632P · 53. Dufaux(ALS)632P · 55. Pecharroman(ALM)626P · 56. Zubeldia(EUS)617P · 57. Zberg(GST)612P · 58. Jeker(MIL)608P · 59. Wegmann(GST)606P · 60. Löwik(BCT)587P · 60. Möller(MIL)587P · 62. Pereiro(PHO)586P · 63. Sinkewitz(QSD)584P · 64. Kirchen(FAS)578P · 65. Voskamp(BCT)574P · 66. Martin(DVE)569P · 67. McGee(FDJ)561P · 68. Beltran(USP)558P · 69. Sanchez(EUS)547P · 70. Virenque(QSD)543P · 71. Wauters(RAB)538P · 72. Halgand(DEL)537P · 73. Moos(PHO)536P · 74. Flickinger(A2R)531P · 75. Scarponi(DVE)529P · 76. Zberg(RAB)523P · 77. Flecha(BAN)519P · 78. Perez(MIL)519P · 79. Sastre(CSC)514P · 80. Totschnig(GST)513P · 80. Wesemann(TEL)513P · 82. Rodriguez(VIN)509P · 83. Gutierrez(BAN)505P · 84. Mazzoleni(VIN)493P · 85. Cipollini(DVE)488P · 86. Kessler(TEL)488P · 87. Camenzind(PHO)487P · 87. Zamana(ANM)487P · 89. Osa(BAN)484P · 90. Boonen(QSD)482P · 91. Bossoni(VIN)477P · 92. Iwanow(FAS)475P · 93. Elmiger(PHO)474P · 94. Pineau(BLB)470P · 95. Omloop(PAL)466P · 96. Moreni(ALS)459P · 97. Edo(MIL)452P · 98. Waljawek(FAS)449P · 99. Cancellara(FAS)449P · 100. Jalabert(CSC)447P

Wertung GS1-Teams:
1. Fassa Bortolo (Ita) — 8521 Punkte
2. Quick Step - Davitamon (Bel) — 7884 Punkte
3. Team Telekom (Ger) — 7856 Punkte
4. Saeco Macchine per Caffè (Ita) — 7779 Punkte
5. iBanesto.com (Spa) — 6481 Punkte
6. Gerolsteiner (Ger) — 6357 Punkte
7. Cofidis, le crédit par telephone (Fra) — 6195 Punkte
8. Rabobank (Ned) — 5892 Punkte
9. O.N.C.E. - Eroski (Spa) — 5579 Punkte
10. US Postal Service Pre. By Berry Floor (USA) — 5576 Punkte
11. Team CSC (Den) — 5424 Punkte
12. Alessio (Ita) — 4979 Punkte
13. Euskaltel - Euskadi (Spa) — 4908 Punkte
14. FdJeux.com (Fra) — 4677 Punkte
15. AG2R Prevoyance (Fra) — 4379 Punkte
16. Domina Vacanze - Elitron (Ita) — 4315 Punkte
17. Phonak Hearing Systems (Sui) — 4308 Punkte
18. Lampre (Ita) — 4130 Punkte
19. Brioches La Boulangère (Fra) — 3986 Punkte
20. Vini Caldirola - Saunier Duval (Ita) — 3941 Punkte
21. Lotto - Domo (Bel) — 3936 Punkte
22. Kelme - Costa Blanca (Spa) — 3928 Punkte
23. Milaneza - MSS (Por) — 3622 Punkte
24. Crédit Agricole (Fra) — 3291 Punkte
25. Jean Delatour (Fra) — 2685 Punkte
26. Team Fakta (Den) — 2539 Punkte
27. Landbouwkrediet - Colnago (Bel) — 2407 Punkte
28. Team Bianchi (Ger) — 2391 Punkte
29. CCC Polsat (Pol) — 2105 Punkte
30. Palmans - Collstrop (Bel) — 1754 Punkte

Wertung GS2-Teams:
1. Bankgiroloterij Cycling Team (Ned) — 3082 Punkte
2. De Nardi - Colpack (Ita) — 2158 Punkte
3. Paternina - Costa De Almeria (Spa) — 2058 Punkte
4. Marlux - Wincor Nixdorf (Bel) — 1899 Punkte
5. Ceramiche Panaria - Fiordo (Ita) — 1738 Punkte
6. Colchon Relax - Fuenlabrada (Spa) — 1724 Punkte
7. L.A. - Pecol (Por) — 1533 Punkte
8. Mercatone Uno - Scanavino (Ita) — 1468 Punkte
9. Formaggi Pinzolo Fiave' (Ita) — 1377 Punkte
10. Labarca-2 Cafe Baque (Spa) — 1153 Punkte

Wertung GS3-Teams:
1. Action Nvidia Mroz (Pol) — 1333 Punkte
2. Saturn Cycling Team (USA) — 1061 Punkte
3. Perutnina Ptuj (Slo) — 816 Punkte
4. Volksbank Ideal (Aut) — 651 Punkte
5. Team Barloworld (RSA) — 563 Punkte
6. Team Bianchi Scandinavia (Swe) — 536 Punkte
7. Rabobank (Ned) — 508 Punkte
8. Mikomax - Browar Staropolski (Pol) — 462 Punkte
9. 7UP / Maxxis (USA) — 414 Punkte
10. Legia (Pol) — 390 Punkte

(A2R) = AG2R Prevoyance
(ALS) = Alessio
(BAN) = iBanesto.com
(BLB) = Brioches La Boulangère
(BIA) = Team Bianchi
(C.A) = Crédit Agricole
(CCC) = CCC Polsat
(COF) = Cofidis, le crédit par telephone
(CSC) = Team CSC
(DEL) = Jean Delatour
(DVE) = Domina Vacanze-Elitron
(EUS) = Euskaltel-Euskadi
(FAK) = Team Fakta
(FAS) = Fassa Bortolo
(FDJ) = FdJeux.com
(GST) = Gerolsteiner
(KEL) = Kelme-Costa Blanca
(LAM) = Lampre
(LAN) = Landbouwkrediet-Colnago
(LOT) = Lotto-Domo
(MIL) = Milaneza-MSS
(ONE) = O.N.C.E.-Eroski
(PAL) = Palmans-Collstrop
(PHO) = Phonak Hearing Systems
(QSD) = Quick Step-Davitamon
(RAB) = Rabobank
(SAE) = Saeco Macchine per Caffè
(TEL) = Team Telekom
(USP) = US Postal Service Pre. By Berry Floor
(VIN) = Vini Caldirola-Saunier Duval

2 0 0 3

D 2003 · UCI-WELTRANGLISTE 2003

Coast-Chaos-Tage: Die Chronologie
22.12.2002 Das Team Coast bekommt im ersten Anlauf keine GS-I-Lizenz von der UCI, der Verband fordert Nachbesserungen.
10.01.2003 Die UCI erteilt Team Coast unter Auflagen die Lizenz. Unter anderem muss die Auszahlung der Gehälter zum 5. jeden Monats nachgewiesen sein.
15.01. Jan Ullrich unterschreibt einen Dreijahresvertrag bei Coast. Ein Co-Sponsor ist noch nicht gefunden.
6.03. Nachdem die Februargehälter nicht pünktlich gezahlt bzw. deren Zahlung nicht rechtzeitig nachgewiesen wurde, wird das Team von der UCI suspendiert.
19.03. Die UCI hebt die Sperre auf, als die Zahlung der Gehälter nachträglich nachgewiesen wird.
23.03. Jan Ullrichs Dopingsperre läuft ab.
27.03. Der Schweizer Alex Zülle verhandelt über die Auflösung seines Vertrags und verlässt das Team. Er geht zu Phonak.
7.04. Ullrich will bei der Sarthe-Rundfahrt sein Comeback geben, die erforderliche Bankbürgschaft ist bei der UCI aber noch immer nicht hinterlegt. Die UCI erteilt eine Ausnahmegenehmigung, nachdem Bianchi signalisiert hat, bei Coast als Sponsor einzusteigen, und eine Bankgarantie für Ullrichs Gehälter beibringen möchte.
8.04. Ullrich kann starten und fährt nach 14 Monaten Pause bei der Sarthe-Rundfahrt ein ordentliches Rennen.
16.04. Stunden vor seinem zweiten geplanten Rennstart ist die Bankbürgschaft (vorläufig per Fax) nun auch bei der UCI belegt. Ullrich ist eine Woche nach seinem ersten Rennstart ganz offiziell Fahrer von Team Coast.
21.04. Jan Ullrich gewinnt mit „Rund um Köln" sein erstes Rennen seit Oktober 2001.
07.05. Es wird über ein Konkursverfahren bei der Coast-Betreiberfirma RSM berichtet. Coast-Chef Günther Dahms dementiert und sagt, davon sei „der Rennbetrieb nicht betroffen".
08.05. Das Team wird erneut vom Internationalen Verband suspendiert, da die Aprilgehälter nicht bezahlt wurden, und steht nun vor dem endgültigen Aus.
30.05. Der Rechtsstreit um die Nachfolge des insolventen Coast-Teams wird außergerichtlich beigelegt. Coast-Eigentümer Günther Dahms stimmt der Einigung zu. Bianchi wird von der UCI als offizieller Nachfolger des Essener Teams sanktioniert.
Bianchi übernimmt 19 der 22 ehemaligen Coast-Fahrer und einen Teil der Angestellten. Viele Fahrer sind, um weiter beschäftigt zu werden, mit großen finanziellen Einbußen einverstanden.

Vierer-Affäre von Stuttgart
Juli 2003: Der Eklat bei der Bahn-WM in Stuttgart, die „Meuterei auf dem Flaggschiff", ist noch lange nicht zu Ende. Erste gerichtliche Verhandlungen zwischen dem Bund Deutscher Radfahrer und den Sportlern werden nach Redaktionsschluss geführt.
Der Sachverhalt
Im Rahmen der Einzel- und Mannschaftsverfolgung über 4000 m kam es zu Differenzen zwischen den beteiligten Sportlern. Jens Lehmann (Leipzig), Sebastian Siedler (Gera), Daniel Becke und Christian Bach (beide Erfurt) konnten die Nominierungskriterien der Einzelverfolgung nicht nachvollziehen. Der Trainer des Olympiastützpunktes Thüringen, Jens Lang, schickte den Sportlern eine E-Mail und forderte sie auf, gemeinsam ein Signal für sportliche Fairness, Ehrlichkeit und Kameradschaft zu setzen. Die Athleten entschieden sich darauf, im Vierer nur dann an den Start zu gehen, wenn nicht die gleichen Qualifikationskriterien wie bei der Einzelverfolgung angewendet werden würden. Dort wurden qualifizierte Sportler nicht berücksichtigt. Stattdessen kamen qualifizierte Fahrer zum Zuge. Der nationale Verband wollte sich von den Sportlern nicht erpressen lassen, beharrte auf seine Kriterien und sagte den Vierer daraufhin ab.
Die Folgen
Die Folgen hätten sich die Beteiligten wohl nicht träumen lassen. Daniel Becke und Jens Lehmann wurden bis zum 31.08.2005 aus der Nationalmannschaft ausgeschlossen. Sebastian Siedler wurde vom Verband bis zum 31.08.2004 aus der Nationalmannschaft ausgeschlossen. Am wenigsten hart traf es Christian Bach, der sich ab dem 01.01.2004 wieder für die Nationalmannschaft qualifizieren darf.

das Team Bianchi...
81 Casero, Angel (ESP)
82 Garmendia, Aitor (ESP)
83 Liese, Thomas (GER)
84 Plaza, David (ESP)
85 Guidi, Fabrizio (ITA)
86 Schweda, Raphael (GER)
87 Steinhauser, Tobias (GER)
88 Ullrich, Jan (GER)

der suspendierte Vierer ...
Andreas Bach, Sebastian Siedler,
Daniel Becke (oben),
Jens Lehmann (unten).

der Beste...
Paolo Bettini.

die Beste...
Lara*7/10/2003.

141

RADSPORT JAHRESRÜCKBLICK

2002

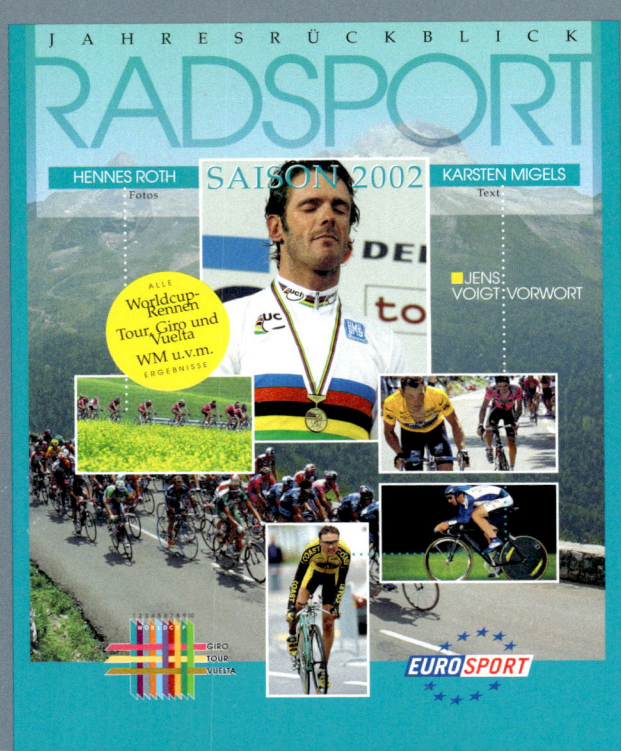

Noch zu haben:
der erste Jahresrückblick 2002
mit Signatur „Karsten Migels"

jetzt bestellen!

SPAREN SIE SIC

€ 24,90

inkl. Versand

Bestellung per E-Mail: free@artbeer-verlag.de
bitte Bestellzeichen RS02A angeben!

Versand nur gegen Vorkasse auf Konto: Artbeer Verlag · Kto 17519301 · BLZ 68090000 · Volksbank Freiburg · Stichwort R
Telefon: 07664-617424 · Telefax 07664-617422